谨将本书
献给所有热爱自行车运动的朋友

单车圣经

BIBLE OF BIKING

自行车选购、调校、维护、保养、骑行全攻略

《单车圣经》编委会 著

机械工业出版社
CHINA MACHINE PRESS

本书是国内第一部权威单车大百科,是数十位国内外专业车手、教练、技师经验和技巧的结晶。书中内容全面、专业、实用,并配有千余张精美彩色插图,可以让车友轻松掌握自行车整车、配件及装备产品导购,调校维护保养,骑行技术,体能训练与健康,骑行安全等知识和技能。

本书是自行车运动爱好者必备的技术工具书和骑行指导书,无论是热爱骑行的入门级车友、单车资深玩家,还是经常参加赛事的业余选手,或是专业车店技师,都能从中获益。

图书在版编目(CIP)数据

单车圣经/《单车圣经》编委会著. - 北京:机械工业出版社,2013.3(2024.10重印)
ISBN 978-7-111-41760-6

Ⅰ. ①单… Ⅱ. ①单… Ⅲ. ①自行车运动 - 基本知识 Ⅳ. ①G872.3

中国版本图书馆 CIP 数据核字(2013)第 046763 号

机械工业出版社(北京市百万庄大街 22 号　邮政编码 100037)
策划编辑:张敬柱　张建　　责任编辑:张建
封面设计:饶薇　　　　　　责任校对:薛娜
责任印制:孙炜
北京中科印刷有限公司印刷
2024 年 10 月第 1 版第 14 次印刷
190mm×230mm・21.5 印张・1 插页・467 千字
标准书号:ISBN 978-7-111-41760-6
定价:99.80 元

凡购本书,如有缺页、倒页、脱页,由本社发行部调换

电话服务	网络服务
社 服 务 中 心:(010)88361066	教 材 网:http://www.cmpedu.com
销 售 一 部:(010)68326294	机工官网:http://www.cmpbook.com
销 售 二 部:(010)88379649	机工官博:http://weibo.com/cmp1952
读者购书热线:(010)88379203	**封面无防伪标均为盗版**

名家推荐

骑车是一项非常健康又很有乐趣的运动,既有参与的普遍性,又不失其时尚,尤其在能源紧缺,提倡低碳、环保、文明的生活方式时,自行车无论用于代步还是休闲健身都是值得推荐的。只有真正了解自行车,才能安全、舒适地进行运动,熟读此书,一定会帮到你,使运动更添乐趣。

——中国自行车队总教练 沈金康

《单车圣经》推广自行车运动,普及自行车文化;传播健康、环保的生活方式,让更多民众安全、正确、快乐地骑车。

——捷安特(GIANT)创办人暨董事长 刘金标

这是一本严谨、详实的单车运动指南书,每个热爱骑行的朋友都应该拥有它,您从中一定能得到收获!骑车出发吧,换个视角感受这个世界的美好!

——崔克(TREK)中国区总经理 李博

向所有喜爱自行车运动的中国读者们真诚推荐《单车圣经》。这本书几乎把骑车过程中需要掌握的技巧都讲透了,而且很容易看懂。作者们真的是从骑行者的角度出发来写书。这本书对发展自行车运动有深远影响。感谢BIKETO!

——亚洲户外展和亚洲自行车展创始人/主席 耶格(Knut Jaeger)

《单车圣经》是一本不平凡的书,它填补了中国单车书籍领域的一大空白。喜爱单车的朋友们,一定可以从这本书中找到自己想要的知识。

——桂盟链条(KMC)董事长 吴盈进

《单车圣经》堪称年度最优秀单车运动指导书,中国的自行车运动还有非常大的发展空间,希望本书可以让更多的朋友真正了解与喜欢自行车运动,我也会将此书介绍给台湾和国外的爱好者。

——志庆工业(NECO)总经理 王进源

平时有很多初入自行车运动的爱好者，会问我这样或那样关于单车的问题。现在我会为他们推荐《单车圣经》这本书，因为《单车圣经》是集指导性和权威性的工具书，是自行车运动爱好者的必读之物。

——**户外运动摄影师 韦侠士**

这不是一部个人作品，而是集单车爱好者、制造厂商、单车媒体人几方协作成果，历时数年完成。内容全面，解说专业，信息量大，是一本真正意义上为单车骑行者准备的"枕边书"，既是技术手册，也是时尚指南，让你的单车梦想飞起来。

——单车旅行者，《单车上路》《不想骑了》作者 刘文

本书顾问简介

沈金康
中国自行车队总教练，中国香港自行车队总教练，中国崇明–女子捷安特自行车职业队创始人。曾带领中国国家队跻身亚洲顶尖强队之列，为中国香港自行车界培养出了黄金宝、郭灏霆、蔡其皓、李慧诗、黄蕴瑶等多名世界冠军，获颁香港铜紫荆星章。

刘金标
捷安特创办人暨董事长，财团法人自行车新文化基金会董事长，有"自行车教父"、"自行车传教士"之美誉，曾于2007年以73岁高龄完成环台湾骑行的壮举，2009年又成功挑战北京—上海"京骑沪动"20天长途骑行。

李博
TREK中国区总经理，自行车企业界的标杆人物。从2005年至今，负责运营TREK在中国的业务。从业多年，始终坚持推广自行车运动在中国的发展，见证了自行车行业在中国的逐渐兴盛与繁荣，对自行车有着无比的热情与投入。

主要编委会成员简介

周福源
BIKETO自行车网运营总监，网名"心飞扬"，热爱骑行，曾骑行丝绸之路、青藏线、滇藏线、川西环线等长途路线。

陈健健（女）
BIKETO自行车网资深编辑，从事传媒工作十余年，经常参与山野徒步、骑行等户外运动，拥有丰富的自行车长途旅行经验。

黄剑平
BIKETO自行车网技术总监，热爱自行车及自行车运动，对自行车及其机械原理有深入的理解，是狂热的自行车拆解爱好者，擅长自行车拆解安装、调试以及维护保养。

徐俊一
BIKETO自行车网技术编辑，熟悉自行车零部件系统知识，经常参加业余自行车赛事。

李晓飞（女）

自行车国家级运动健将，自行车国家一级裁判员，自行车社会体育指导员，从事自行车专业训练12年，现为广东体育职业技术学院自行车专项教师。

田柱其

中国魔迅MOTION车队队长，多次率队参加职业自行车赛事并获奖，热爱自行车运动，热心弘扬自行车文化与分享自行车相关资讯。

张诺

业余自行车运动爱好者，自1996年起参与自行车运动，曾带队参加新加坡BIU攀爬车亚太锦标赛，2008年开始参加国内GCR广州自行车联赛、华南两轮极限赛、香港Action Asia动感亚洲山地车赛、Mongolia Bike Challenge蒙古山地车多日挑战赛等赛事，拥有丰富的业余山地车、公路车赛事经验。

郭一丁

网名"丁丁丁丁"，对自行车运动有着无限热情，从2000年开始接触自行车运动，2006年骑行青藏线；2009年骑行G318川南线；2012年骑行云南哈巴雪山东环线并攀登哈巴雪山，现在广州经营一家运动自行车店。

邓杰睿

自小对自行车产生浓厚的兴趣，经常拆解车辆进行维护调试工作，对车辆的结构性能及工作原理了如指掌。常出没于广州各大著名的山地赛道，拥有丰富的山地骑行经验。

Pierre Arnaud

业余车手，暂居于中国香港的法国人，中文名叫李文龙，是自行车耐力骑行和复合材料方面的专家，自行车品牌CHIRU创始人。

前 言

　　自行车从发明至今，已有200余年历史。发明伊始，自行车只是人类的代步工具，其后短短几十年间，又发展出了更多功能，如用于健身、竞赛等，时至今日，自行车运动已成为一种健康、绿色的生活方式，成为一种文明和文化的象征。

　　骑自行车，是最有激情的户外运动项目之一。在国外，自行车运动发展得如火如荼，如意大利春季古典赛、环意大利自行车赛、环西班牙自行车赛、环法自行车赛等国际性大赛，普及度与参与度都相当高，尤其是环法赛事的知名度，堪与足球世界杯、奥运会比肩。而在普通民众当中，自行车运动也非常流行，例如丹麦的首都哥本哈根，有70%的民众骑自行车出行，在荷兰还修建了专供自行车骑行的高速公路。

　　在我们国内，自行车运动也越来越普及。如今，各种职业、业余自行车赛事多了起来，例如环京赛、环青海湖、环中赛、环太湖等，参赛选手的水准在不断提升，市场上的各大整车品牌、零部件品牌开始如雨后春笋般涌现，而城市街头的自行车店越来越多，老百姓对骑着自行车去旅行的方式不再陌生，媒体对于自行车运动的关注度也在与日俱增……这些，都是中国自行车运动可持续发展的利好消息。但相对来说，我国自行车运动的整体发展水平还有待提升。一方面，城市的专用自行车道数量较少、通行空间受限；另一方面，大众对自行车产品的了解较少，对自行车竞技与骑行运动的参与度还不够高，对骑行安全与技巧的认知还有所欠缺。

　　为了能让广大骑友更加了解自行车，科学选车，科学地保养、维修自行车，健康地骑行，我们组织编写了这本自行车综合大全——《单车圣经》。本书全彩色印刷，整体架构清晰；内容上深入浅出，图文并茂，文中穿插千余张技术插图、操作步骤解析图，方便读者理解的同时，也提高了本书的可读性与实用性。在作者团队方面，我们邀请了国内外经验丰富的专业车手、教练、车店技师作为特约撰稿人，他们在专业自行车运动领域享有盛誉，对运动自行车及其技术有着深刻的理解。同时我们得到国内外知名自行车品牌商大力支持（如 GIANT、TREK、KMC、CYLION、NECO、SPAKCT、SHIMANO、SRAM、KENDA、GARMIN、BRYTON 等），厂商提供了最新产品及技术数据的专业支持，使全书的专业性更强。

作为本书的主编,早在几年前我就萌生了这个想法:希望能编辑出版一本综合性的自行车骑行指南书,并开始有意识地收集、整理一些相关的资料。可惜当时由于各方面条件所限,出书的想法最终未能实现。如今,创立已十年有余的BIKETO自行车网逐渐发展壮大,加之整个自行车行业也在飞速发展,因此无论人手、设备,还是技术,都足以支持我将这个理想付诸现实。最终在2013年,在诸位业界人士和热心车友的帮助下,汇集了BIKETO人无尽心血的这本《单车圣经》面世了。

我们希望,《单车圣经》能成为车友们快乐骑行的强大技术后盾。我们也相信,中国必定能从二十世纪七八十年代的"自行车王国"成长为"自行车运动王国"。当然,作为国内第一本力求全面、实用的骑行指南,内容方面或许还有不足之处,诚请各位读者不吝指正,让我们一起,为自行车运动文化的推广普及尽一份力量。

周福源

BIKETO自行车网运营总监

目 录

名家推荐

前　言

Part Ⅰ　走进自行车世界

第 1 章　了解自行车

1 自行车的缘起与发展 4
2 自行车运动成为一种潮流 8
3 运动自行车的分类 10
4 选购适合的运动自行车 15

Part Ⅱ　运动自行车全解析

第 2 章　整车认知与设定

1 整车认知 24
2 山地车的骑行姿势与基本设定 28
3 公路车的骑行姿势与基本设定 31
4 自行车维修工具 32

第 3 章　支撑系统

1 车架的种类及选购 42
2 车把的选购与安装 47
3 坐垫的种类与选购 53
4 座　管 55

第 4 章　轮组系统

1 自行车轮组 58

2 花　　鼓 ... 61

3 快　　拆 ... 65

4 轮组的拆装及新车轴挡调校 ... 69

5 轮胎的种类与选购 ... 72

6 车圈的编织与调整 ... 81

第 5 章　制动系统

1 常见刹车的类型 ... 88

2 刹车的选择 ... 90

3 V　　刹 ... 91

4 碟　　刹 ... 96

5 油碟刹车油的更换 ... 101

6 公路车刹车的调校 ... 110

7 刹车把 ... 112

8 在旅行车上使用"前碟后 V"刹车 ... 113

第 6 章　变速系统

1 自行车变速系统 ... 116

2 自行车指拨与变速器 ... 117

3 自行车变速系统的选择 ... 120

4 传动系统的调校 ... 123

5 链　　条 ... 130

6 中　　轴 ... 138

7 牙盘和曲柄 ... 147

8 飞　　轮 ... 149

9 脚　　踏 ... 154

10 如何正确使用变速系统 ... 157

第 7 章　避震系统

1 避震系统的分类 ······ 160
2 避震前叉 ······ 162
3 后避震系统 ······ 170

第 8 章　日常问题处理与清洁保养

1 自行车常见故障及处理方法 ······ 174
2 如何清洁你的爱车 ······ 177
3 自行车油类的选择和使用 ······ 180

Part Ⅲ　骑行装备、安全与技巧

第 9 章　骑行装备

1 骑行头盔 ······ 188
2 骑行眼镜 ······ 192
3 骑行服饰 ······ 193
4 骑行手套 ······ 197
5 骑行鞋袜 ······ 199
6 骑行包袋 ······ 201
7 骑行水壶 / 水壶架 / 水袋 ······ 204
8 自行车码表 ······ 205
9 打气筒 ······ 207
10 自行车照明设备 ······ 208
11 其他装备 ······ 210

第 10 章　骑行安全

1 道路骑行安全准则 ······ 214
2 道路上常见的不安全因素 ······ 218

3 骑行手语人人会 220

4 遇到交通意外怎么办 222

5 野外骑行的自救与求救 226

6 夜间骑行安全 229

7 雨雪天骑行安全事项 230

8 高原骑行安全事项 232

第 11 章　骑行知识与技巧

1 正确的踏蹬方法与踏蹬频率 236

2 不同路面的骑行技巧 239

3 骑车上下坡技巧 242

4 过弯技巧 245

5 如何通过障碍物 247

6 刹车技巧 249

7 户外遇狗的对策 251

第 12 章　骑行的体能锻炼与健康

1 如何进行正确的骑行训练 256

2 使用心率带和功率计进行训练 259

3 了解自行车的空气动力学 261

4 应对身体的疼痛 262

5 解决抽筋问题 265

6 骑行前后的拉伸动作 267

7 能量补给要跟上 268

8 骑行饮食 272

9 合理补充水分 273

10 常见"自行车病"的预防 275

第13章　户外骑行

1　出发前的准备 280
2　自行车的打包与运输 287
3　骑行的更多乐趣 291

附　录

附录 A　国内外重要自行车赛事一览 297
附录 B　相应章节名词术语释义 306
附录 C　自行车品牌一览 310
附录 D　全国主要自行车网站/论坛 316
附录 E　国外主要自行车资讯网站 320
附录 F　全国主要自行车店分布（内地）............................ 321

致谢辞 327

Part

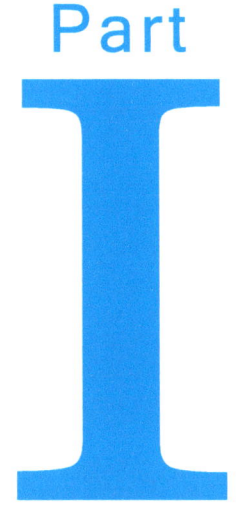

走进自行车世界

自行车的历史远比汽车悠久,它自从被人类发明以来,就从未离开过历史的舞台,始终随着科技的发展而不断更新换代。为什么自行车会成为人类文明进步的象征?为什么它能历经数百年发展而始终不曾离开?请走进自行车的世界,了解自行车的前世今生,领略它的魅力所在。

第1章
了解自行车

本章将首先为你介绍自行车的缘起与发展历史,以及自行车运动与其他运动类型的区别,以详细的数据来说明这项运动的特点和优势。接着,本章还会带你了解运动自行车的详细分类,并指导你选购最适合自己的运动自行车。

1 自行车的缘起与发展

自行车名称的由来

时至今日，"自行车"这个称谓已经深入人心，而自行车之所以被称为自行车，最早源自于清朝的史料记载。据《清朝野史大观》记述，康熙年间有一个叫黄履庄的发明家，"所制双轮小车一辆，长三尺余，可坐一人，不须推挽，能自行。行时，以手挽轴旁曲拐，则复行如初，随住随挽日足行八十里。"

由于语言习惯不同，中国各地区对自行车的叫法也不同。例如港澳地区称其为"单车"，台湾地区则说"脚踏车"。在英语中，自行车被称为 bicycle。其中"bi"意思是"两个，一双"，"cycle"则指轮子，组合而成的单词 bicycle 即"两个轮子的车"，后专用于指代自行车。

发展简史

自行车自发明至今，已有 200 多年历史，其外形经过不断的改进，才发展成为今天的模样。

1. 木马车

1791 年，法国伯爵孔特德·希夫拉克受到马车的启发，发明了全木结构自行车，也叫"木马车"。这辆小车有前后两个木质车轮，坐垫似板凳。木马车必须靠骑车人双脚前后用力蹬地才能前进，而且只能直行，不会拐弯。

2. 走路机

1817 年，法国的德莱斯男爵发明了"走路机"，以便能更快速地游览皇家园林。这辆自行车有前后两个尺寸相同的轮子，通过框架固定联结。骑乘者要跨坐在联结轮子的框架上，用脚蹬地前行，并通过控制前轮来改变方向。这辆"走路机"完全由木材制造，只能在公园或花园的路面上行进。由于实用性不大，它并没有流行多久。

木马车

走路机

3. 实用自行车

1839 年，苏格兰人麦克米伦制造出安装木质车轮的自行车，通过车把来转向，前轮配备脚踏板和曲柄连杆装置，使得人在骑车时，双脚能够离开地面，这可以说是自行车发展史上的里程碑。同一年，麦克米伦又把他的发明改成了铁制车轮。

第 1 章 | 了解自行车

实用自行车

4. 两轮机

1865 年，法国人皮埃尔·米乔克斯制造出了改进版的自行车。它同样有两个轮子，踏板直接作用于前轮。这台机器被称为"快足"（Fast Foot），但它还有一个俗名，叫做"震骨机"（Bone Shaker）。因为它同样是完全由木材制作，只是后期才用上了金属轮胎，而当时的道路基本为鹅卵石铺就，骑着这样的车上路，几乎会使人全身散架。不过在当时，这种两轮机迅速成为流行时尚，大城市里还有许多专门为它而设的室内骑车场所。

5. 高轮车

1870 年，出现了第一辆完全由金属制作的自行车（在此之前的冶金技术还不够发达，无法制造出更小更轻的金属部件）。这辆车的踏板依然直接装在前轮上，而非独立部件。与此前面世的几款相比，它的轮胎为实心橡胶制造，较大的前轮配备了数十根长辐条，骑起来更加平稳。当时制造者已经意识到，同样踩一圈踏板的前提下，前轮尺寸越大，则车子前进的距离越长。

这是第一款被称为"自行车"（Bicycle）的产品，价格相当于一个普通人半年的薪水。在面世后长达十年的时间里，它受到了年轻人的热烈欢迎。

大轮车有一个很明显的缺点：骑车者的座位太高，远离自行车重心，以至于前方有狗或别的障碍挡道时，容易造成整个人和车向前摔倒，好像倒栽葱一般。

两轮机

高轮车

5

6. 高轮三轮车

还是在19世纪70年代，又出现了全新样式的大轮径三轮自行车，但是在机械方面有了更多创新。后来发明的汽车就借鉴了这些装置，例如齿条齿轮传动装置、差速器、带式制动器等。

7. 安全型高轮车

这是一款经过改良设计的产品，将早期车轮的"前大后小"改成了"前小后大"，以此解决了容易向前摔倒的问题，制造者曾经骑着它从华盛顿国会大厦前的台阶一路俯冲。随后便正式推出了这款产品，也就是后来人们所熟知的"安全型高轮车"。

高轮三轮车

8. 安全气胎自行车

1888年，一个叫邓禄普·约翰·博伊德的爱尔兰年轻兽医，为了让他的小儿子更舒服和安全地骑乘三轮车，首次发明了充气轮胎，现代自行车的基本形制即是由此发端。而"邓禄普"，后来渐渐发展演变成为世界知名的轮胎品牌。随着安全系数与舒适度的提高，自行车也越来越普及。在此后的十数年里，骑自行车的人以几何级倍数增长，美国还成立了"美国骑车者联盟"（即现在的美国自行车骑士联盟）。

安全型高轮车

安全气胎自行车

装上了马达。到了19世纪50年代中期,制造商甚至将喷气式飞机和火箭上的技术应用于儿童自行车,整体设计看起来相当复杂。直到60年代,儿童车的制造才渐渐回归简约。

10. 花样翻新、更多种类的自行车

第二次世界大战之后,由于汽车工业的迅猛发展,自行车一度受到冷落。直到20世纪70年代,当人们开始意识到能源紧缺与环境保护等问题,自行车产业才再次飞速发展起来。从50年代流行的3速自行车到70年代开始普及的10速自行车,再到21世纪的当下,公路车、山地车已经成为街头巷尾寻常可见的自行车类型,自行车的种类越来越丰富,功能也越来越强大。

9. 儿童自行车

第一次世界大战结束后,西尔斯、蒙哥马利华德等制造商致力于振兴自行车产业,提出了"儿童自行车"的概念。但这一时期所谓的儿童自行车都

早期的儿童自行车

2 自行车运动成为一种潮流

自行车运动的普及

自行车运动首先起源于欧洲。伴随着制造技术的进步、生产规模的扩大，自行车渐渐从有钱人才买得起的商品演变成为寻常百姓家的代步工具，并进而发展出娱乐、健身、竞赛等用途。其中供人们运动健身、竞赛的自行车就称为运动自行车。

1868年5月，法国的圣克劳德公园举行了一场全程2km的自行车比赛，据记载，这是世界上最早的自行车比赛。

19世纪，自行车运动发展得如火如荼，因而列入了1896年首届奥运会的正式比赛项目，环法自行车赛则与奥运会、足球世界杯并列为世界三大运动赛事。1911年创刊的《自行车》杂志刊载："这样一个如此优美、灵巧的小机器，这样一个能够唤醒人们沿着旅游路程进行愉快、鼓舞人心的旅游的玩具，现在是国际比赛中最有价值的防御和进攻手段了。"

随着大众媒体对赛事的广泛报道，自行车运动更进一步普及开来，成为一种常见的户外运动项目。在很多西方国家，自行车不仅仅是交通工具或锻炼器材，更融入了社会文化当中，成为许多人不可或缺的伙伴。而在中国，不仅车友们热爱自行车运动，

自行车品牌商同样在不遗余力地引导骑行文化在大众中的普及，例如捷安特便提出了"RIDELIFE"的理念，倡导生活中的骑行运动。

自行车运动的优势

自行车运动之所以受到大众青睐，最主要的原因在于，它的许多优势是其他运动无法比拟的。例如，骑自行车是全身性有氧运动，能有效锻炼大脑、心脏等人体器官机能。

运动量大 人类的肌肉大多集中在腿部，而自行车运动就是要让腿连续不停地动作。此外，我们骑车会运用到手、手腕、背肌，这已经相当于可以增加热量消耗的全身性运动。例如在世界最著名的自行车赛事——环法自行车赛之中，平均一位选手每天都会消耗5000~8000kcal（千卡）的热量。

自由骑行，更多风景 同样是花费一个小时的时间，骑车所经过的路程就是步行的5倍，是慢跑的2~3倍，也就是说，骑自行车能看到更多的户外风景。

此外，只要天气晴好，我们就可以随心情而决定骑行的目的地，不像其他运动如游泳、篮球等，会受到场地和时间段的限制。所以说，骑自行车还是一项相当自由的运动。

活化大脑的运动 骑乘自行车需要较高的技巧：
- 保持自行车的平衡
- 踩踏板
- 注意路况，选择安全路线，随时扭转车把
- 视情况决定是否刹车
- 上下坡时灵活操控变速装置

在一般道路上骑自行车时，我们还要注意其他的路面标志、观察周边机动车与行人的动态，眼神还要足够犀利，能够注意到路前方的空瓶子、坑洞等危险肇因。

简言之，骑车时需要眼观六路、耳听八方，能够在瞬间辨别眼、耳、鼻所接收到的各种信息并因应行事。因此骑自行车也是一项能活化大脑、使人更聪明的运动。

效果奇佳的有氧运动 有氧运动可以摄取足量的氧气，是有效燃烧囤积脂肪的运动。我们的身体是由200多根骨骼构成的，包覆骨骼的肌肉即是骨骼肌，它是由名为慢肌纤维的好氧肌和名为快肌纤维的厌氧肌构成。其中，好氧肌的主要热量来源为糖类与脂肪，厌氧肌的热量来源则为糖类。

肌肉囤积肝糖的数量有限，进行激烈运动时，会消耗掉所有的肝糖。这样，好氧肌为了持续运动，就会接续消耗囤积的脂肪。不过，我们只有持续运动20min以上，才能利用有氧运动燃烧体内的脂肪。

一般运动强度的标准是1min内心脏送出几次血液，也就是心跳次数。就维持符合有氧运动标准的心跳次数而言，自行车运动是一种十分有效的手段。

保持一定的运动强度时，人体活动的那部分肌肉会产生热能，使体温上升。这时人体就会自动排汗以使体温降低。汗水的主要成分是水，一个体重60kg的人每流失1L的水，将会降低体温12℃。

当然，流汗并不是降低体温的唯一方法，人在呼吸过程中排出的水分与热量也不容小视。

自行车运动的速度比较快，骑车人常被迎面而来的风所吹拂，所以排出的汗水极易蒸发。因此，虽然我们在骑车时可能导致体温急剧上升，但汗水的蒸发能确保人体保持舒适的体温，有氧运动的优点也就体现在这里了。

TIPS! 各项运动的卡路里消耗量对比（耗时 20min）

运动类型	运动强度	卡路里消耗 / kcal
自行车运动	（慢速）16km/h （中速）20km/h （快速）30km/h	90 90 240
步行	6km/h	80
慢跑	8km/h	140
跑步	12km/h	210
跳绳	60~70次/分钟	150

注：1cal=4.1868J（焦耳）。

3 运动自行车的分类

由于自行车运动的日益普及，运动自行车的种类也越来越丰富，除了人们常见的山地车、公路车之外，先后又出现了小轮车、攀爬车等，简单介绍如下。

山地自行车

适合山林、沙地、碎石路、草地等公路以外的路面骑行，车胎宽厚，车身结实而较重，车把以燕把和直把为主，配置减震器，轮径多为26英寸和29英寸。

根据结构的差异，山地自行车分为两种。

硬尾山地车 没有后减震功能，但一般都配有减震前叉，是山地车中的主流车型。

全避震山地车 又称软尾山地车，配有后轮避震器，可以适应更加恶劣的地形。

根据骑行方式的差异,山地车又主要分为以下几种。

越野山地车(Cross Country,XC) 主要适用于非公路地面骑行,地形不是非常复杂,因此一般以轻便实用为特点,多为硬尾山地车,前避震行程在 80~120mm,是最为常见的山地车。

全山地自行车(All Mounting,AM,又称 Enduro) 适合山道骑行,下坡相对较多,因而自行车要求坚固,以软尾山地车为主,前避震行程通常为 140~160mm。

自由骑行山地车(Free Ride,FR) 善于穿越起伏不平的自然地形,对减震系统要求高,操控性能好,但也更重,整车重量往往在 14~20kg 之间,前避震行程通常为 180mm。

速降山地车(Down Hill,DH) 采用全避震系统,前叉位置高,抗震性能超强,属于纯粹为下坡而设计的车型,整车相当"沉重",超过 20kg,前避震行程通常为 200mm 及以上。

公路自行车

主要用于公路骑行，车身和轮胎都比较"轻薄纤细"，可以有效减少阻力，使骑行速度更快（极速可超过 100km/h）。公路自行车一般不配置减震器，把手弯曲，俗称弯把，车胎轮径通常为 29 英寸。

大组公路车 外形多为标准的弯把、细胎，车架相对舒适，适用于较长时间的公路，常见于大组公路车赛事，是公路车中的主流车型。

越野公路车 也称公路越野车，所使用零部件和传统公路车相似，但会采用较宽的颗粒状轮胎来加强越野路面的抓地力。

铁三车 / 计时车 适用于铁人三项赛事和计时赛的公路车，最明显的特点是车架采用超薄的管型，正面截面面积极小，侧面截面面积较大，是牺牲侧面风阻以最大限度降低正面风阻的车型。一般搭配专用的空气动力学车把及变速套件。

平把公路车 多用于混合路面骑行，车架和传统公路车基本一致，最大的区别在于使用和山地车一样的平把而不是弯把；使用跟山地车一样的指拨和刹把，或者专门的平把公路专用指拨。

旅行车

适用于多日长途骑车旅行的自行车，装有行李货架和前后轮挡泥板，设计上更注重骑乘的舒适与安全，而非追求速度及轻量化。

目前国外的旅行车多采用700C 的公路车轮圈，而国内专做旅行车的品牌不多，且一般采用 26 英寸的轮圈。

固齿车

即固定齿轮的自行车，最早起源于场地自行车，英文名为 Fixed Gear Bike，更流行的中文称谓是"死飞车"。"死飞车"因造型时尚简约而备受欢迎，成为一项十分流行的运动。

场地自行车

专用于环形竞速赛道骑行，没有变速装置和车闸（但现今也有部分车款配备了刹车装置），纯为追求速度而存在。

小轮车

又称 BMX（Bicycle Motocross），结实轻巧，轮胎粗宽，车架矮长，坐垫更低，轮径更小（18~20英寸），常用于技巧性表演，要求骑行者有较高的骑行技巧。

折叠车

整车可以折叠而缩小体积，便于携带；车身小巧，操作灵活，轮径大多在 16~20 英寸之间。因为可以收起，大部分国家的公共交通系统都允许乘客随身携带折叠车。

攀爬车

最显著的特点是没有座管和坐垫，车架较矮，无减震、无变速，车胎比小轮车的更宽而粗，适合岩石攀爬、高台攀爬等。一般齿比较低，刹车力道强劲，一刹即抱死轮组。

躺车

顾名思义，躺车是可以躺着骑的自行车，速度更快、骑乘更舒适，不易发生侧滑事故。由于车身较低，一般会在躺车尾部竖立一根旗杆，以起到警示作用。

城市休闲车

城市休闲车主要为城市通勤及户外休闲设计，特点是简洁、美观、舒适，长时间骑行不易疲乏。车型设计为舒适的中低速巡航，不易加速，也难以达到极速。

童车

适用于 4~8 岁年龄儿童骑行的自行车，具有为儿童提供玩乐、运动锻炼、平衡训练等用途，车型小巧，坐垫高度在 435~635mm 范围内。

4 选购适合的运动自行车

如何选择最适合自己的运动自行车呢？首先，你要先确定自己喜爱的自行车运动类型，以及车子的主要用途。如果以山地骑行居多，那么就要选择山地车；如果希望可以用于长途旅行，那么应该首选旅行车。

接下来，你要考虑的就是应购买品牌整车，还是组装车。

品牌整车 VS 组装车

选择组装车的理由

（1）你需要按照自己的身体特点做特别定制。可能成品车中没有适合个人身高的车型，或者由于遗传、曾受过伤等原因，不适合骑乘普通的成品车。

（2）你比较了解自行车各零部件，对于角度、管长、五通高度、硬度与舒适性等有特殊要求。

（3）组装车与众不同，更为个性化，升级空间大，在配置和价格方面都比较灵活。

（4）与同等价位的品牌车相比，性价比更高。

选择品牌整车的理由

（1）不熟悉自行车零部件，对自行车使用环境没有特殊要求。

（2）不愿意花太多时间和精力去买车。

（3）预算不多。只有选择质量好的零部件，才能凸显组装车的优势，而这也意味着费用成本的上升。

去哪里购买？

目前大多数车店和俱乐部都提供组装车定制服务，另外也有部分品牌专卖店会提供组装服务。

你可以从这些地方买到心仪的自行车：

- 自行车品牌专卖店
- 网络商城
- 专业运动自行车店
- 超市/卖场
- 自行车俱乐部

当然，如果在本地车店购买，你就有机会亲自接触车子，并可以试骑感受、检查车辆质量。如果看到某个零部件有磨损，还可以提出更换。实体店购车的最大烦恼，就是可能会买到一辆展示自行车。

专业自行车店一般都会有技师常驻店内，他们可以与你面对面交流，提供十分详细实用的使用建议和专业的维修保养等方面意见，态度往往也比较随和，而这些是你在网络商城享受不到的。

也许本地车店所能提供的单车种类不是很多，但他们能够根据顾客的要求提供最合适的自行车，以及完善的售后维修保养服务。车店常客往往还能以折扣价购买商品。

购车之前的准备

拿起纸笔，写下两份列表 第一份列出你的现状，例如你是骑行老手还是第一次买车，你的健康水平，每周骑车锻炼的时间，骑车的最好成绩，第二份列表写下你对自己作为一个骑行爱好者的终极目标：每天完成多少次骑行，每天骑车上班。

自己装车的好处在于，面对琳琅满目的配件产品，可以选择最适合自己的个性化款型

网络购车与实体店购车的特点比较	
网络购车	实体店购车
·更便宜 ·更多品牌与型号选择 ·交货迅速 ·如果你十分了解自己想要买的车,且具备熟练的技能,那么网上买车就毫无障碍	·可以试骑 ·免费而快捷的新车保修服务 ·店里经验丰富的技师可以协助调校新车 ·网络商城能提供更多选择,而自行车店由于空间限制,摆放的车辆往往十分有限

然后,满足你的现状要求,且有可能达到你的终极目标要求的自行车就是你购买的最低标准。如果车子的标准再低,以后可能没有升级空间。

联系实体车店或网络商城 选择车店时,是否便利并不是决定性因素,但一家理想的车店是可以为客户购物提供最大便利的。应了解车店都卖哪些品牌,询问他们销售哪种车型。如果你想买公路车,而店里主要销售山地车,那就不合适了。

上网查资料 点击你所选择的自行车品牌的网站,很容易找到你想要的车型。先了解一下车架材料、配置(轮径尺寸、变速器、牙盘等,你可以在店里看到实物),再看看网站上有没有标出价格。同一产品线的车架价格通常相同,价格差异来自其他配置。而车架的使用寿命一般比其他配件都长久,因此建议先投资高质量车架,再慢慢升级其他配件。

确定购车预算 最好根据自己的实际预算来买车,而不盲目追求品牌。毕竟,我们要买的是一辆车,而不是某个品牌。当然,很多品牌都会有不少拥趸。但如果在买车时首先考虑品牌,那么买到手的也许是最有型的,但未必是性能最棒的。如果想挑选最适合的自行车,最好先明确价格区间,以及自己想要的骑乘感受与单车性能,然后从众多品牌中挑选满足要求的具体型号。

咨询车友 询问身边的车友,问问他们买车后的骑行体验,看看自己会不会有同样的问题。另外,向他们咨询对车店的看法,请他们对你所选择的车款给予意见。如果你不认识车友,也可以联系当地的骑行俱乐部,这样你买了新车后还可以跟他们一起去骑行。

TIPS!

应该买全避震山地车还是硬尾山地车?

如果你是一个新手,不知道自己可能会喜欢何种骑行方式,想要买一辆山地车却不确定该买全避震还是硬尾,那么建议你选择硬尾。没有后避震器的山地车更轻便,骑行感受更直接,能让你感觉到车轮的弹跳,了解不同路况下的骑乘感受。

此外,还要考虑一下自己的钱包。如果你手上有6000元,就可以买一辆配置不错的硬尾山地车,而同样价位的全避震山地车配置并不会太好。

车店购车该问什么？

一家好的自行车店会为客户挑选最合适的装备。为了得到最好的服务，以下就是我们去实体车店购车时应该问的问题。

1. 可以试骑吗？

谨记在购买之前应该先试骑。如果店中陈列出来的车不符合你的尺寸，那么可以要求车店组装一辆样车，或是试骑一辆同品牌的其他车型，因为同一条生产线生产的车一般都有相同的几何构造，甚至是完全相同的车架设计。

2. 是否可以更换零件？

并不是所有的车座和把立都适合你，一家好车店应该乐意为了保证客户获得合适的自行车而替换相关零件，并且以后如果要为车子升级的话，还可以请车店打折。

3. 车店提供 Bike Fit 服务吗？

一家优秀的车店会提供经过认证的 Bike Fit 服务（即为客户提供人体工程学测量），帮助客户确定最适合自己的车架尺寸、把立长度、握把高度、坐垫高度等参数。目前国内外所提供的 Bike Fit 服务都是收费的，但它对车友来说，会是一笔非常值得的投资。

购车时的注意事项

（1）**女性最好选择女式车** 一般自行车都是针对男性的身材特点而设计。女式车则在配置方面更符合女性的身体结构，例如车架上管更低，更适合女性的身材比例。

女式车的车架也相对较小，使得女性骑乘时不必费力伸展躯干和手臂，无需对坐垫、把手等做太多调整，就可以让骑乘更加舒适。

（2）**不一定要买最好的套件** 如果选择组装车，就要先多花点钱买个好车架，套件则可视个人情况而定。每周骑行距离达到 500km 的话，就建议选择最好的套件。如果只是偶尔外出骑行，就可以先买普通套件，等以后再慢慢升级。

（3）**试骑不同价位的自行车，了解它们的差异** 即使你只想买 2000 元以内的车，也应该至少试骑一辆 10000 元的车，还有几百元的车，就会发现它们之间的差异，明白自己的钱花在哪里。这样买到的车才是自己想要的，而不是卖家想卖给你的。

在实体店买车时，仅仅在门口骑几圈是无法完全判断出自行车性能高低的，但至少能感觉出来它是否合适。

绝大多数车店的服务都是非常好的，但我们还是要警惕以下情形。

车店声称不能试骑：一些车店因为担心车辆磨损等原因而不允许客户试骑，我们不建议购买这种车店的产品。

你的反对意见被驳回：当一个车店店员坚持某个车架尺寸是适合你的，但你却并不这样认为的时候，你应该去其他车店咨询一下他们的观点。也许，第一家车店这么做是因为急于清理旧货。

店员首先问你"想花多少钱"而不是"想怎么骑"：真正会为客户着想的专业车店，首先关心的应是何种品质的车最适合你，而不是什么价位的车最适合。

店员服务态度不佳：如果店员看起来对你根本不感兴趣，那建议你还是去其他车店购买吧。

女性最好选择女式车

你可以问自己几个问题：骑行时，我的上身是不是蜷缩着？还是感觉有些够不着把手？转弯时感觉车子稳定吗？刹车时会不会不舒服？

（4）**向商家了解简单的保养知识** 如果你是刚刚爱上自行车运动的新手，那么一定要请商家告诉你如何使用快拆，如何使用微调螺母，甚至如何给轮胎充气等。

（5）**新车要进行磨合骑行** 就像一双新鞋要多穿几回才能渐渐与脚型磨合一样，新车也要骑乘几次才能调节到最舒适的程度。你可以在拿到新车后，先选择安全路段进行一小时左右的骑行，仔细体会骑乘感受，尽快熟悉新车的变速、刹车等系统的操作。

如果第一次骑行后，感觉变速不准或刹车不到位，这可能是因为锁线栓没旋紧或者线管被拉紧，它属于正常现象。你可以重新固定变速线或刹车线，或是小心地逆时针调整旋钮，一切就会恢复正常。如果你认为自己无法解决问题，那么可以向商家提出，请他们来处理。

Part II

运动自行车全解析

永远不要等到膝盖疼痛的时候才开始关心正确的骑行姿势，不要等到骑行途中车子出故障了，才想起自己不会修车。运动类自行车看似结构简单，实际调校、使用和保养却有很多需要注意的细节。掌握自行车设定、维修与保养的基本技巧，了解自行车上的轮组、传动、避震等各个系统，可以让你轻松应对甚至避免骑行中的常见故障，延长爱车的使用寿命。

第 2 章
整车认知与设定

一辆全新的自行车要先进行基本的设定和检查,确保各方面零部件都没有问题了,才可以放心骑车上路。最理想的情况当然是完全不需要调整,但一般情况下,多少都需要进行细微调整,才能够符合个人的骑乘习惯。本章将重点解说公路车与山地车的基本设定与调校知识,以及正确的骑行姿势。对于自行车日常维修的常用工具,我们也将以图文并茂的形式详尽介绍。

1 整车认知

接下来要介绍的是公路自行车与山地自行车上的主要零部件名称,例如上管、立管、前叉等,都是骑车人不可不知的名词。图中标示的名词都是被大家所广泛采用的,不过个别词汇由于地域、厂商的不同也会有所差异,如"立管"也被称为"中管"。

座弓 Seat Rail

坐垫 Saddle

座管 Seatpost

座管夹 Seatpost Clamp

后刹车 Rear Brake

后上叉 Seat Stay

飞轮 Cassette

尾钩 Hanger

后拨 Rear Derailleur

链条 Chain

后下叉 Chain Stay

前拨 Front Derailleur

中轴 Bottom Bracket

曲柄 Crank

第 2 章 | 整车认知与设定

公路自行车的重要组件介绍

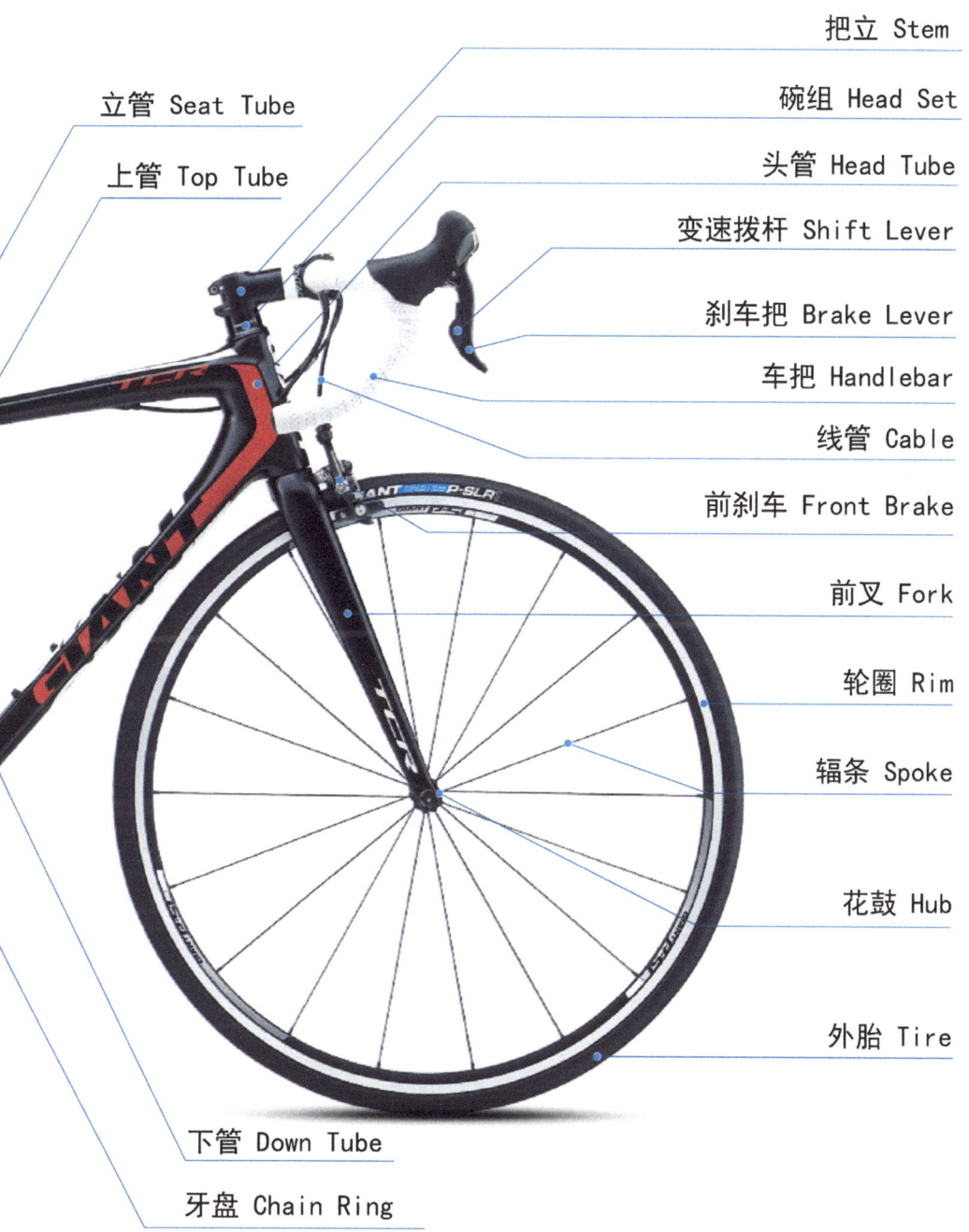

- 立管 Seat Tube
- 上管 Top Tube
- 把立 Stem
- 碗组 Head Set
- 头管 Head Tube
- 变速拨杆 Shift Lever
- 刹车把 Brake Lever
- 车把 Handlebar
- 线管 Cable
- 前刹车 Front Brake
- 前叉 Fork
- 轮圈 Rim
- 辐条 Spoke
- 花鼓 Hub
- 外胎 Tire
- 下管 Down Tube
- 牙盘 Chain Ring

单车圣经 | Bible of Biking

整车认知与设定

座弓 Seat Rail

坐垫 Saddle

线控座管 Contact Switch Remote Seatpost

座管夹 Seatpost Clamp

立管 Seat Tube

后上叉 Seat Stay

后刹车 Rear Brake

碟盘 Rotor

飞轮 Cassette

尾钩 Hanger

后下叉 Chain Stay

后拨 Rear Derailleur

链条 Chain

牙盘 Chain Ring

前拨 Front Derailleur

中轴 Bottom Bracket

山地自行车的重要组件介绍

- 止线栓 Cable Stopper
- 后避震器 Rear Shock
- 上管 Top Tube
- 把立 Stem
- 碗组 Head Set
- 把套 Grip
- 变速拨杆 Shift Lever
- 刹车把 Brake Lever
- 头管 Head Tube
- 线管 Cable
- 前叉 Fork
- 外胎 Tire
- 轮圈 Rim
- 辐条 Spoke
- 花鼓 Hub
- 前刹车 Front Brake
- 下管 Down Tube
- 曲柄 Crank

2 山地车的骑行姿势与基本设定

首先介绍平地上骑山地车时的基本姿势,以下要点需要牢记。

(1)双手握把的位置应该与肩同宽,手臂稍微弯曲,避免肩膀承受过大压力。

(2)利用前脚掌蹬踏,这样有利于小腿发力。

(3)腰背部应该微弯。腰臀部位要保持适度的紧张感,以带动从大腿到小腿的动作。

接下来,我们再结合山地车的骑行姿势,来扼要介绍骑行前的基本设定与检查事项。

第1步　设定坐垫高度与前后位置

合适的坐垫高度:当人坐在车上,将踏板踩到最低点时,脚跟部位踩住踏板中心,腿可以微微伸直,同时膝盖部位还能自如活动。

另一种测量方法是:当人坐在车上,将踏板踩到最低点时,前脚掌踩住踏板中心、与小腿全120°夹角的情况下,膝盖仍然能够微弯,这时的坐垫高度便是合适的。

很多人习惯将坐垫设置得低一些,以便刹车后脚能够着地面,但这样的设定会导致骑车时腹部受压迫,进而影响踩踏动作的顺畅,也不便于操控车把。另一方面,坐垫也不能太高,否则踩踏时会使身体左右摇摆,并且会增加大腿内侧与坐垫摩擦而产生疼痛,同样影响踩踏效率。此外,坐垫太高或太低会导致膝关节过度伸张或弯曲,引起膝盖疼痛。

通常坐垫的固定方式分两种,一种是快拆式,一种是螺钉固定,前者徒手调节即可,后者则需要用六角扳手进行调整。

坐垫的前后调节:将曲柄放在水平位置,以前脚掌踩住踏板,如果从膝盖到踏板中心形成的直线与地面垂直,这时的坐垫前后位置就是最适合的。

脚跟部位踩住踏板中心时,
膝盖部位还能自如活动

第 2 章 | 整车认知与设定

90°

最适合的坐垫前后位置：前脚掌踩住踏板时，从膝盖到踏板中心连成的直线能与地面垂直。

⚠️ 通常坐垫表面应保持水平，才能保证骑乘舒适。但 DH 车的坐垫前端可稍偏高，长途旅行车的坐垫前端则宜稍低。

第 2 步　设定把立高度

只要加入或抽除垫片，就可以改变把立高度。你可以根据个人的骑乘习惯来做相应调整。

TIPS!　用垫片调节把立高度

垫片是装设在把立下方的环状零件，用于调节把立高度。垫片有不同厚度可供选择，通常最小厚度为 1mm。

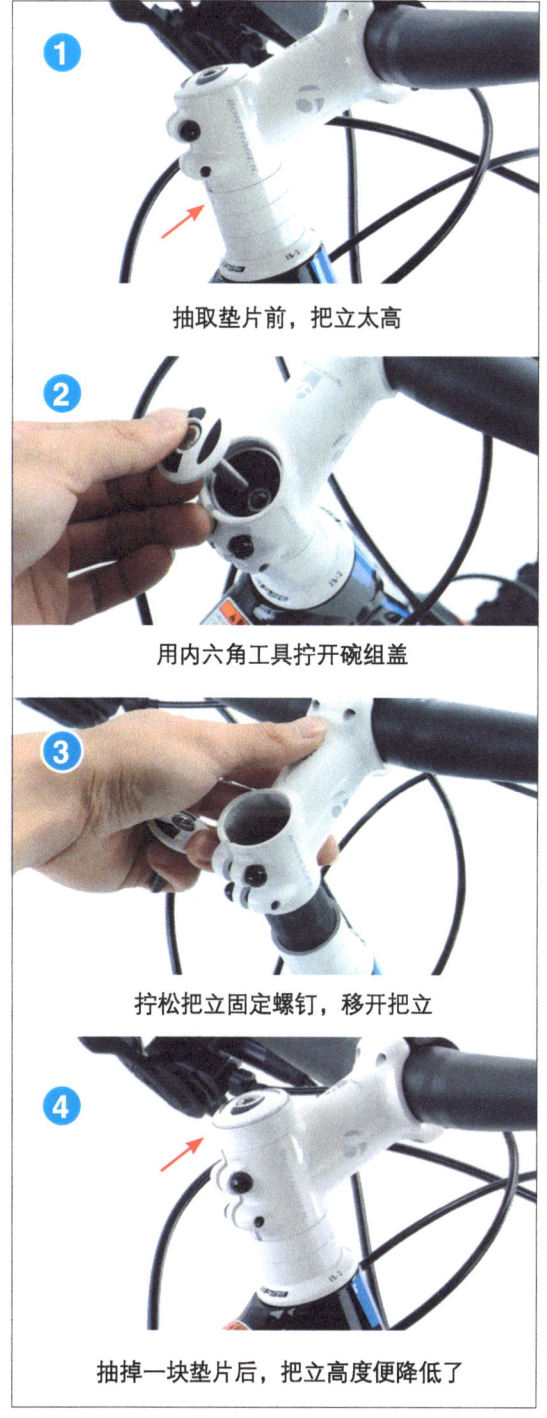

① 抽取垫片前，把立太高

② 用内六角工具拧开碗组盖

③ 拧松把立固定螺钉，移开把立

④ 抽掉一块垫片后，把立高度便降低了

29

第3步　检查车把宽度和刹车把角度

合理的把手宽度应为"肩宽 + 一个拳头宽度"。如果过长,就需要请技师用专门的工具截短把手。

合理的刹车把角度:骑车状态下,手握刹车把,将手指搭在刹车把上,手指方向与手背及手臂成一直线。一般刹车把与地面的角度在 25°~45° 之间。

第4步　轮胎设定

(1)检查轮胎有无破损、皲裂。

(2)使用胎压计测量胎压是否正常。厂商通常会在外胎上标注该轮胎的标准胎压,该数值可以作为参考,但具体的胎压还要根据骑乘者体重、路况、天气等因素来确定。

第5步　调整刹车

刹车的检查重点:按压刹车时,刹车卡钳能否咬住碟片或轮圈。若是油压碟刹,要检查有无漏油或刹车油管破损情况。发现异常就要及时处理。

第6步　检查变速系统是否正常变速

骑车时,一边变速,一边向前踩动脚踏板,感受一下有无变速不顺畅的情况。

第7步　检查快拆

包括前轮、后轮、坐垫下方的三个快拆装置。快拆松动可能会造成骑乘不适,甚至导致轮组脱落的严重后果。所以一定要事先检查、固定好快拆杆。

第8步　分别检查前/后避震器

前避震器:按住前刹的同时,用力按压前叉,检查前叉运作是否顺畅、有无漏油。

后避震器:用力按压坐垫,如果运作顺畅,且没有异响,就无问题。

避震器结构比较复杂,初学者若发现问题,最好找专业技师来解决。

3 公路车的骑行姿势与基本设定

公路车的基本设定大部分与山地车的设定相似,主要区别除了公路车没有避震器之外,还有以下几个方面。

车把设定

设定公路车车把角度时,抓握的位置会随之变化。合理的角度,应是手柄与把立的倾斜角度接近,或者是构成一个平面。当然,你还可以根据个人身形特征、弯把形状特点、日常骑乘习惯等因素,对手柄倾斜角度进行微调。

手柄与把立的倾斜角度几乎相同

公路车同样是利用垫片来改变把立的高度。若想让把立更高,也可将把立倒装(一般公路车把立正装为角度向下,山地车把立正装为角度向上)。

弯把公路车的把手是无法裁切的,所以如果试骑后认为把手宽度不合适,就需要直接更换。

确认坐垫高度与位置是否合适

公路车坐垫的安装与山地车差不多,保持水平即可,想要将坐垫尾部抬高些也无妨。但坐垫不宜过度前倾。

坐在坐垫上,使用前脚掌进行踩踏动作,当曲柄与地面垂直时,腿部可以微微伸直,这时的坐垫高度就是适合的。

接着将曲柄保持水平位置,从膝盖外侧垂下一条带挂坠的直线,如果这条线恰好通过脚踏轴心,即表明坐垫的位置是合适的,不需要进行水平移动调节。

错误的骑行姿势

错误的骑行姿势:坐垫太低,两腿外八,双肘外弯。

这样骑看似轻松,但在长距离骑行之后,头颈、肩膀、腰部会酸痛不已。

错误的骑行姿势

正确的骑行姿势

正确的骑行姿势：手臂打直甚至内收，背脊拱起，骨盆直立。

这样的骑姿可以让全身肌肉都活动起来，让骑行变得格外轻松。

正确的骑行姿势

> **TIPS! 骑车时身体必须下压吗？**
>
> 不少车友会有这样的疑问：骑车时必须像比赛中那样身体下压吗？其实并非如此。如果采取上身直立的姿势——背部与上管角度大于45°，对胳膊、颈部和腰部产生的压力就比较小，可以在低速骑行时提供较好的操控性，视野也宽阔，是城市骑行的理想姿势，同样适合喜欢慢慢骑车欣赏风景而不是赶时间的人。
>
> 而背部与上管角度小于45°的竞赛姿势，就像我们常在自行车比赛中看到的那样，能让你的骑姿更符合空气动力学，腿部也更容易使劲儿，最适合道路快速骑行。此外，城市休闲车的把立会上扬，车把比坐垫高或是与之等高。而追求速度的自行车通常是水平安装把立，车把比坐垫低。

4 自行车维修工具

常用工具

在日常骑行中，可以自己购买常备的基本维修工具，例如补胎工具、螺丝刀（应为螺丝钉旋具，为方便大家阅读，以下均称螺丝刀）、打气筒等，特点是容易使用、用途广泛。

扳手 用于拧紧或旋松螺钉、螺母等的工具，包括活扳手与呆扳手。

内六角工具 又称内六角扳手，是用于拧紧或旋松内六角形螺钉的工具。自行车上的大部分零部件均是采用内六角形螺钉连接固定，所以内六角工具是车手应该随身携带的常用工具之一。

橡皮锤 橡皮锤是采用橡胶包裹坚硬内芯而成，可用于敲打自行车上较为脆弱的部位而不用担心损伤零件。

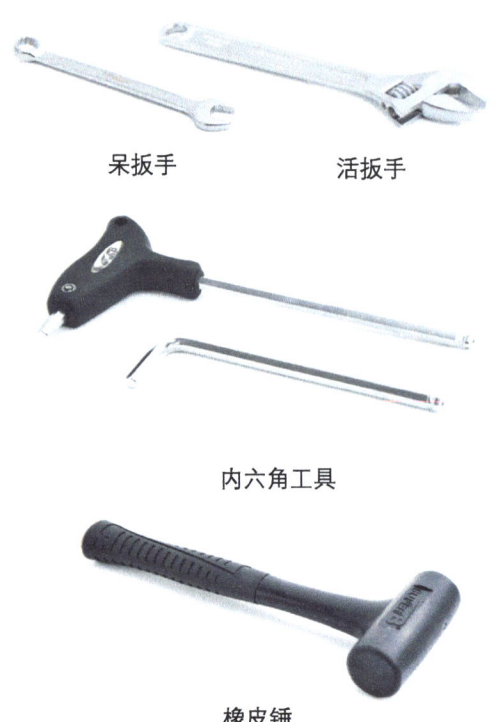

呆扳手　　活扳手

内六角工具

橡皮锤

钳子 钳子有多种类型，其中钢丝钳与尖嘴钳是最常见和常用的。

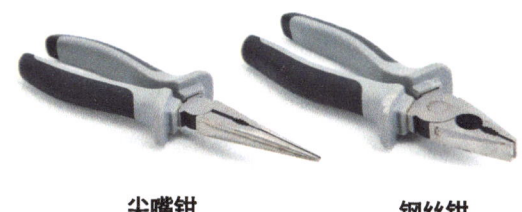

尖嘴钳　　　　钢丝钳

卷尺 一般卷尺上标有英制单位与公制单位，方便测量自行车零部件尺寸。

打气筒 换胎时一般配备带气压表的高压打气筒。另有便携型、家庭适用型。

高压打气筒　　便携式打气筒

螺丝刀 用于拧紧或旋松顶部为一字槽或十字槽的螺钉，在自行车上的用途相对较少。

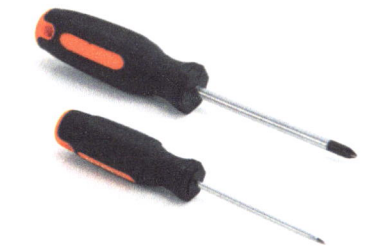

套装组合工具 方便携带。平时外出骑行，带上这些便携套装工具基本够用（又有分大、中、小套）。

撬胎棒 用于补胎、换胎时撬下外胎。铝合金或钢制的撬胎棒容易刮花、刮伤轮圈边缘，而塑料撬胎棒就不会。但是塑料撬胎棒不如金属的耐用。注意：碳纤维车圈及真空轮胎容易被刮花甚至影响结构，因此不要使用撬胎棒进行拆装。

金属撬胎棒

内胎补胎贴（含胶水） 专用于修补内胎的工具组，需要先用砂纸或金属片打磨内胎破洞及周边，再利用胶水将补胎贴黏附在内胎破洞上。

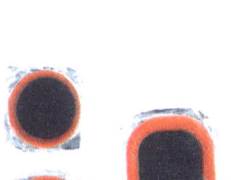

内、外胎免胶水补胎工具 无需胶水即可补胎的新型工具。

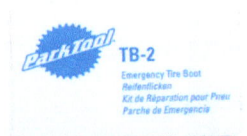 

外胎贴　　　　　内胎贴

清洁刷 可用于清除车架、齿轮、链条、轮胎等部位的泥垢污迹。

专用工具

专用自行车维修工具是针对特定自行车零部件的，一般只有车店在进行维修时才会用到。市面上的自行车维修工具品类繁多，本书仅挑选其中比较常用的四十余种加以介绍。

 不同的生产商对于维修工具的命名、外观设计可能大不相同。

扭力扳手 能对零部件施予适当的扭力，避免损伤零件。这对于碳纤维材质的零配件尤为重要。

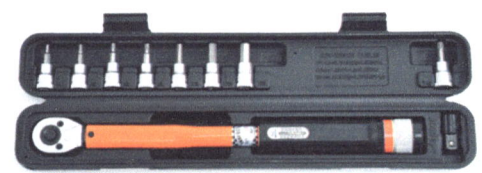

平台秤/挂钩秤 用于称量自行车零部件的重量，例如一些较轻的高端碳纤零部件就可使用平台秤，而轮组、轴承等大部件就可由挂钩秤来称量。使用秤的目的是找出让整车重量更轻的最佳配置。其中挂钩秤也可以放在维修台上工作。

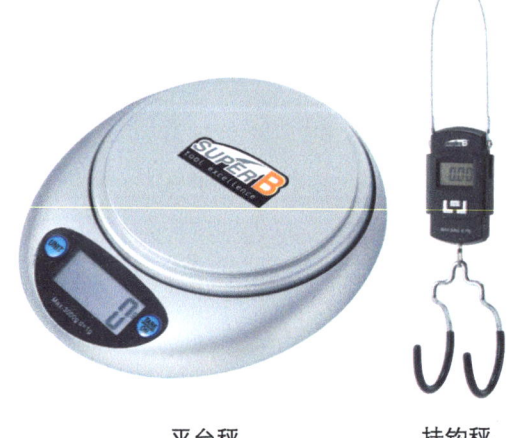

平台秤　　　　　挂钩秤

切管器 刀片坚硬锐利，可以精准裁切自行车金属管材。

钢锯 用于锯头管、环把、座管。好的锯子可以锯得比较平衡、顺滑，还配有定位器，以避免误差。若是碳纤管，则需要专用碳纤锯片。

钢锯与碳纤专用锯片

切割引导器 可精准地引导锯子进行切割操作，适用于水滴形座管及圆形管材。

碗组珠碗拆卸工具 使用这种工具可以让自行车碗组的拆卸工作变得更简单。

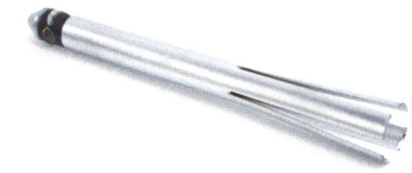

前叉珠碗迫入器 通过工具螺杆，利用静力挤压的方式将珠碗压入头管。还可用于压入式中轴的安装。

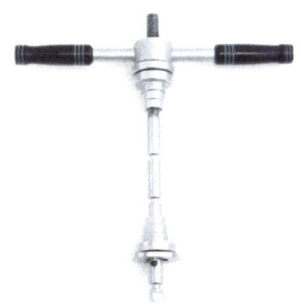

前叉底挡拆卸工具 更换碗组时使用，可将碗组底挡轻松而快速地从前叉上拆卸下来。

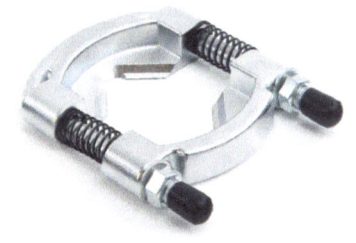

花心安装工具 可用于安装车头碗组内的花心。

前叉/后叉校正工具 一组工具有两个校正器，用于判断前叉/后叉的两侧勾爪是否精准平行，避免造成花鼓轴心或快拆弯曲、变速不准等问题。

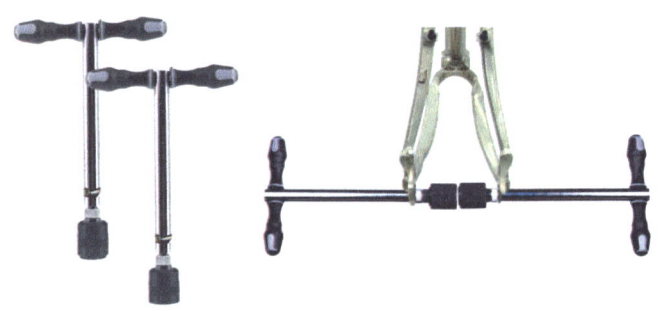
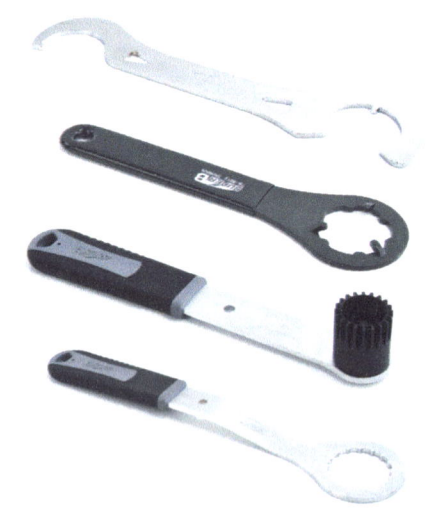

方孔/花键牙盘及曲柄拆卸工具 适用于方孔牙盘及花键牙盘的拆卸。

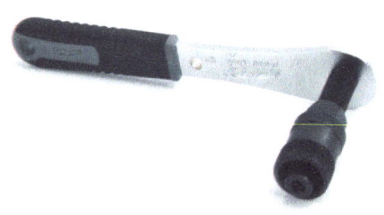

五通铣牙/铣面工具组 用于铣削中轴内部的螺纹，或削平过高的车架管材。

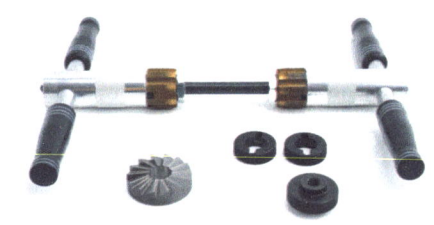

曲柄盖拆装工具 适用于拆装 Shimano 外挂培林中轴的左曲柄。

辐条张力计 调圈时，用于测量辐条张力，避免辐条安装过松或过紧。

五通专用工具 与相应的扳手配合，可用于拆卸不同品牌型号的中轴系统。

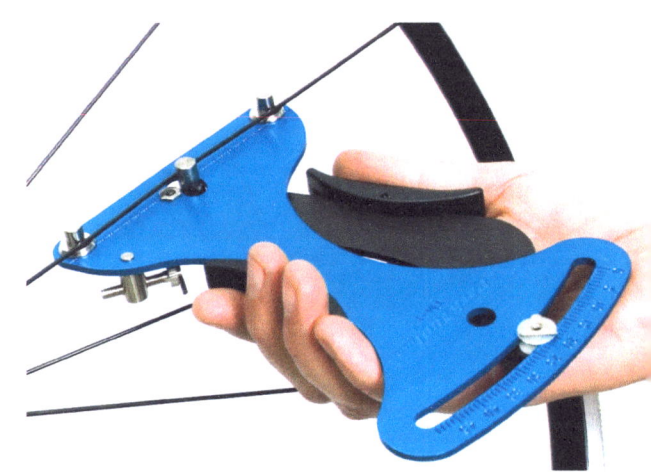

第 2 章 | 整车认知与设定

辐条调圈专用工具 用于安装或拆卸不同型号辐条的工具组。

调圈台 用于编圈后或轮圈出现偏摆时调整辐条，让轮圈达到需要的强度及圆度。

轮组中心定位量规 用于骑行结束后测量车圈是否歪斜。刚组装好车轮时也需要用到。

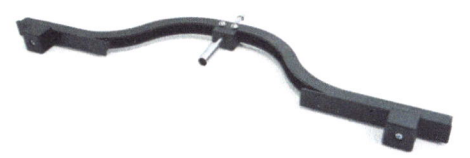

剪线钳 钳口比较精细和坚韧，可以裁切自行车的线管、内线或钢丝辐条。

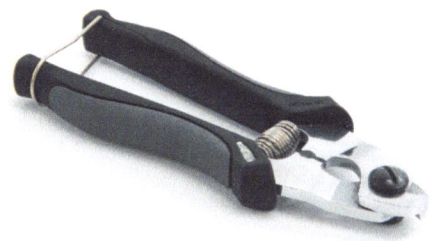

牙盘螺钉拆卸工具 专用于拆卸牙盘上的螺钉。

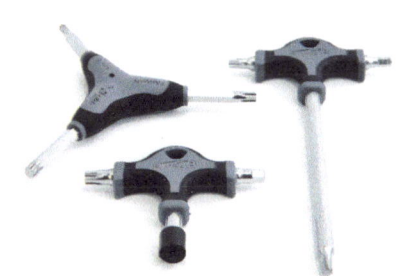

调圈台配件

飞轮盖工具 配合飞轮拆装扳手使用，可用于引导飞轮拆装，避免造成滑牙。

Campagnolo 飞轮拆装扳手

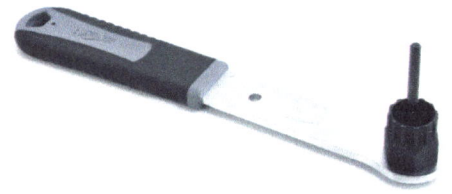

Shimano 飞轮拆装扳手

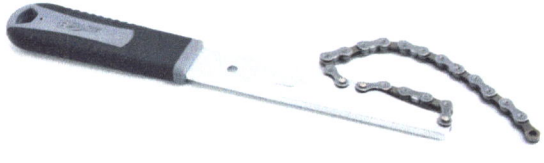

拆卸飞轮链条扳手

脚踏拆装工具 可用于轻松拆卸或安装自行车的脚踏。

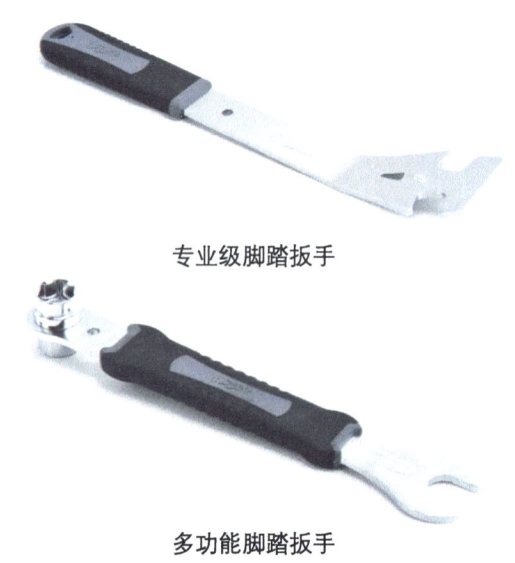

专业级脚踏扳手

多功能脚踏扳手

液压碟刹卡钳撬开器 用于推开液压碟刹卡钳内的活塞，使活塞归位。

碟刹盘校正工具 可用于校正出现轻度弯曲的碟刹盘片，使之恢复平整。

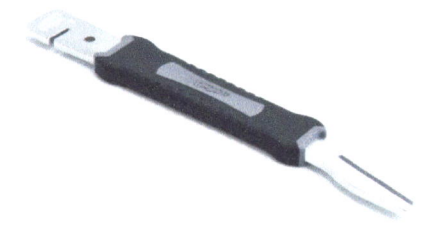

内线拉紧固定器 用于安装调节变速线和刹车线时拉紧内线。

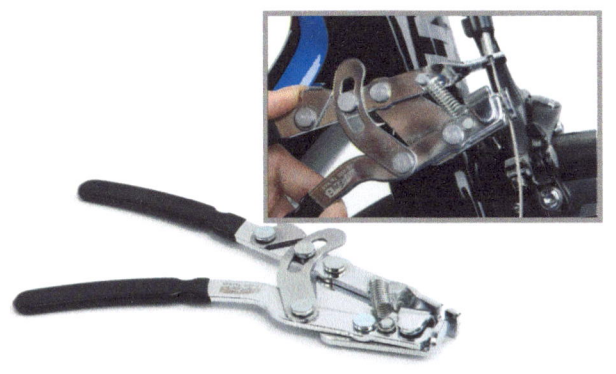

碟刹基座铣面工具 用于削平不平整的车架碟刹基座，使碟刹能正常安装使用。

洗链器 将链条装入洗链器内，转动曲柄，带动链条。洗链器内部的刷子及海绵等能自动清洁链条上的杂物和污渍。

打链器 又称拆链器，根据链速不同而分为多种型号，使链条拆装更方便。

快扣打链器 在维修或保养链条时，可以对链条上的快扣进行方便而快速的拆装。

量链器及链条勾 用于测量链条是否过度拉伸，另可在安装链条时勾住链条。

游标卡尺 一种广泛使用的高精度计量用具，可测量自行车零部件的长度、内外径尺寸和深度。

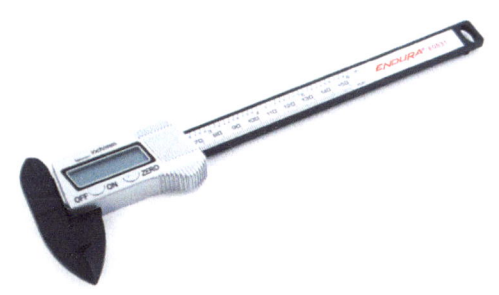

修车架 装车、修车时将整车挂起来的工作台，主要有两种类型，一种为夹钳式，利用夹住车架座管的方式固定车架；一种为车队专用修车架，利用托架固定五通部位，并用快拆杆固定前叉的方式固定车架，可防止车架被刮花。

其他扳手 包括飞轮专用扳手、花鼓扳手、碗组扳手等，针对不同的零件，外形可能差异悬殊。

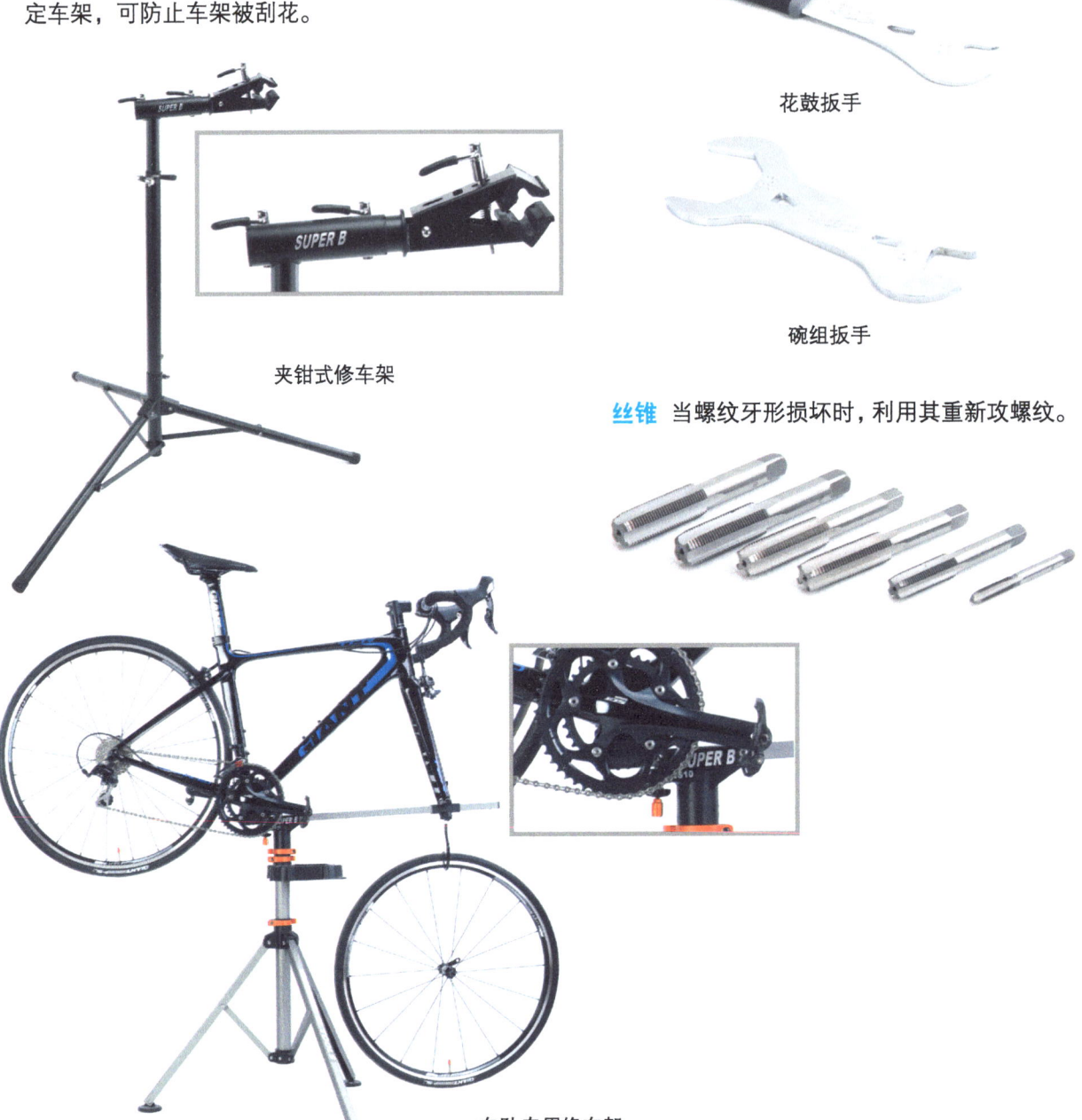

花鼓扳手

碗组扳手

夹钳式修车架

丝锥 当螺纹牙形损坏时，利用其重新攻螺纹。

车队专用修车架

第 3 章
支撑系统

自行车的支撑系统是自行车的"骨架",起到整合各种零配件及支撑车手的作用,主要包括车架、车把、座管、坐垫。支撑系统对自行车来说非常重要,其材质、设计以及角度的调节对自行车的传动效率、操控性能以及骑乘舒适性有很大的影响。

1 车架的种类及选购

自行车的车架有很多分类方式，除了本书第一章提到的按照车型分类，还可按照车架材质分为钢架、铝合金车架、钛合金车架、碳纤维车架等。

车架材质介绍

自行车车架材质对整车的影响非常大，其本身固有的物理属性，很大程度上决定了车架的刚性及舒适性；在车架设计、制作过程中也必须针对性地采用对应的设计、技术和工艺。

在介绍车架材质前，让我们先理清两个重要的概念。

刚性 刚性是物体抵抗形变的能力，这不仅与车架材料本身的弹性模量（指材料所受应力与其应变的正比例系数，弹性模量越高，则材料刚性越强）有关，而且与材料的形状也有关系。

通常，同样的材料和重量条件下，更粗的管材将拥有更好的刚性，但车架的管材是不可能无限地做粗，因为形状越粗，意味着管材越薄。过薄的管材，会出现无法焊接的情况，同时其抗冲击的能力也大幅下降，无法满足制作车架的要求。

强度 金属的强度是指材料抵抗永久形变和断裂的能力。在车架上，这个指标和管材的横截面积大有关系。

车架的强度指标关系到骑行安全，如果车架发生形变或者断裂，对车手来说都是非常危险的。

1. 钢材

钢材是历史最悠久的一种车架材料，虽然现在已有很多更新更强大的材料出现，但是钢架仍以其纤细的管型，精致的焊接，以及舒适的路感吸引着许多车友。

钢质车架

4130 铬钼钢 用在自行车上的钢材大部分是 4130 铬钼钢，其价格便宜，加工也比较简单，在自行车运动发展早期，几乎所有的高端车架都使用这种钢材。现在市面上的钢质车架也大多是使用这种钢材。（注：4130 铬钼钢对应我国牌号为 30CrMo）

4130 铬钼钢的特点是拥有足够的强度，同时焊接简单，价格低廉，制造技术也非常成熟。采用这种钢材制作成的山地车架重量通常在 2kg 左右，刚性较高，骑乘舒适性一般。

雷诺钢材 1953 年，雷诺自行车公司开始制造一种锰钼合金钢，并且将其命名为雷诺531。这种管材在当时来说强度很高，同时又比较轻，曾经是竞赛型钢制自行车的首选材料。

随后，雷诺又推出了一系列的管材。其中，雷诺 453 是一种单抽管的锰钛合金钢。雷诺 501、520、525 和 725 管材则是经过特殊处理的 4130 铬钼钢。

雷诺 753 是一种高端的锰钼合金钢，本质上来说就是一种更好的 531 型钢材。

雷诺 853 也是一种 4130 铬钼钢，但是经过空气硬化处理之后，其强度达到了更高的水平。

雷诺931是雷诺新推出的一种不锈钢，其定位要高于853，但单纯从机械性能来说，931还略弱于853，只是其原材料优于后者。

雷诺953是其最高端的钢材，也是一种不锈钢，性能非常高，抗拉强度几乎可以达到普通钢材的两倍！但由于它的产量非常低，一个953钢架的价格通常达到上万元，几乎是每位钢架爱好者的终极收藏目标。

需要注意的是，不锈钢的管材并非意味着它一定不会生锈，所谓"不锈"只是意味着相对不容易生锈，表面处理工艺和平常的保养对于车架的防锈也很重要。

如果你有幸拥有一款931或953钢架，千万别忽视了保养，否则它们同样会生锈。

TIPS! 什么是"抽管"？

抽管是一种以减轻重量为目的的金属管材加工技术，为许多中高端车架品牌所运用。利用抽管技术对车架管材进行拉伸，能使得管材中部比两端更薄一些，从而减轻管材重量。如果是进行两次拉伸，则称"双抽管"，经过三次拉伸则称"三抽管"——这也是目前抽管技术的极限。

2. 钛合金

钛合金与钢材一样，所制作的车架拥有非常舒适的路感。使用在自行车车架上的主要有6-4和3-2.5钛合金，连接符前后的两个数字分别代表铝和钒的含量，例如6-4钛合金就意味着含有6%的铝、4%的钒，其余90%则为钛。6-4钛合金的强度要比3-2.5钛合金的强度大，但是也更脆。对于车架来说，6-4钛合金并不一定比3-2.5钛合金舒

适，而且加工成本更高。

此外，由于钛合金本身价格就比较高，所以钛合金车架的价格和顶级的953钢架一样非常昂贵。

另一方面，钛合金必须在惰性气体环境下焊接，如果直接在空气中进行焊接，钛将迅速吸收氢、氧、氮这三种元素，与之发生化学反应，使接口处显著脆化，导致无法使用。

钛合金材质车架

3. 铝合金

铝合金具有相对低廉的价格以及比较容易控制重量的优势，是目前入门和中端运动自行车中运用最为广泛的材料，主要为6000系和7000系的铝材。铝合金车架的特性为：刚性较为优秀，但吸震能力较弱，因此骑乘舒适性较差。

6000系列铝合金 6000系列铝合金是一种主要添加了镁和硅的铝合金，也混合了部分铁、铜、铬、锌和钛。

其中，6061铝是自行车上最常用的一种铝材，具有较为出色的性能和便于焊接的特性。

在制造铝合金车架时，热处理是一个非常重要的过程。经过T4热处理后的6061铝合金，其强度可以达到未经热处理6061铝合金的2倍，而经过T6热处理的6061铝合金，其强度可达到未经热处理的6061铝合金的2.5倍。（注：T4和T6均为

热处理参数，代表不同的热处理方法，其中T6等级高于T4。）

7000系列铝合金　7000系列铝合金主要的添加物是锌。车架上常用的7000系铝材主要有7005和7075铝材。

7005铝材强度约比6061铝合金高10%，但会比后者脆一些。而7005铝材的热处理也是非常重要的，未经热处理的强度不如6061-T6。

7075铝合金拥有比7005铝材更优异的性能，但较少应用于自行车车架，原因是7075铝材的焊接非常困难，成品率较低，造成价格较高，所以只有一些高端车架才会使用到。

4. 碳纤维

碳纤维材料具有强度高、重量轻等特点，使用碳纤维制造的顶级山地车架，重量可以低至900g，而公路车架已经可以达到700g甚至更低的重量级，这是其他传统材料望尘莫及的。此外，碳纤维材料还可以加工成任意形状，使得各个连接处平滑过渡，尽可能地减小应力集中。正是因为这些出色的特性，使得碳纤维成为了中高端竞赛级自行车车架的首选材料。

当然，碳纤维也不是没有缺点，在抗尖锐物体冲击方面，它的性能就比较差。

不过近年随着纳米科技的兴起，以及编织布的使用，碳纤维对于尖锐物体的抗冲击能力已经有了很大的提升。

车架材质的选择

目前市面上比较容易买到的车架基本上都由铬钼钢、铝合金、钛合金、碳纤维四种材质制成。那么，选购车架应该考虑哪些因素呢？我们建议根据骑行用途来考量。

铝合金山地车架

铝合金公路车架

碳纤维公路车架

碳纤维山地车架

1. 长途旅行

如果购车是为了进行长途旅行且预算不高，那么建议选购入门级铝合金车架，因为这种车架通常未进行较多的抽管，本身铝材较厚，强度较高，而且大多带有货架孔，这一点对于长途旅行是非常重要的。

如果你的资金充裕，则建议选够一款较好的钢制车架或者钛合金车架。因为相对铝架而言，使用钢架或者钛架组装的车通常拥有更高的舒适度，路感也更好，可以在一定程度上减少长途旅行中路面颠簸带来的不适。

2. 日常健身

如果购车是为了日常健身，那么入门级铝制车架就是最好的选择。比起入门级的钢架，铝架重量更轻，且价格不会高出太多。

3. 竞技比赛

如果你是为了参加比赛、和其他车手一较高下而购车，那一款设计优秀的碳纤维车架将是最佳选择。碳架因为其本身的物理特性，可以通过优良的设计达到车架刚性与舒适度的平衡，加上其超高的比模量和比强度，从而得以实现高度轻量化，这对竞赛来说无疑非常有利。（"比模量"指材料的模量与密度之比；"比强度"指材料的强度与密度之比。）

日常健身及城市休闲用车通常选择铝合金车架

目前的职业自行车赛事用车几乎都使用碳纤维车架

如果你的预算不多，那么一款高级铝架也是不错的选择，通常高级铝架拥有较好的刚性，但是在舒适度方面会比碳架差一些。

4. 收藏鉴赏

在收藏鉴赏领域，应选择何种车架就仁者见仁、智者见智了。

首先，知名品牌的顶级钢架通常是极具收藏价值的，因为这些钢架拥有极为出色的艺术设计与精致做工，其背后还蕴含着品牌的深厚历史积淀。此外，钢架不同于现代自行车的纤细管型也使其拥有了与众不同的美感。

其次，钛架也值得收藏。钛制车架的价值主要反映在钛本身的价值及复杂的加工方法上。

第三，顶级碳架是世界尖端科技的结晶，也有一定收藏价值。不过，毕竟碳架的制造揉入了人类工业文明的因素，并且随着科学技术的不断发展，一款顶级的碳架很可能随着时间的流逝而逐渐被人遗忘，收藏价值就不如钢架与钛架。

2 车把的选购与安装

车把是自行车操控的主要部件之一,主要由把横、把立与把套或把带组成,有时候会根据实际需要而增加副把。选择合适的车把,可以为骑行带来更好的骑乘舒适性与操控体验。

车把的种类很多,按照使用的材质不同,可分为钢质、铝合金、钛合金、碳纤维以及复合材料车把;按照车型不同,主要分为山地车车把、公路车车把。

山地车车把

山地车车把分为直把、燕把、蝴蝶把和休息把。

直把的特点是把端至把立的距离短,操控性比较灵活,重量轻,爬坡时更容易发力,但舒适性一般。

燕把的特性是把端至把立的距离长,管径粗,有多种弯度选择,舒适性较高,但重量偏重,常用于休闲型及下坡型自行车。

蝴蝶把的外观像是一只展开翅膀的蝴蝶,方便骑行者更换不同的骑行姿势,通常使用在长途旅行车上。

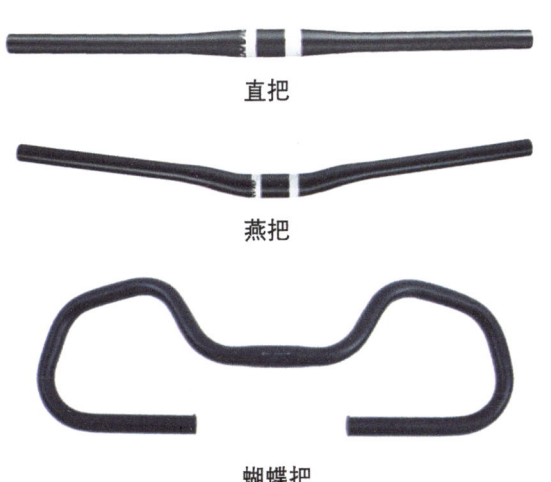

直把

燕把

蝴蝶把

休息把常用于长途旅行车,作用是让车手变换骑行姿势,从而放松身体、短暂休息。当双手握住休息把的时候,身体重心降低,风阻变小。

副把一般安装在把横两端,主要作用是为车手提供更多骑行姿势和骑行角度的选择,可以兼作休息把使用。副把的安装角度因人而异,但为安全起见,通常采用把端向前偏上的角度。

选择山地车车把时,需要考虑把横的宽度和管口直径,以及把立的长度。把横的宽度,一般以车手肩宽外加一个拳头的宽度为宜。当然,由于每个人的骑行习惯不同,也可适当增加宽度,让操控更灵敏。把横的管口直径一般有 25.4mm 和 31.8mm 两种规格,建议根据强度需要以及把立的粗细进行选择。把立长度有 60mm、70mm、80mm、90mm 和 100mm 等规格,越短的把立操控性越强,反应越灵敏。

公路车车把

公路车车把可分为平把和弯把,平把即直把,注重舒适性和个性化,操控简单,对骑行者的技术要求不高,常见于休闲/入门级别的大组公路车和越野公路车。

弯把是专为竞速而设计,富有攻击性,极限速度较高,握把姿势比较丰富,但对车手的技术要求也较高。

弯把的形状各有千秋,常见的有古典弯把、小弯把、人体工程学弯把等。除了形状,弯把的规格也较多,其宽度、前伸量(Reach,指弯把上把管身中心至弯曲部分管身中心的距离)及下沉量

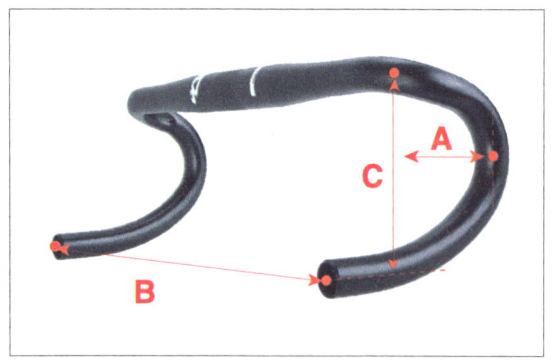

A 前伸量（Reach） B 宽度 C 下沉量（Drop）

小弯把

人体工程学弯把

（Drop，指弯把上把管身中心至下把末端中心的距离）都各有不同。古典弯把一般造型圆润，前伸量和下沉量都是三种把形里最大的，握点距离把的上端较远，发力摇车和控车感觉均一般，常见于古典钢架车和场地车。小弯把造型小巧，下把呈弧线形，前伸量和下沉量都是三种把形里最小的，适合亚洲人身材，且握点较多。人体工程学弯把的特点是下把部分有明显弯折，前伸量和下沉量在三种把形里都属于中等。握点主要为弯折以上和以下部分，发力直接，适合冲刺型选手。

弯把的宽度选择一般以与骑行者肩宽相同或略宽为宜。与肩宽相同的弯把拥有更佳的空气动力性能。更宽的弯把则有利于摇车发力，但会使摇车的幅度变小。如果你不热衷于追求极致速度，建议选择下沉量较小的小弯把，这样在骑行中转换握点时，身体姿势改变不大，可使骑行更舒适。

正确安装山地车车把

新车到手之后，或是新购置车把后，因每个人身型不同，均需要对自行车车把进行安装与调试。

安装山地车车把所需要的常规工具是4mm/5mm内六角扳手。

山地车车把安装步骤

（1）把变速杆、刹车杆、避震线控杆（如有）预先安装在把横上。螺钉稍微固定即可，防止安装过程中变速和刹车杆刮花车把，待车把固定好后继续调节角度。

（2）把把横安装在把立上。一般把横中间标有居中刻度，方便将把横定位安装在把立中间。把立螺钉不要一次性拧紧，应采用对角交叉拧紧的方法逐步固定。

第 3 章 | 支撑系统

按图中所标示的顺序，交叉拧紧把立螺钉

（3）把横固定后，需对车把宽度进行设定。把横宽度一般以比骑车人肩宽多一个拳头的宽度为宜，如果太长就需用专用工具裁切或锯掉多余的部分。需要注意的是，把横裁切后是不能复原的，所以不能一次裁切过多，应通过一点一点地裁切尝试来确定最佳宽度。当然，把横的宽度不是限定的，如果是用于休闲骑行，或者是FR、DH等，则可适当使用较宽的把横，以增加舒适性和增强操控性能。如果对把横的要求不高，就不需要裁切把横。

截掉过长的把横

（4）把横宽度设定好后，就可以安装把套。若是海绵把套或塑胶把套，可先用水沾湿把横上要安装把套的部分，方便轻松安装；若是双边锁死把套，就应先将锁紧螺钉拧松，安装完毕后再把螺钉拧紧，锁紧把套，然后安装把塞。

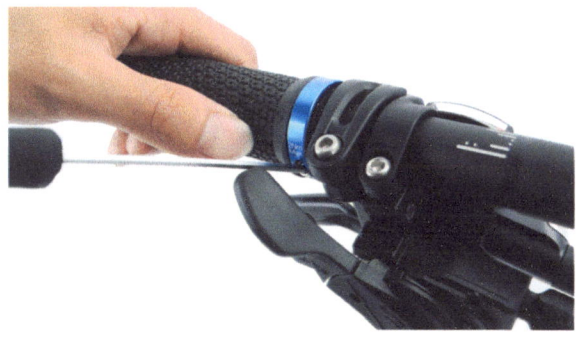

（5）安装好把套后，即可调整刹车杆、变速杆和避震线控杆（如有）的位置和角度。刹车杆的角度初始值可设定为水平向下45°。

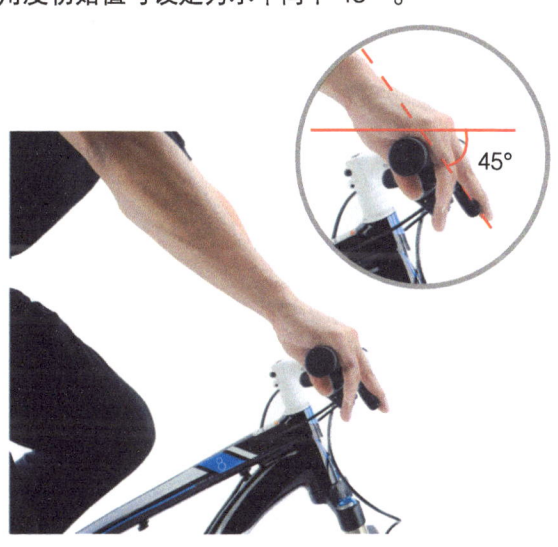

调整刹车杆角度

最合适的刹把位置：坐在坐垫上，手握车把，刹把位置刚好在手部延长线下方，手指末节刚好能触到刹车杆。过高的刹把位置不利于立骑时刹车，过低的刹把位不利于坐姿骑行时刹车。

变速杆和避震线控杆的角度可以根据个人习惯调整。

正确安装公路车车把

一般情况下，选购公路车时，车店会为你预设车把的角度。不过，了解公路车车把安装的方法，对于自己将来升级车把、微调车子角度还是有莫大帮助的。

目前常见的公路车把手有弯把与平把之分，平把公路车的车把安装与山地车车把的安装原理相同，这里主要讲解公路车弯把的安装。

公路车弯把的安装主要涉及弯把、刹车与变速一体的双控手柄和把带。

需要用到的工具：4mm/5mm内六角扳手或扭力扳手、胶带、剪刀。

公路车弯把安装步骤

（1）安装把横。把弯把居中安装在把立上，弯把角度应以确保弯把上部保持水平或略微上扬为宜，然后交叉拧紧把立螺钉。

设定扭力值后安装把横

需要注意的是，把横或把立如为碳纤维材质，请使用扭力扳手拧紧螺钉，扭力不可超过产品限定的最大值，过大的扭力可能造成碳纤维零部件损坏。

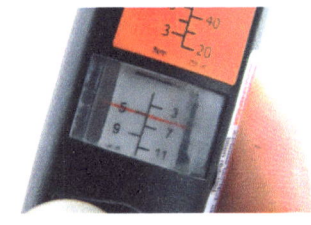

碳纤维把立的扭力值一般建议为5N·m或6N·m

（2）安装手柄。安装公路车弯把时，一般先把双控手柄装到弯把上，左边为前拨手柄，右边为后拨手柄。最合适的手柄位置：手柄上缘与弯把上缘成一条直线或微微上扬、正对前方。

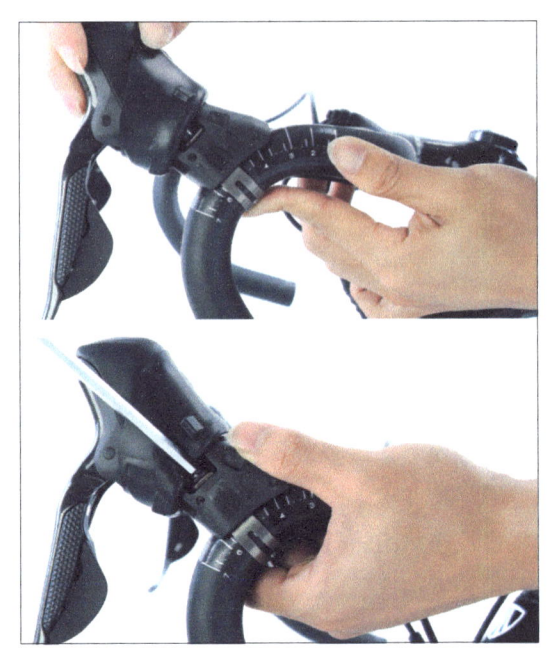

调整角度后固定

（3）安装刹车线。捏住刹车并保持刹车手柄的位置不动，将内线穿入刹车线孔并确保刹车内线的线头卡入槽中。从内线的另一端安装外套线管。接着，用同样的方法安装另一侧的双控手柄和刹车线。

（4）安装变速线。把前后变速挡位调到最低速齿盘和最高速飞轮挡位，找到变速线孔位，将变速内线穿入变速线孔，确保刹车内线线头卡入槽中，从内线的另一端安装外套线管。然后，用同样的方法安装另一侧的双控手柄和变速线。公路车变速手柄种类较多，线孔入口也会有所不同，应根据实际情况操作。

（5）固定线管。把带缠绕前，先把变速和刹车线管沿着车把的凹槽（如有），用胶布固定。确保线管紧贴弯把。

（6）缠绕把带前先给手柄固定环贴上一块把带贴片，可以让把带缠绕更加美观。

（7）注意把带缠绕方向。缠绕把带时需注意方向，应由弯把的下端开始缠绕，开始前先把手柄的皮套上翻。左边把带应从弯把下端截面开始按顺时针方向缠绕，右边把带应按逆时针方向缠绕，保证骑行发力时把带被拉紧。把带缠绕过程中，每一圈以盖住上一圈的 1/3~1/2 为宜，为保证美观，尽量让每一圈都保持一致。

用胶布固定线管时需至少缠绕三圈

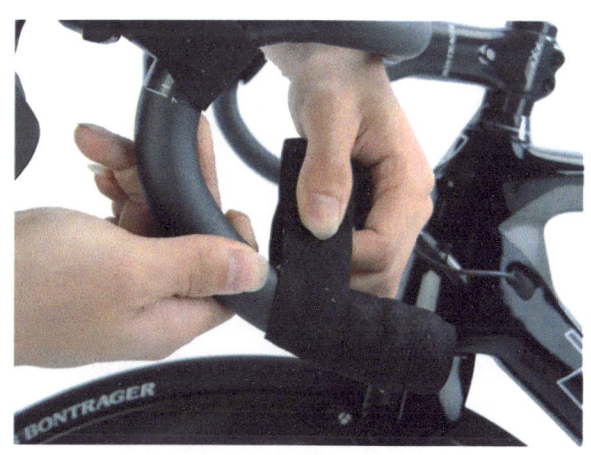

左侧把带从车身后方看为顺时针方向缠绕

（8）手柄位置缠绕。把带缠绕手柄位置是关键步骤，这里需要作一个交叉，把带由手柄外侧向上缠绕，然后从手柄内侧下端穿出，再从手柄内侧往上绕（如图），保证把带方向与初始缠绕方向相同。

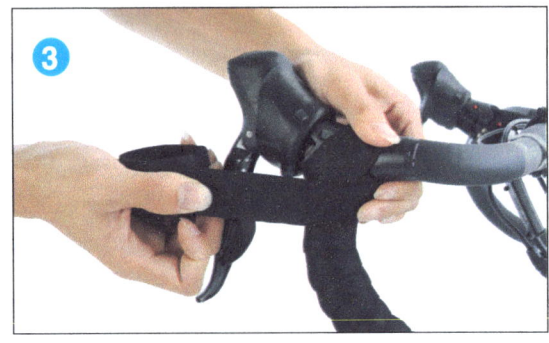

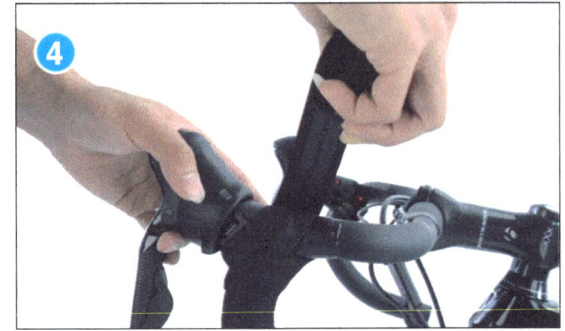

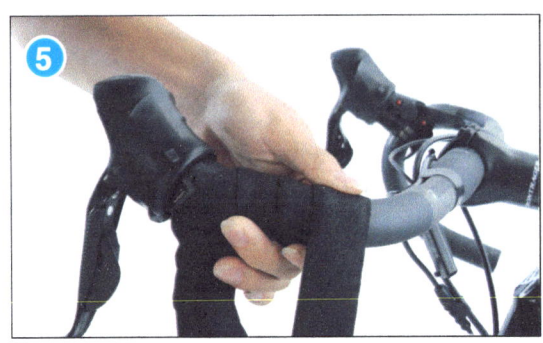

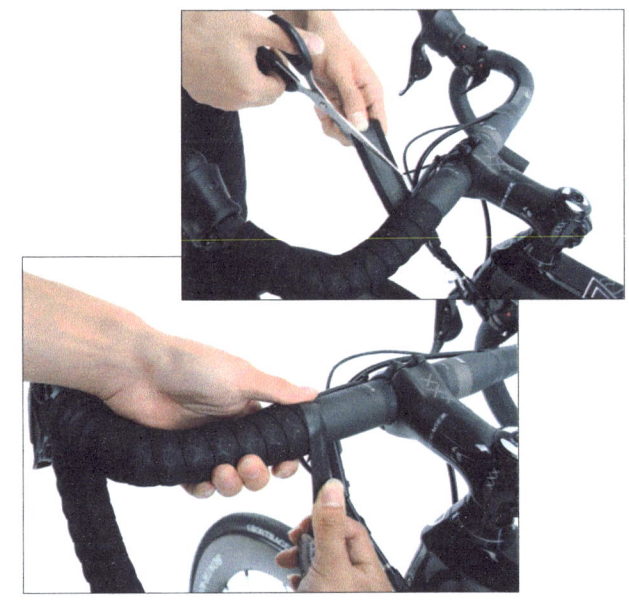

（9）把带收尾。把带缠绕到末端后，需沿着大约 45°的角度进行裁剪，最后用胶带封住把带，缠绕至少三圈，保证把带不会脱落。两边把带缠绕末端与把立的距离应保持一致，确保美观。

最后，不要忘记把车把把塞塞进弯把末端。并检查把带，确保没有松弛。

3 坐垫的种类与选购

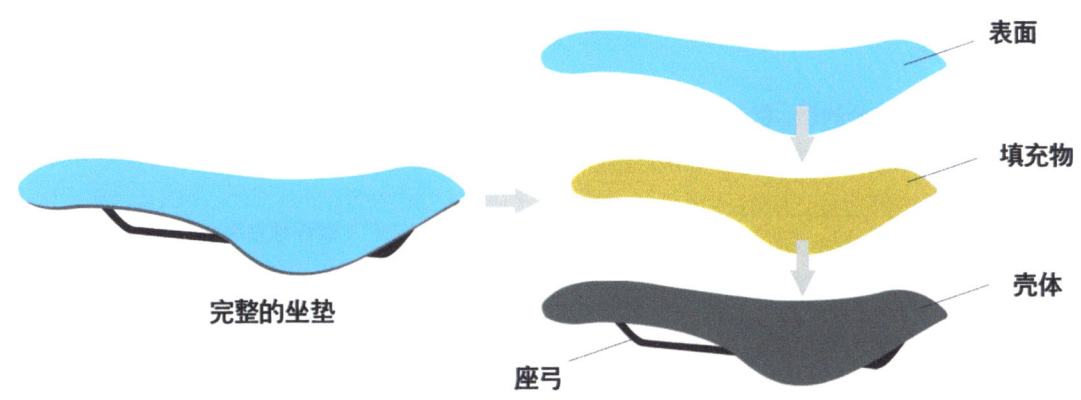

坐垫结构示意图

自行车坐垫的种类

自行车坐垫一般由表面、填充物、壳体和座弓组成，但也有一些坐垫没有填充物结构。

自行车坐垫的种类繁多，从表面看有皮质、合成材料、塑料、碳纤维之分，从座弓看还分为钢弓、镁合金弓、钛合金弓等，不过基本上可以按照宽和窄、软和硬的区别来分类。

1. 宽型坐垫和窄型坐垫

宽型坐垫一般尾部设计得比较宽大，且比较厚，多采用较软的填充物，属于为休闲骑行而设计的舒适型坐垫，常见于休闲车或入门级车型。

窄型坐垫一般外观修长，整体较薄，并带有"长鼻"（即前端较长），填充物较少或是材质相对较硬，也有部分坐垫是完全采用碳纤维材料制作，属于专为高频率踩踏而设计的坐垫，常见于竞技型自行车。

2. 软坐垫与硬坐垫

坐垫的软硬是相对而言的。软坐垫主要是采用了较软、较厚的填充物，常见于休闲骑行，骑乘舒适性较高。硬坐垫一般采用较硬、较薄的填充物，甚至是完全不使用填充物，主要针对竞赛用途。

坐垫的表面材质

常见的坐垫材质有皮质、合成材料、塑料、碳纤维等。皮质坐垫一般有很好的透气性和舒适性，并且能随着车手的骑行逐渐改变形状，以适应车手的特定骑行风格，但需要特殊的维护保养，常见于高端坐垫。合成材料种类非常多，一般表面较易成型，通常使用仿皮革制品，比皮革光滑，又不如皮

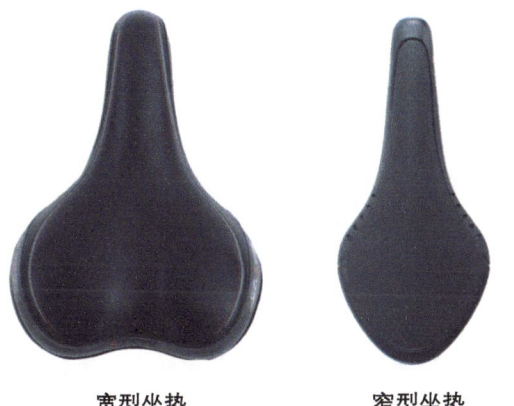

宽型坐垫　　窄型坐垫

革透气。碳纤维材质的坐垫主要有两种类型,一种有填充物,和其他类型坐垫一样;一种没有填充物,表面与支撑壳体为同一结构,较硬且光滑。

座弓的种类

坐垫的座弓按照材质来分的话,常见的有钢质、镁合金、钛合金、碳纤维等。钢质座弓有着很好的吸震性能,能提供良好的舒适性,同时价钱最低,但重量最高。镁合金座弓比较轻,吸震性能较好,但价格相对偏高。钛合金座弓有着优异的吸震性能,重量非常轻,但价格比较贵。碳纤维座弓属于非金属类座弓,拥有非常优秀的吸震效果和超轻的重量,但价格也更贵。

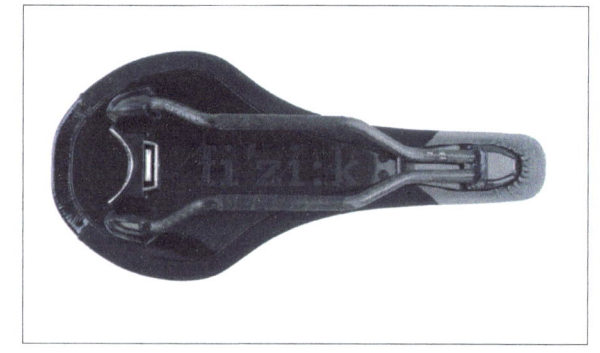

碳纤维座弓

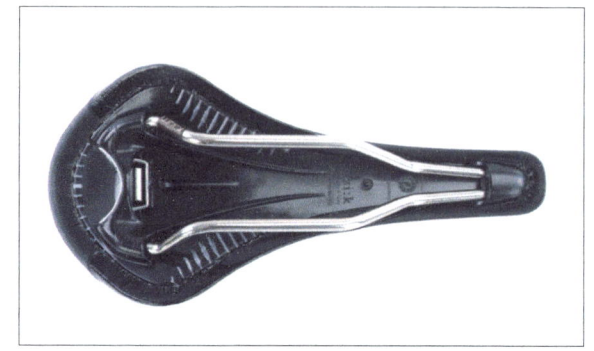

混合材料座弓

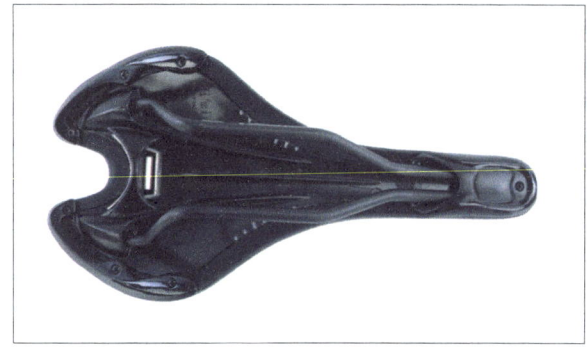

镁合金座弓

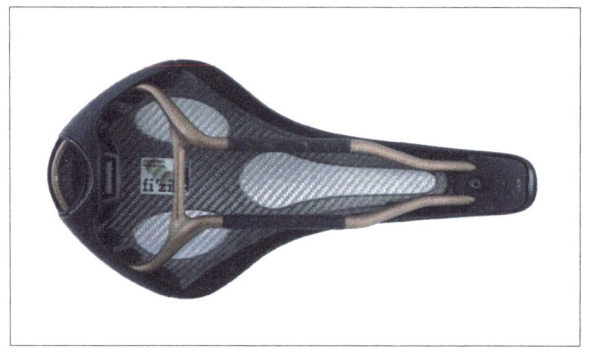

钢质座弓

自行车坐垫的选购

骑行过程中,人的体重主要分布在手、脚和坐骨上,其中后两者负担了大部分体重。用力踩踏时,脚部承受力量增大,坐垫承受的体重则减轻。由于骑行方式不同,自行车坐垫发挥的作用也有所不同,例如在竞技骑行中,坐垫的主要作用是供车手临时休息,而如为休闲骑行,坐垫则主要用于支撑车手的大部分体重。

在踩踏过程中,大腿会不断运动,与坐垫产生摩擦。当踩踏强度较大时,若采用宽大或摩擦力较大的坐垫,就容易摩擦大腿内侧引起疼痛,影响踩踏动作,而较软的坐垫也会间接增加摩擦。

因此,如果你平日的骑行强度较大,最好选择窄细偏硬型的坐垫。

如果你是以休闲骑行为主，则应选择宽大、较软的坐垫，以提高舒适性，不要因为自己买了一辆竞技自行车或担心不美观，而不好意思使用宽坐垫。

对女性车友来说，由于身体结构的特点，同样应选择专门为女性设计的坐垫，或者是相对宽大的坐垫。

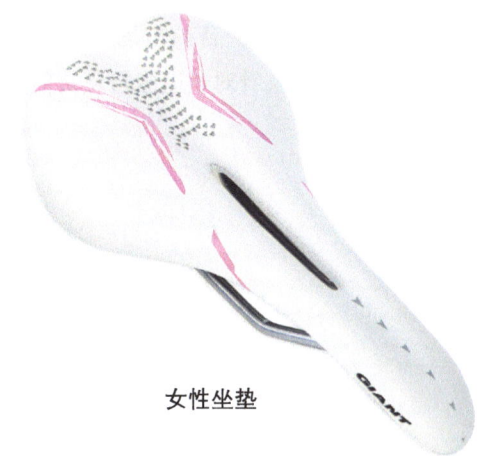

女性坐垫

4 座 管

自行车座管是连接自行车车架与坐垫的管状装置，上端为坐垫固定夹具。座管主要分为普通座管、可调座管以及避震座管，不同车型的座管管径也会有所不同。

自行车的座管管径主要由自行车车架的立管内径决定，不同管径的座管一般要配用对应大小的座管夹，针对较低强度骑行环境的车型会采用管径相对较小的座管。常见的管径规格主要有27.2mm、28.6mm、30.9mm、31.6mm和34.9mm；座管长度规格主要有300mm、330mm、350mm、580mm和600mm等。

上图从左至右管径规格分别为：
27.2mm、30.9mm、31.6mm、34.9mm

普通座管结构简单，性价比高，是最常见的座管，从材质看又分为钢质、铝合金和碳纤维材质。钢质座管一般价钱较低，吸震性能较好，但也比较重。铝合金座管价格适中，重量稍轻，但舒适性不如钢质座管好。碳纤维材质座管质量轻，舒适性好，但价格也更高。

除了最简单的普通座管，目前市场上还有一些针对特定使用环境的功能性座管。分别是适用于 AM 车型的线控可调座管，以及针对长途旅行及其他用途的避震座管，通常在重量和价格上都要高于普通座管。

线控座管　　　　　　　避震座管

第 4 章
轮组系统

轮组作为自行车系统中非常重要的部分，其重量、刚性、风阻系数等因素对自行车的性能有很大的影响。本章重点介绍运动自行车轮组系统的结构及原理，包括轮圈、花鼓、辐条等，同时也将详细讲解自行车轮组的拆卸与安装、轮胎的选购以及补胎与轮组编圈方法等。

1 自行车轮组

自行车轮组是连接车轮与车架的部分,自行车的动力传输、转弯操控都必须通过轮组传给轮胎,是自行车系统中非常重要的一部分,其重量、刚性、风阻等因素对自行车的性能有着很大的影响。

按照自行车种类的不同,轮组主要分为山地轮组和公路轮组,两者一般不可混用。首先这是因为,山地车车架的前、后叉开挡分别为100mm和135mm,公路车架的前、后叉开挡则分别为100mm和130mm;其次,两种轮组的刹车方式一般不兼容;第三,两种轮组的设计注重点不一样,山地轮组强度优先,公路轮组轻量优先。

轮组的组成

轮组主要由轮圈、花鼓、辐条和辐条螺母组成,三者的组合及辐条的编织方式共同影响轮组的性能。

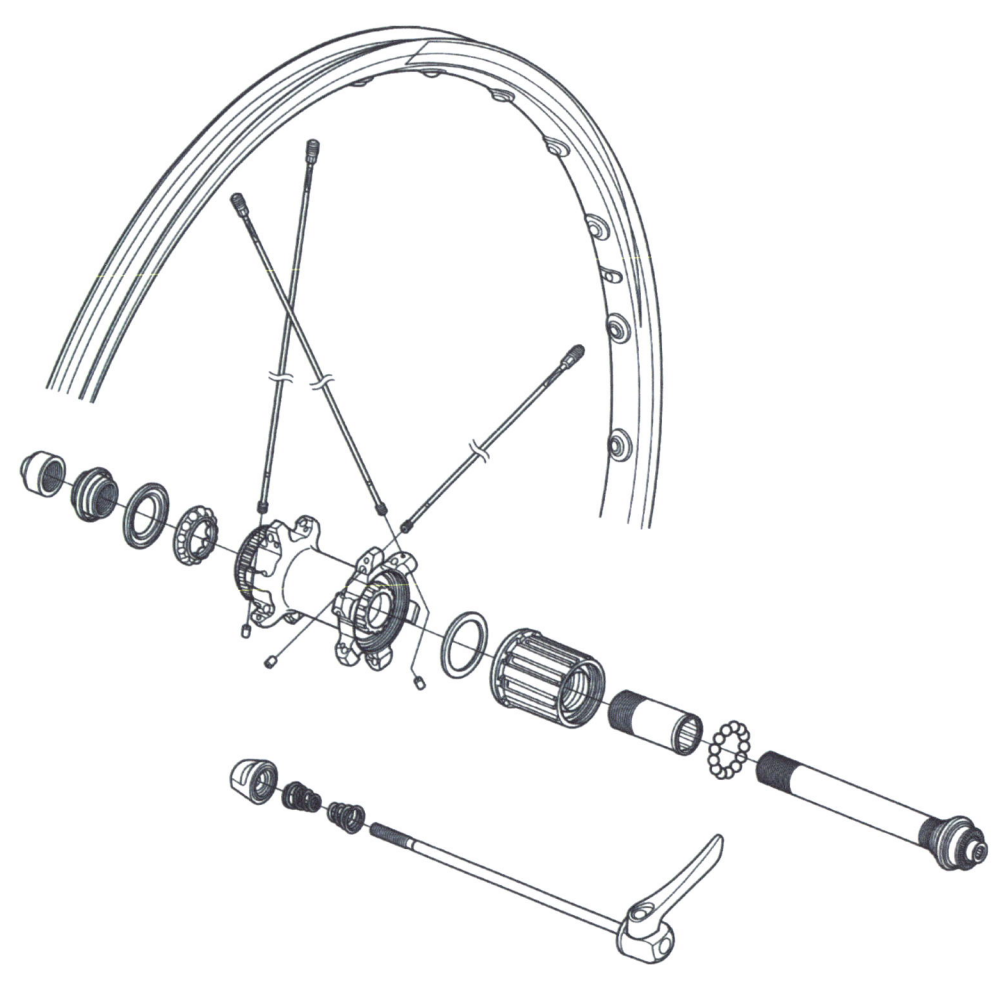

1. 轮圈

轮圈的主要作用是让轮组在行进与制动的过程中，拥有平衡的行动力。

老式的轮圈是钢制的，比较重，易生锈，现在已基本淘汰。目前主流的运动自行车轮圈主要由铝合金或碳纤维制成，也有少数采用钪合金或其他材料。按照样式分，主要有直边、钩边、软边轮圈，目前比较常见的是直边和钩边轮圈。

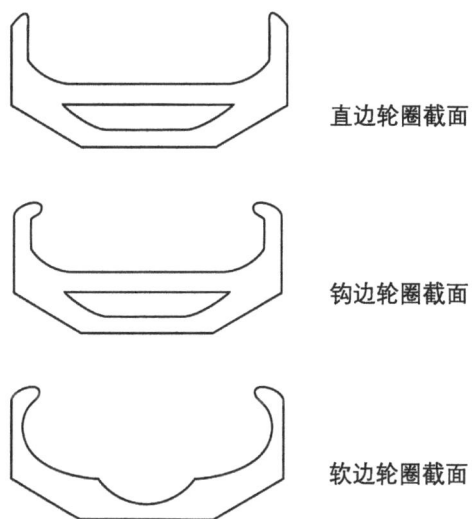

直边轮圈截面

钩边轮圈截面

软边轮圈截面

铝合金轮圈是最为常见的轮圈，主要特点是价格低，制作工艺成熟，重量较轻，防锈，强度较高，能提供良好摩擦制动效果。铝合金轮圈又分为单层圈、双层圈和刀圈（因轮圈截面如刀锋而得名），理论上双层圈和刀圈强度更大，不过轮组的强度还受花鼓和辐条影响，仍需根据实际情况判定。

碳纤维轮圈拥有非常轻的重量，强度高，但价格也高，散热性能较差，一般采用轮圈式刹车，刹车时容易产生较高的温度，影响制动效果及使用寿命，常见于高端公路车。碳纤维轮圈的抗磨损性能较弱，通常使用软的专用刹车皮，以保护轮圈。目前也有厂商通过在刹车面增加铝合金或其他材质来延长碳纤维轮组寿命。

铝合金轮圈

碳纤维轮圈

2. 花鼓

花鼓可以说是轮组的核心，其润度极大地影响轮组在行进过程中的实际滚动效果。自行车上运用的花鼓主要分为锁牙式花鼓和卡式花鼓，山地车和公路车均采用卡式花鼓。目前大部分高端花鼓均采用铝合金外壳，部分高端车上也有采用碳纤维壳体的花鼓。

花鼓根据内部滚动部分的不同，又分为滚珠花鼓和培林花鼓。

上：前花鼓
下：后花鼓

3. 辐条

辐条是连接轮圈与花鼓的桥梁，一般使用不锈钢、钛、铝或碳纤维等材质。钢质辐条最为常见，而碳纤维辐条一般只使用在公路车上。

辐条的材质、样式、长度和编织方式影响整个轮组的风阻、刚性与强度。辐条长度越短，轮组的张力越高，刚性也越强。辐条若采用放射状方式编织，则轮组纵向强度最强。

辐条样式有三种：等径(Straight-gauge)辐条，扁(Swaged)辐条和变径（Butted）辐条。其中等径辐条从螺纹端到头端粗细一致，是最常见的辐条。扁辐条外形宽而扁，前进风阻小，多见于公路车。

变径辐条有五种形式：

单斜辐条 花鼓端较粗，整个线形段逐渐变细，常见于重型车。

凹形辐条 两端较粗，中间段较细，保证强度的同时可提供一定的弹性。

斜凹形辐条 其形状结合了单斜辐条和凹形辐条的优点，适合对耐久性和稳定性要求高的车型。

流线（椭圆）形辐条 凹形辐条的一种变化，辐条细的部分被压变形，横截面成一椭圆，可提供更好的空气动力性能。

流线(带刃)形辐条 比流线(椭圆)辐条更扁平，是最符合空气动力学的辐条，但外形太宽，不能穿过普通花鼓的孔。

4. 辐条螺母

辐条螺母又称辐条帽，是连接轮圈与辐条的桥梁，通常使用镀镍黄铜，能提供非常平滑的螺纹而且不易腐蚀。铝质辐条螺母也运用于高性能轮组，以达到减重目的，但为防止金属腐蚀，只能使用在带有非铝金属孔眼垫圈的轮圈上。

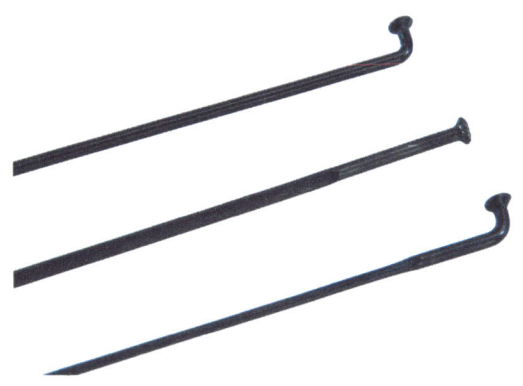    

2 花鼓

花鼓有前花鼓、后花鼓之分，两者分工不同，在结构上也有所不同。前花鼓主要作为前轮的支撑、转向和滚动部件，结构相对简单，主要包括：① 花鼓壳体；② 培林（轴承）或珠碗；③ 花鼓轴心。后花鼓需连接飞轮、驱动后轮，除了拥有与前花鼓相同的结构之外，还包括塔基和棘轮装置。

花鼓的结构及原理

前花鼓通过内部的培林或珠碗结构，连接花鼓壳体和轴心，让花鼓壳体相对轴心能自由回转。

后花鼓通过棘轮装置实现对轮组的驱动，棘轮装置一般包括棘爪（千斤片）和棘齿。踩踏时，花鼓棘爪咬紧棘齿、传输驱动力；停止踩踏时，棘爪放开棘齿，自行车能依靠惯性滑行。大部分棘轮装置的棘爪是设置在后花鼓的塔基上，棘齿设在花鼓壳体上，而有些则刚好相反。市场上还有部分品牌或型号的后花鼓，如 DT Swiss、Chris King、Ring Drive 等高端花鼓，放弃了普通的棘爪和棘齿，采用行星棘轮（类似汽车离合器的特殊棘轮装置），但作用效果相似。

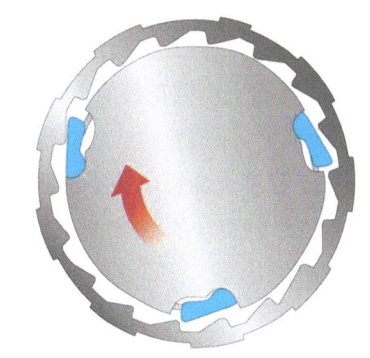

普通棘轮装置剖面结构图

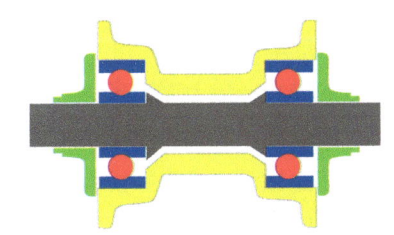

前花鼓结构示意图

普通棘轮拆解图

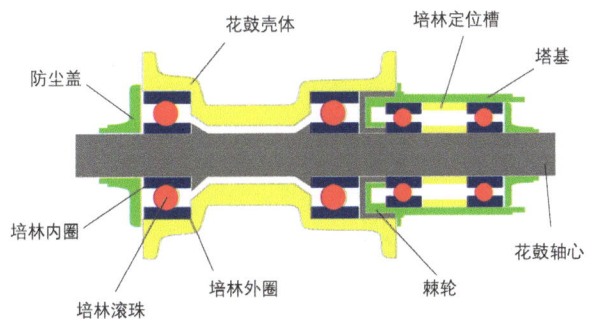

后花鼓结构示意图

行星棘轮

花鼓的种类与特点

通常说到花鼓的种类,是根据内部滚动部分的结构,区分为珠挡花鼓和培林花鼓。

1. 珠挡花鼓

珠挡花鼓的滚动部分主要由珠碗、滚珠、轴挡组成,是较早运用于自行车轮组的机构,技术成熟。珠挡花鼓的特点是:滚珠直接接触珠碗和轴挡,且接触面积大,同时无需使用支撑架,在一定的空间可以容纳更多的滚珠,但三者结合的紧密程度不会非常高。因此,理论上珠挡花鼓能承受较大的压力,滚珠的受力与反馈可以成直线,侧向受力好;结合紧密程度在一定程度上会影响轮组滚动的精度,因此较松的结合能造就更佳的骑乘舒适性。

理论上,珠挡花鼓容易维护保养,如非花鼓壳珠碗或轴挡磨损,一般更换滚珠即可,但目前市场上缺少对应的修补零配件,而且调节滚动机构需要有丰富的经验,所以实际上维护保养并不方便。

珠挡花鼓的劣势在于,较大的接触面意味着摩擦力增加,会影响花鼓的润度,且防水性能较弱。不过,目前做工精良的珠挡花鼓在防水方面也有非常好的表现。

2. 培林花鼓

培林花鼓的滚动部分主要由高精度的滚珠轴承组成,部分结合滚珠,通常有2培林、3培林和4培林之分,分别代表花鼓内部的轴承数量,其中3培林和4培林主要用在后花鼓。

培林花鼓的轴承内部有支撑架,稳定性和精度高,安装的滚珠相对珠挡花鼓少,润度好,但保持高精度的同时必定会牺牲一些骑乘的舒适性。轴承的受力反馈只能从径向反馈,轴向刚性较弱,因此培林花鼓主要表现为径向刚性非常高,侧向刚性较弱,精度很好,舒适性较差。

培林花鼓的轴承一般无需过多保养,磨损后直接更换即可,维修成本较低。但更换轴承时,只能使用专用工具压迫轴承边缘进行拆装,非正确拆装容易造成轴承损坏。

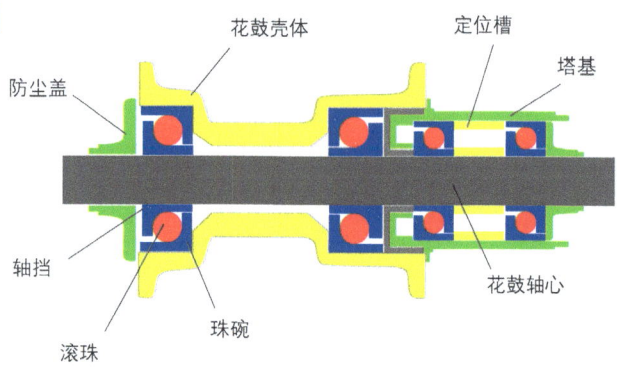

珠挡花鼓结构示意图

珠挡花鼓

培林花鼓

花鼓的认知误区

1. 培林花鼓一定比珠挡花鼓好？

培林花鼓无论在精度和润度上都比珠挡花鼓好，在自行车垂直地面的骑行中，使用培林花鼓的后轮变速更精准，同时骑行更省力和顺滑。但在转向、摇车等情况下，自行车轮组并非垂直地面，培林花鼓由于轴向刚性较弱，效率会有所降低，而珠挡花鼓不会出现这种情况。如 SHIMANO XTR 顶级的花鼓也是采用珠挡花鼓设计，高精度的做工也能使产品达到高润度。

2. 培林花鼓轴承数量越多，强度越高？

前花鼓如为培林花鼓，一般为 2 培林，后花鼓则有 2 培林、3 培林、4 培林三种规格。4 培林花鼓中，主要用于承重的轴承也仅为花鼓壳体内的两个，因此在强度上和 2 培林花鼓基本是相同的。4 培林花鼓的真正意义在于，另外两个轴承主要支撑棘轮的运转，轴承的高精度可使塔基和飞轮转动时减少偏摆，使变速更加精准。

3. 花鼓响数越多越好？

后花鼓内置了棘轮装置，往后转动后花鼓时，棘轮装置会发出响声（即推车时常听到的嗒嗒声）。花鼓响数一般以转动一圈塔基时，花鼓发出声音的次数计算。实际保养花鼓时，给棘轮装置添加越多润滑油会使响声变小甚至消失，但同时也会增加花鼓的阻力。而花鼓响声越多并不代表越顺滑，响数越多意味着棘爪碰撞棘齿的次数越多，会在一定程度上损失动能。多响数花鼓的真正意义在于，踩踏过程中，棘爪在踩踏很小角度时即可咬紧棘齿，降低发力损失。

此外，根据部分花鼓制造厂商的测试，花鼓在 50~60 响的情况下能达到最佳的性能表现。

如何选择花鼓

选购花鼓时应先考虑实际的使用环境及需求，不造成性能的剩余。珠挡花鼓的优势主要在于价格低、舒适度高、受力合理，但润度和精度是其弱势，缺少修补件的情况下只能整套更换，实际维护并不方便。培林花鼓的优势主要在于润度好，精度高，径向强度大，实际维护容易且维护成本低，但价格相对较高，轴向刚性弱。

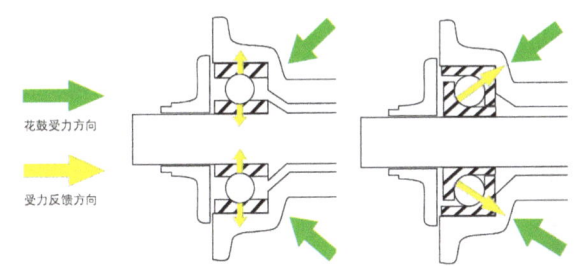

培林花鼓（左）和珠挡花鼓（右）受力及反馈

1. 休闲骑行

如果你的车主要用于休闲骑行，那么对强度和变速精度的要求都不高，一般花鼓均能满足使用需求。实际选择珠挡花鼓更为合适，首先是因为价格较低；其次珠挡花鼓内部结构不是非常紧密，可提高骑行的舒适度。此外在低强度的骑行条件下，花鼓对变速精度和润度的影响很小。

2. 轻度越野

轻度越野用车对强度和变速精度均有一定的要求，但不会非常高。因此选择培林花鼓或珠挡花鼓均可。如果偏向更好的舒适性或是经济上预算不太多，珠挡花鼓会是不错的选择。如果对变速精度和润度有更高的要求，或是更在意防水和维护，那还是建议选培林花鼓。

3. 竞技比赛

竞技比赛用车对于强度和变速精度的要求均比较高，理论上后轮采用培林花鼓能达到更好的变速精度，同时能保证纵向的强度。但事实上，珠挡花鼓也能满足顶级赛事的需求，例如 Shimano 的顶级套件就采用了珠挡花鼓。出于维护保养、防水性能等方面的考虑，目前大部分中高端自行车还是采用培林花鼓。

轻度越野用车采用培林花鼓或珠挡花鼓均可

竞技比赛用车大多采用培林花鼓

3 快拆

了解快拆

为了方便运输与安装，大部分的运动自行车都使用了快拆杆结构，常见于自行车的座管夹及轮轴部位。

快拆杆是由意大利商人图利奥·坎帕杰罗（Tulio Campagnolo）发明的自行车上特有的紧固零件，一般由一根带凸轮结构的手柄与一根带螺纹的轴心，以及配套螺母组成。当手柄处于打开状态时，手柄凸轮处于最小直径位置。将手柄扳至关闭状态，凸轮处于最大直径状态，使手柄座与另一端螺母的距离减小，达到拉紧固定的作用。

根据凸轮的不同，快拆杆主要有开放式凸轮和封闭式凸轮两种，封闭式凸轮比开放式凸轮拥有更强的锁紧力量。座管夹和山地车快拆通常采用开放式凸轮，公路车快拆通常采用封闭式凸轮。

RockShox 筒轴快拆

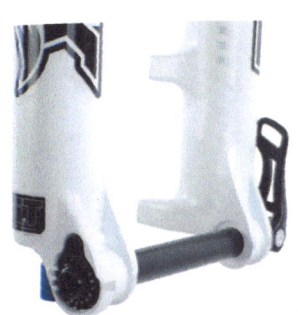

Fox 15QR 筒轴快拆

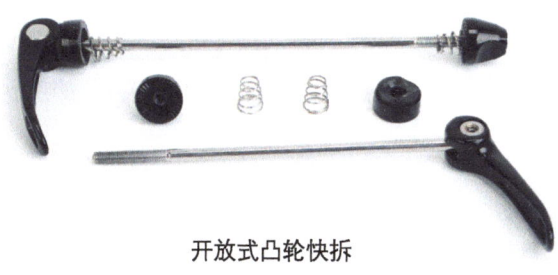

开放式凸轮快拆

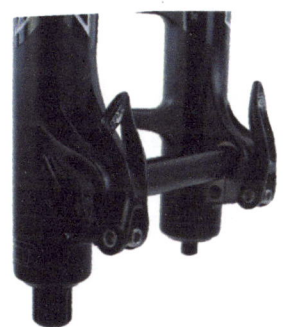

Fox 20QR 筒轴快拆

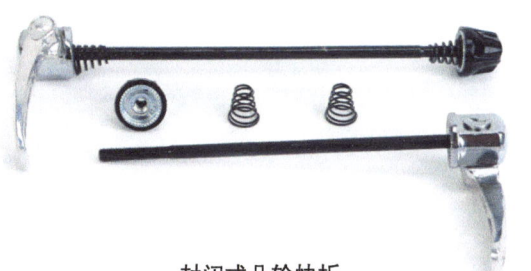

封闭式凸轮快拆

根据快拆杆轴心的不同，还可分为拉杆式快拆（如左图）和筒轴快拆。筒轴快拆主要由凸轮结构和粗壮的空心连杆组成，必须配合筒轴前叉使用，目前市场上较为常见的是 Fox 和 RockShox 的筒轴快拆。筒轴轴心更为粗壮，拥有更强的刚性和更佳的稳定性，通常运用在 FR、AM 和 DH 等骑行强度较高的重型车上。

正确使用快拆

1. 打开和锁紧快拆

无论是打开还是锁紧快拆，应通过手动调旋快拆螺母来拧紧或放松快拆，切勿通过转动手柄来拧紧或放松快拆（DT Swiss 快拆除外），这样操作容易造成车架前、后叉及快拆螺母的磨损，同时无法达到锁紧快拆的目的。如为 DT Swiss 快拆，则使用旋转快拆手柄的方式锁紧与放松快拆。

正确的锁紧方式：直接旋紧快拆螺母

错误锁紧方式

锁紧快拆时先将快拆螺母拧到适当位置，使快拆手柄扳至与轴心在同一直线的位置时出现阻力，然后用掌心推动手柄将快拆锁紧。快拆锁闭到位时所需力量会相对变小，如锁紧过程中所需力量一直增大，表明过紧；如很容易推动，表明过松，应松开手柄，将螺母再稍微调松或调紧，然后锁紧，直至推动手柄需要较大力量，且能到达锁闭位置。

手柄推至水平位置能感觉到快拆手柄有阻力，表明已接近锁紧力度

快拆手柄置于打开状态

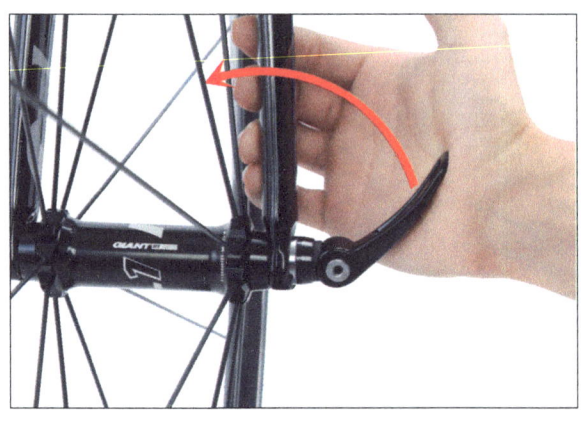

用掌心锁紧手柄，感觉有一定阻力即可

2. 筒轴的拆装

筒轴快拆与拉杆快拆结构上略有不同，拆卸方式上也存在一定的差异。如为拉杆快拆，松开快拆即可拆装轮组，无需把快拆杆抽离花鼓。如为筒轴快拆，拆装轮组前必须先把轴心从花鼓和前叉上拆下来。此外，Fox 和 RockShox 筒轴快拆轮组的拆卸方式在细节上略微不同。

对于 Fox 的 15QR 筒轴快拆，直接扳开拉杆手柄，然后旋转即可实现拆卸；对于 20QR 筒轴，则必须先把前叉上的两个锁紧结构松开，然后扳开拉杆手柄旋转拆卸。

RockShox 的筒轴快拆除了具备拉杆快拆的结构，还有空心连杆结构，拆卸时需借助拉杆手柄让空心连杆转动，实现连杆的拆卸。

打开快拆的锁紧扣

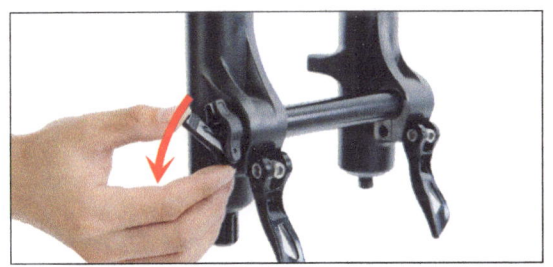

掰开筒轴隐藏式手柄

逆时针旋转拆开筒轴

掰开快拆手柄

将快拆手柄卡进筒轴连杆的卡槽，再逆时针旋转

将筒轴连杆与快拆杆一起拆出

3. 快速检查快拆

每次骑行出发前,或在公共场合停车一段时间后,应检查快拆是否牢固。首先观察快拆手柄是否处于锁闭状态,如不是,则应重新锁紧快拆。锁紧快拆后可抬起车轮,用手向地面方向拍打轮胎(后轮则向中轴方向拍打),车轮没有移位或掉落即可。

前快拆正确锁紧位置

后快拆在此锁紧位置容易被碰到

4. 快拆手柄的锁紧位置

快拆手柄的锁紧位置应是骑行过程中不容易被碰到的。对于前轮,应尽量将手柄固定于前叉前方;对于后轮,应将快拆手柄固定于后上叉和后下叉之间,或是后方与后下叉平行的位置。另外无论前轮还是后轮,都不可让快拆手柄方向朝下。(如下图)

前快拆在此位置锁紧容易被碰到

后快拆正确锁紧位置

1. 不可通过旋转快拆手柄拧紧快拆。
2. 快拆手柄一定要锁紧到位。
3. 每次骑行出发前,请检查快拆手柄是否锁紧。

快拆的维护

快拆的维护重点在于凸轮和螺纹的润滑,快拆凸轮处添加润滑脂可减少磨损,在螺纹上加润滑脂可防止锈蚀和螺纹咬合。如出现快拆手柄不易锁紧的情况,需在快拆的凸轮处添加润滑脂。

4 轮组的拆装及新车轴挡调校

自行车出现爆胎、轮胎磨损严重等情况时,我们需要对自行车的轮组进行拆卸与安装。

自行车的轮组有多种分类标准,如按照拆装方式、刹车方式的不同来区分。目前市场上的大部分运动自行车都采用快拆式轮组。而快拆式轮组又有拉杆快拆和筒轴快拆的区别。另一方面,如果按刹车方式来分,则主要有轮框式夹器轮组和碟刹轮组。

拉杆快拆轮组的拆装

碟刹拉杆快拆轮组的拆卸

(1)拆卸前轮时,扳开前轮快拆把手柄,放松快拆,松至能够把轮组取出即可。

(2)后轮的拆卸的步骤:①转动曲柄,把后拨挡位调至最小飞轮位置;

②扳开快拆把手柄,放松快拆把,用手往后拉开后拨,即可取下后轮。

碟刹拉杆快拆轮组的安装

(1)打开快拆把手柄,松开至能让花鼓轴心卡进前后钩爪位置。

(2)将轮组放入前叉范围,让花鼓靠近前叉钩爪位置,小心让刹车碟片优先卡入刹车卡钳的两片来令片(也叫刹车片)之间,然后把花鼓轴心卡进前叉钩爪位置。

（3）拧紧快拆螺母到力度适合的位置，一般以用手掌能刚好压紧为宜，不可过松。注意，前拉杆快拆的手柄最佳卡位在前叉前上方位置。如无法在该位置合上手柄，则应另找前叉后上方方向或水平位置。

（4）将后拨调至最外侧挡位，将变速器往后拉，腾出空间给飞轮和轮组；将轮组最小飞轮卡入链条位置；将轮组向上拉，小心引导刹车碟片卡入后刹车卡钳的两片来令片之间，然后再把花鼓轴心卡进后叉钩爪位置。如非上修理架操作，亦可借助车架直立的自重，将轮组引导至卡进钩爪位置。

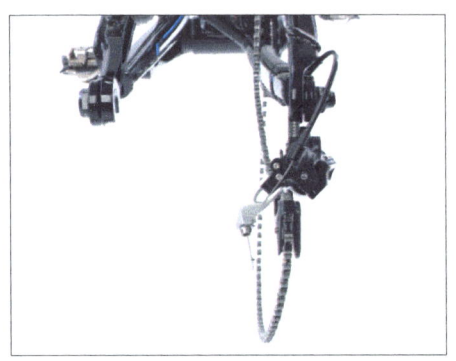

后拨在外侧

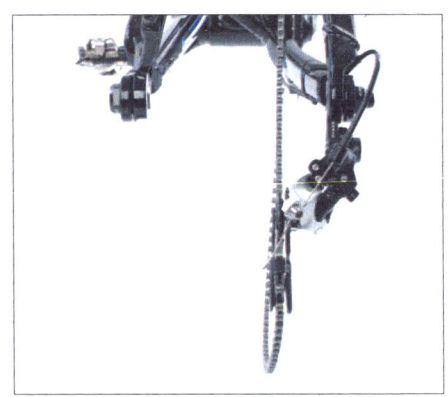

后拨在内侧

（5）拧紧快拆螺母到力度适当的位置，让快拆手柄能完全合上。注意，后拉杆快拆的手柄最佳卡位在后上叉与后下叉之间的位置，如无法在该位置合上手柄，则另找水平向后位置。

水平向后位置

（6）检查前后轮是否居中在车架的中心线上，如没有居中，则需再次放松快拆杆，用力压车架，使轮组居于车架中心轴线上，然后锁紧快拆拉杆。

 一般拉杆快拆的手柄位置应设在靠近非传动一侧，即与碟刹的刹车碟片同侧。

V 刹类拉杆快拆的拆装

V 刹轮组与碟刹轮组的拆装步骤大致相同，细微差别在于：拆卸 V 刹轮组前必须先放松前后刹车，安装后把刹车归位。

（1）拆卸前放松刹车，用手把 V 刹上端剂向中间，拨开刹车固定模块，即可完成刹车的放松。放松 V 刹后，按照碟刹拉杆快拆轮组的拆卸方式即可完成轮组的拆卸。

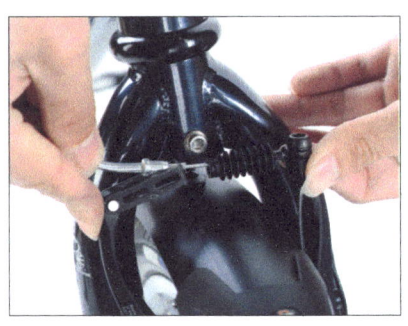

向中间挤压刹车

第 4 章 | 轮组系统

（2）安装后把刹车归位，安装好前后轮组后，用手向内捏住 V 刹上端，另一只手将刹车固定模块塞入 V 刹末端的卡槽内，松开手即可。

公路车轮组的拆装

公路车的轮组一般为拉杆式快拆，刹车为双支点刹车，与山地车的 V 刹有所不同，拆卸公路车轮组时，除了注意要松开刹车之外，其他步骤参照碟刹拉杆快拆轮组的拆卸方式即可。

放松刹车夹器

拉动后拨

取下轮组

筒轴快拆轮组的拆装

筒轴快拆轮组的拆装，除了快拆杆的拆卸略不相同，其他方面与拉杆快拆轮组的安装方式基本一致。筒轴轮组没有可调整的间隙，安装后，轮组一般会位于居中位置，如发现不居中，或偏离过大，则有可能是轮组偏离，或车架、前叉变形或损坏。如果是车架或前叉的问题，建议到专业车店进行维修或更换。

新车轴挡调校

入门级车型在新车出厂时，前轮轴挡一般会比较紧，故购买新车时需对前轮轴挡进行调整。中高端车型则一般不需要调校轴挡。

调整好的轴挡可以让车轮在骑行过程中更加顺滑，同时也可以避免骑行时因为轴挡过紧而造成花鼓轴承磨损的现象。该步骤对调校者的技术要求较高，建议由车店技师操作。

需要准备的工具：开口扳手、花鼓扳手、一字螺丝刀。（注意：应根据花鼓螺母的实际大小选择开口扳手和花鼓扳手的型号，一般为 17mm、15mm 或 13mm）

调校步骤：

（1）拆下前轮，利用一字螺丝刀取下花鼓两侧的防尘密封圈。

撬开防尘密封圈

（2）利用开口扳手和花鼓扳手分别固定在花鼓轴挡两侧螺母位置。

（3）固定左边的扳手，右手逆时针方向转动右边扳手为松开轴挡螺母，顺时针方向转动为拧紧轴挡螺母。

（4）用手转动花鼓轴挡，并轻摇几下，如果过紧，则继续放松轴挡螺母；如果过松，则拧紧轴挡螺母，直至轴挡转动起来足够顺滑，且不会出现松动即可。

5 轮胎的种类与选购

自行车轮胎有多种分类方式，通常是分为有内胎轮胎、无内胎式轮胎（真空胎）、管胎、免充气轮胎、聚氨酯轮胎、实心轮胎等。其中，运动自行车多采用有内胎轮胎、无内胎式轮胎和管胎。

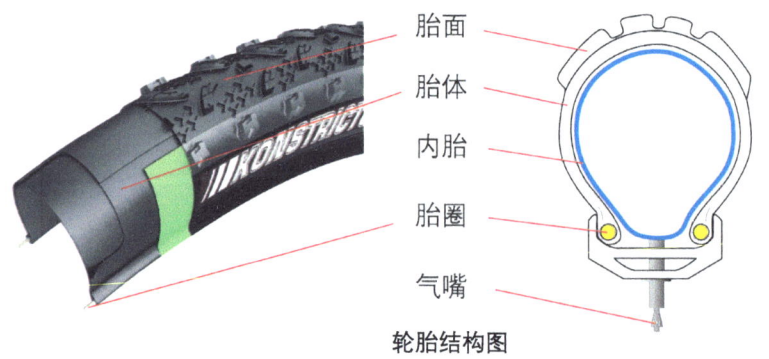

轮胎结构图

自行车轮胎的构造及特点

每一种产品的设计都有其特殊的用途，免充气轮胎、聚氨酯轮胎、实心轮胎等几乎不出现在运动自行车上，不在此深入研究。运动自行车上的轮胎，除了有内胎轮胎针对最广泛的应用，其他种类的轮胎均针对特定的使用环境进行了特殊的设计。

1. 有内胎轮胎

一般采用开口式外胎结合内胎和垫带的结构，外胎主要由胎体、胎面、胎圈组成。

<u>胎体</u>　由单层或多层盖胶帘布（帘布是指轮胎内的衬布，用于保护橡胶、抵抗张力）按一定角度贴合而成，使外胎具有所需的强度和弹性，以承受

轮胎上的复杂应力和多次变形，并缓和外来的路面震动和冲击。胎体的基本骨架是尼龙材质的帘布，也称织网罩，支撑着外胎各部分。

胎面　包括胎面胶和胎侧胶两部分，外胎同地面接触部分称为胎面胶，应具有耐磨和耐切割性能，并能传导车轮的牵引和制动力；胎侧胶能保护胎体侧面不受机械损伤，并标示有轮胎规格和商标，由耐屈挠和耐老化的橡胶制成。

胎圈　主要由钢丝与填充胶构成，作用是使轮胎紧密地固定在轮圈上，并承受外胎与轮圈的各种相互作用力。

内胎　是一条富有弹性的圆环胶筒，起到密封空气的作用，充气伸张后紧贴在外胎的内腔上。

垫带　安装在内胎与轮圈之间，以保护内胎不受轮圈组件的磨损，垫带的边缘较薄，表面光滑，具有耐热性。注意，一定不要忽视垫带，垫带过薄或过窄都可能随时导致内胎被轮圈组件磨破。

软边轮胎　胎圈完全包裹内胎，轮胎较易维修，瘪气时也不易滑出车圈，但较难组装。

防刺穿轮胎　属于有内胎轮胎中的一种，外观与传统轮胎相同，只是在有内胎轮胎的基础上加入防刺穿层。直边、钩边、软边轮胎加入防刺穿层后，都可以成为防刺穿轮胎。防刺穿层一般由耐刺穿胶料、网状补强（补强：可注入橡胶中，使胶料更耐磨、抗撕裂，且拉伸强度、模量、抗溶胀性等性能均得到提升。所有具备这种作用的物质均称为补强剂）或纤维层等复合材料组成，可降低轮胎被刺穿的几率，但防刺穿车胎还是有可能被尖锐金属刺穿，而非绝对防刺。由于增加了防刺穿层，轮胎的重量也会相应增加。

因采用由外胎包裹内胎的结构，有内胎轮胎可承受的最大胎压约为 120~130 PSI（磅/平方英寸，压强单位），同时在转动过程中，外胎与内胎会相互摩擦产生阻力，导致前进动力的损失，适合休闲、训练与业余比赛用途。由于生产技术成熟、价格亲民、修补简易等原因，有内胎轮胎成为目前市场上最常见的轮胎。

根据轮胎胎圈的不同，有内胎轮胎可分为直边轮胎、钩边轮胎和软边轮胎（对应轮圈详见本章第1节"轮圈"图解）。

直边轮胎　胎圈较平直，其优势是轮胎固定性好，骑乘舒适，轻快，拆卸方便。生产工艺机械程度高，较节约材料。

钩边轮胎　胎圈设为钩状，用于钩住轮圈，其充气气压低，骑乘舒适，拆卸方便，缓冲性好。

防刺穿轮胎结构

2. 无内胎式轮胎

无内胎式轮胎又称真空轮胎，只有外胎和分离的气嘴直接与轮圈结合，利用外胎的胎唇直接勾住轮圈上缘。无内胎式轮胎在山地车中的使用率较高，公路车较少用到。

保气性是无内胎式轮胎的设计关键，所以无内胎式轮胎通常都会加入保气层结构以维持正常的胎压。无内胎式轮胎的胎唇部分均采用胶料而非钢丝，以确保胎体与轮框之间的紧密性，而胶料相较于钢丝无法承受太大压力，其最高胎压约为 100~110 PSI，此外保气层结构也让轮胎重量增加不少。

无内胎式轮胎的优势在于不容易爆胎，无需垫带，在低气压状态具有良好的抓地力与操控性能。如果结合轮胎自补液使用，可增加气密性，同时无需担心轮胎被刺破。但无内胎式轮胎一旦出现较大破洞将无法修补。

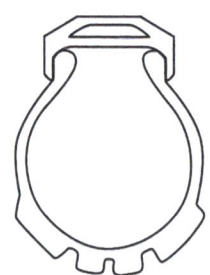

无内胎轮胎示意图

3. 管 胎

外形很像有内胎轮胎的外胎与内胎黏合在一起，形同一条圆形的管状，因此被称为管胎，常用于公路车赛事。

管胎需配合使用专用的轮组，胎面直接与轮圈黏合，充气后截面形状为圆形，应力分布均匀，拥有优良的避震与转动性能。管胎一般采用较好的橡胶材料，加工过程复杂，必须经过手工处理，价格较贵。其可承受的最高胎压约为 230~240 PSI，超高胎压可降低行进的阻力，因此适合作为竞赛用途。

管胎安装需要一定的技巧，工序较为繁琐，且黏胶后需等待 1 天以上才能让胎体完全黏合轮圈，因此户外扎胎后无法自行补救（使用未完全黏合的管胎可能会造成轮胎与轮圈分离）。

管胎安装好并完全黏合后，轮胎与轮组几乎不可分离，如果扎胎后自补液无法自动修补，就只能整条更换。鉴于价格高、安装费时、修补麻烦等原因，管胎的普及率非常低。

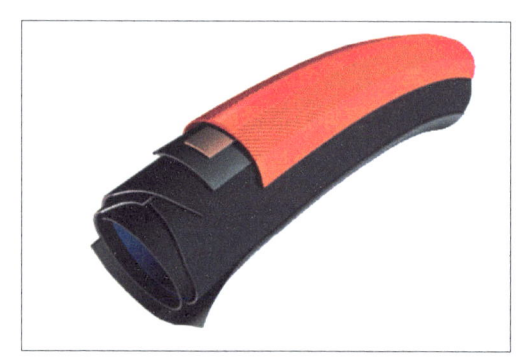

管胎结构图

轮胎的规格

早期的轮胎发展过程中，各国均按照不同的标准生产轮胎，造成轮胎的制造标准五花八门。后来，ISO（国际标准化组织）制定了一套国际通用的轮胎尺寸体系，这种体系由欧洲轮胎及车圈技术组织制定，前身是"E.T.R.T.O"体系。

ISO 体系使用两个数字：

第一个是轮胎或轮圈的宽度，单位为毫米，测量的是轮圈内边缘之间的距离。

第二个是轮圈轮毂底的直径，单位为毫米，这是 ISO 的一个关键数字，通常如果轮胎与轮圈的数字标示相同，就意味着这个轮胎可以安装到轮圈上。

例如：一个 700×20C 的公路胎，其 ISO 标示为 20~622，表示轮圈宽度为 20mm，轮圈轮毂底的直径为 622mm。一个 700×23C 的轮胎其 ISO 标示为 23~622，可以安装到 700×20C 的轮圈上。不过由于宽度上存在差异，并不建议互换使用。

700×23C 轮胎上的 ISO 标识

ISO 体系尺寸具体分为分数制尺寸与十进制尺寸，其中分数制尺寸常见于直边和软边轮胎。

布朗规则 如果两个轮胎的标识尺寸在数学上相等，而一个使用十进制，另外一个使用分数，那么这两个轮胎无法互换使用。

1. 轮胎的 TPI 指数

TPI（Threads Per Inch）：织物密度（帘纱密度）单位，指轮胎外胎每英寸单位长度内的纱线根数。通过 TPI 值的高低，通常能在一定程度上判断轮胎的性能。

TPI 值有 30、60、120 等标准，越高的 TPI 值意味着胎体一英寸内的纱线根数越多，可以使用更薄的帘布达到所需的强度，而且胎体更柔软，减震效果更好，让骑行更舒适，加速更流畅。一般普通黑色车胎的胎体帘纱密度为 30TPI，专为高强度、激烈的比赛而设计的胎体帘纱密度则达到 120TPI。

2. 轮胎的胎面花纹

除了 TPI 值之外，轮胎的胎面花纹对于骑行也有非常大的影响。轮胎胎面的花纹种类非常多，但通常是由无花纹型、直条型花纹、横沟型花纹、混合型花纹和块状型花纹这五种基本形状演变而来。轮胎花纹的变化主要体现在粗细、深浅、形状、方向几个方面，一般越深越粗的花纹能提供越高的软底路面抓地力，但同时也会带来较大的噪声和阻力。

无花纹型 轮胎胎面没有花纹，俗称光头胎，常见于公路自行车。其特点是噪声低，阻力小，但排水性能差，在泥地和沙地容易打滑。其抓地力与抗滑性能主要取决于胎面材料，一般柔软材质的胎面抓地力更佳。

直条型花纹 即沿轮胎转动向分布的连续花纹，具有低噪声、排水和横向抗滑性能好、乘坐舒适、操纵稳定等优点；但沟底基部易裂口，纵向防滑性能差。

横沟型花纹 即在轮胎断面方向上刻制的花纹，驱动和制动性能优良，耐切割性良好，但散热和侧向防滑性能较差。

轮胎 ISO 尺寸对照表

制式	轮胎上的 ISO 标示	轮圈轮毂底直径
分数制	28 × 1¹⁄₂	635 mm
	27 × N	630 mm
	26 × 1 (650C)	571 mm
	26 × 1¹⁄₄	597 mm
	26 × 1³⁄₈ (S-6)	597 mm
	26 × 1³⁄₈ (E.A.3)	590 mm
	26 × 1¹⁄₂ (650B)	584 mm
	26 × 1 (650C)	571 mm
	24 × 1	520 mm
	24 × 1¹⁄₄	547 mm
	24 × 1³⁄₈ (S-5)	547 mm
	24 × 1³⁄₈ (E-5)	540 mm
	20 × 1³⁄₈	451 mm
	20 × 1³⁄₄	419 mm
	17 × 1¹⁄₄	369 mm
	16 × 1³⁄₈	349 mm
	16 × 1³⁄₈	337 mm
	16 × 1³⁄₈	335 mm
	16 × 1³⁄₄	317 mm
	12 ¹⁄₂ × N	203 mm
十进制	26 × (1.00 ~ 2.3)	559 mm
	24 × (1.5 ~ 2.125)	507 mm
	22 × (1.75, 2.125)	457 mm
	20 × (1.5 ~ 2.125)	406 mm
	18 × 1.5	355 mm
	18 × (1.75 ~ 2.125)	355 mm
	16 × (1.75 ~ 2.125)	305 mm

混合型花纹 由条形花纹和横向花纹混合组成，一般为中间直条型、两边横沟型花纹，兼具直条型花纹轮胎及横沟型花纹轮胎两者的优点，公路和非铺装路面都可以使用，但胎肩易磨耗不均或掉块。

块状型花纹 由独立的花纹块构成，驱动和制动性能优良，较为轻便，多用于雪地和泥地，但噪声大，胎肩易磨耗不均。

3. 轮胎气嘴

轮胎的气嘴主要分为英式气嘴、美式气嘴、法式气嘴、德式气嘴和意式气嘴，在运动自行车上较常见的是美式气嘴和法式气嘴。美式气嘴直径较粗，通过旋紧的气门芯进行闭气，充气和放气时均要按住中间的气门芯，低压时气密性佳，因摩托车胎基本使用该种气嘴，故又称摩托嘴。

法式气嘴外形细长，常见的法式气嘴充气和放气时需先旋松锁紧螺母，然后接气筒充气，或按下气门芯放气。理论上越是在高压条件下，法式气嘴闭气性能越好，因此法式气嘴通常运用于需要较高气压的轮胎上，气压较低则容易泄气。而且法式气嘴较小的直径使轮圈的气嘴开孔可以更小，从而保证了轮圈的刚性与强度。

 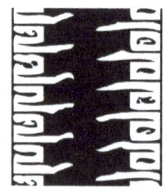  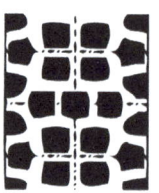

直条型花纹　　横沟型花纹　　混合型花纹　　块状型花纹

选择合适的轮胎

选择自行车轮胎应该优先考虑使用需求。

首先应注意让轮胎的大小、胎宽、胎圈、气嘴类型与轮圈的规格（一般轮圈上有标注）一致，然后再去考虑轮胎的胎面花纹、材质、重量、防刺、TPI 值等参数，这些参数很大程度上决定了轮胎的滚动阻力、抓地力、路感、耐磨性、防爆等性能。

重量和颜色是影响很多人选择轮胎的因素，但我们还是建议将适用性作为轮胎选购的第一考虑要素。越轻的重量代表轮胎越薄，承受高强度冲击的能力越弱，而且更容易被刺穿。因此如非出于竞技目的，而是注重耐用性的话，最好不要选择超轻量轮胎。车胎适用的橡胶原始颜色为褐色，一般的车胎呈黑色是因为添加了"炭黑"（一种极细、极轻的黑色粉末，常作为橡胶的补强剂），以增加抓地力和耐用度。还有一些颜色鲜艳的轮胎用二氧化矽取代"炭黑"，干/湿地的抓地力都会更好。

运动类自行车种最常见的美式气嘴（左）和法式气嘴（右）

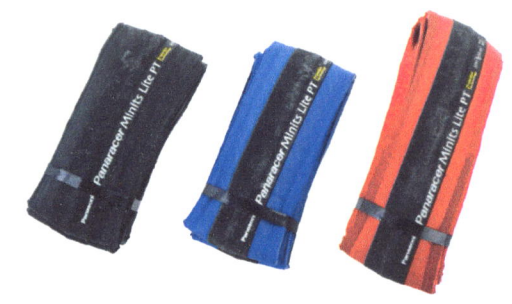

不同颜色的轮胎

轮胎的拆装与设定

什么时候要更换轮胎？

自行车轮胎是骑行过程中，整车唯一接触地面的部分，也是比较容易损耗的产品。当轮胎达到使用寿命后，就需要进行更换。自行车轮胎的使用寿命并不是固定的，与个人的使用方法、刹车方式、骑行的环境都有很大的关系。

内胎：一般在无法修补，或者修补次数较多的情况下，建议更换。例如：炸胎造成无法修补；车胎被尖锐物体戳穿，并造成内胎有较多穿孔，较难使用补胎贴完全覆盖。此外，当内胎修补次数较多，就需要更换，勉强覆盖的补胎和次数过多的补胎都有可能导致轮胎再次出问题。

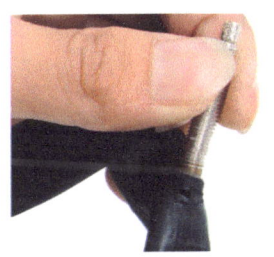 

外胎：通常是在炸胎造成外胎损毁，或胎纹磨损至影响转向和刹车的情况下，才需要对外胎进行更换。应根据磨损程度来判定换胎时机，另外也要看骑行环境：如果主要在市区坚硬路面骑行，胎纹磨损的容忍度相对较高；在越野环境下，胎纹磨损过多比较容易造成危险。

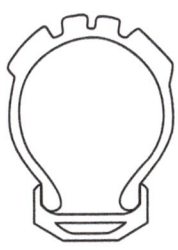 

新轮胎　　　　高磨损轮胎

轮胎的快速拆装

在户外遇到轮胎漏气、爆胎等情况时，如果是团队出行可以请队友协助，但如果是独自出行，那还是要懂得轮胎拆装为妙。补胎看起来很简单，但还是有很多细节需要注意，掌握相关的技巧能让补胎更快捷。下面就介绍一下如何快速拆装轮胎（以有内胎轮胎为例）。

需要准备的工具：撬胎棒、充气筒。

1. 轮胎的拆卸

（1）如为快拆轮组，把车轮从车上拆下，方便轮胎拆装。

（2）给轮胎放气，直至放完为止。

（3）沿着轮圈外缘，用手按捏外胎一圈以上，使外胎胎圈完全脱离轮圈。

（4）用手捏住外胎，将一根撬胎棒伸入外胎凸缘内部，用力往外撬（注意不要撬到内胎），将撬胎棒另一端卡在最近的辐条上。

（5）在第一根撬胎棒旁边位置，用另外一根撬胎棒往外撬出剩下的外胎凸缘。

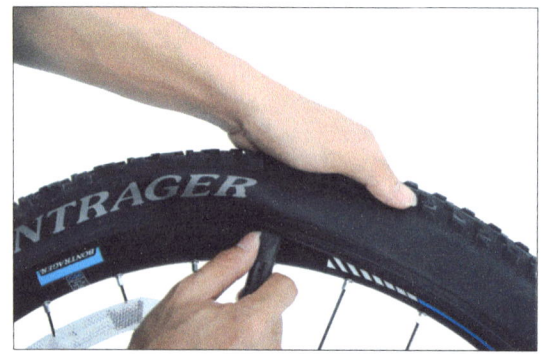

（6）先把内胎气嘴从轮圈取出，再取下整条内胎。

（7）此时，外胎还有一侧边缘在轮圈内。一只手固定轮圈，另一只手抓住外胎，用拇指根部发力，往外胎已拆开一边用力拽，将外胎拆下。

2. 轮胎的安装：

轮胎的安装需要注意较多细节，包括轮胎位置、方向，从气嘴位置开始安装外胎，避免咬胎等。

（1）查看轮胎胎纹或外胎的方向标识，以及轮组方向，确保轮胎胎纹方向与正常骑行时的轮圈转动方向一致。

（2）将外胎一侧先按压入轮圈内，调整外胎涂装至气嘴位置。

（3）给需要安装的内胎充少量气（能撑起内胎的形状即可，不宜过多），将内胎气嘴先安装至轮圈位置，然后把整条内胎塞入轮圈与外胎之间。

（4）由气嘴位置开始，往两边将未进入轮圈凹槽的外胎别入轮圈凹槽（不要让外胎夹到内胎），直至无法直接用手将外胎别入为止。

（5）用手压住未能别入轮圈凹槽的外胎一侧，将撬胎棒伸入轮圈与外胎之间位置（不要夹到内胎），用力往外侧撬动撬胎棒，将外胎压入轮圈凹槽。

（6）给车胎充气至能撑起外胎（不要直接打足气压），然后用手按捏外胎，检查并确保内胎没有被外胎夹到。

（7）观察外胎有没有处在轮圈中间位置，如不居中，则用手扳动外胎，纠正其位置。

 无内胎轮胎一般可以徒手拆装，撬胎棒或其他工具有可能伤到胎壁，所以不建议使用。

补胎是必备的技能

自行车骑行，尤其是在人烟稀少的地区骑行时，遇上扎胎、爆胎等都是不可避免的。若是结伴骑行，遇到扎胎还可以请求队友帮忙；若是独自骑行，那么掌握基本的补胎技巧，就显得非常重要了，因此可以说补胎是骑行必备的技能之一。

目前市场上常见的车胎主要是有内胎轮胎和无内胎轮胎，一般提到的补胎为有内胎的车胎修补。

对于无内胎轮胎，关键是在骑行前要给车胎灌注补胎液，骑行过程中一旦扎胎，补胎液会自动将外胎与扎胎物体黏合，以减缓漏气。拔除扎胎物体后，当转动车轮，补胎液便能自动修补外胎破洞。

1. 有内胎轮胎的补胎步骤

需要准备的工具：自行车轮胎拆卸及修补工具。

（1）拆下车轮，将内胎从轮组上拆卸下来。

（2）给内胎充气，条件允许的话，将内胎放置在水里，查找漏气位置（按压内胎时，漏气位置会冒气泡）。若没有水，则可尝试用粉末状物品代替水，找出漏气位置，或是用手背靠近内胎，将内胎沿着固定方向边移动边按压，通过手背感觉漏气位置的气流，寻找内胎漏气位置。

（3）放掉内胎的气体，使用轮胎修补工具配套的砂纸或锯齿状金属片，对轮胎漏气位置及周边进行均匀打磨，使打磨位置变粗糙，打磨范围应比补胎贴稍大，这样有利于黏牢补胎贴。

（4）清理干净打磨位置，并涂上专用的胶粘剂，等待3~5min，让胶粘剂晾干，注意切勿让手指碰到。（如为免胶水补胎贴，打磨后直接贴住漏气位置，均匀按压即可。）

（5）用手撕开补胎贴上的锡纸，将补胎贴贴在内胎需要修补的位置，然后用力按压，让补胎贴完全贴附在内胎上，等待几分钟，待补胎贴完全贴紧后才能给内胎充气装车。装车前要先确认内胎是否已修补完好。

（6）翻开外胎，用手指仔细检查外胎还有没有扎胎残留物，检查过程一点要小心，谨防扎胎物体刺伤手指。找到扎胎物体后要及时拔除，防止内胎被再次刺穿。

（7）检查外胎没问题后，给内胎充入少量气体，将内外胎都装回轮组内。

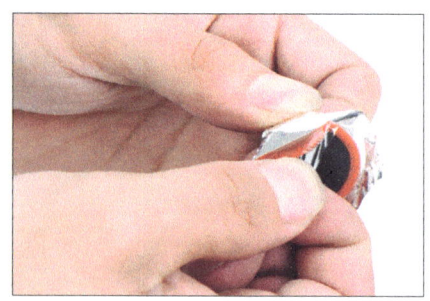

撕开补胎贴上的锡纸

贴上补胎贴

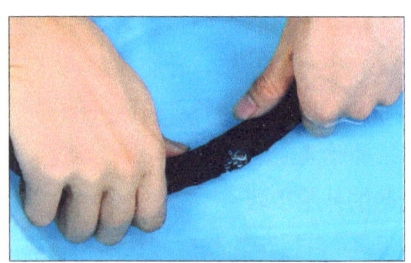

在水中查找漏气位置

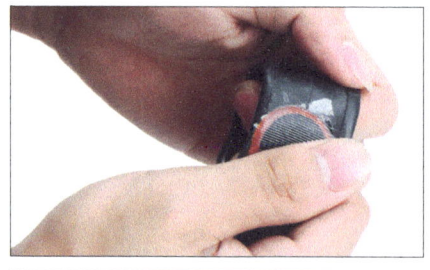

用力按压补胎贴

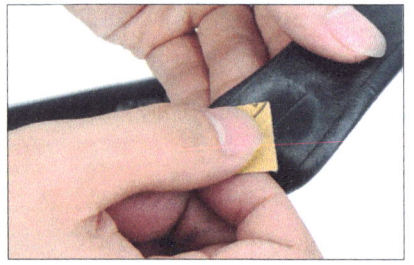

均匀打磨漏气位置及周边

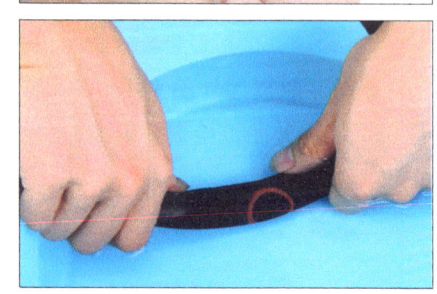

再次检查是否还有漏气

2. 轮胎的气压

除了使用免充气轮胎的自行车，几乎所有自行车的轮胎都是需要充气的，即使是真空胎也一样需要充气。给车胎充气前必须先考虑胎压的问题，选择合适的胎压可以让骑行更舒适，胎压不足或者过高都有可能造成不适，甚至是爆胎。

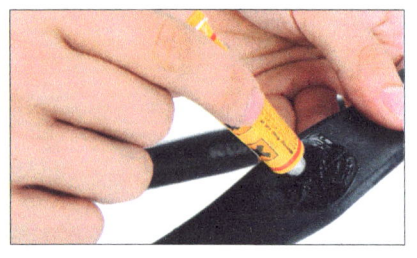

涂抹胶粘剂

第 4 章 | 轮组系统

正常的胎压范围 自行车轮胎的外胎上都有轮胎胎压范围的标识，常见的轮胎气压单位有 PSI、kPa、bar。山地车胎的胎压范围一般在 35~65PSI 之间，公路车的胎压则一般在 80~135PSI 或更高范围，由于轮胎规格不同，具体胎压也各不相同。高级的打气筒一般都会配备气压表，可根据气压表观察轮胎气压值。注意充气气压不要高于或低于轮胎标识的气压范围，否则容易造成爆胎事故。

不同环境下的气压调整：自行车的轮胎一般都提供了较大范围的气压调节空间，可以根据实际需要调节气压。自行车胎的实际气压要根据具体骑行环境进行设定，主要是看轮胎胎压与抓地力、阻力、骑行舒适性之间的关系。

在轮胎气压允许范围内胎压增高，意味着轮胎触地面积变小，抓地力和骑行阻力变小，骑行舒适性降低；胎压降低，则轮胎触地面积增加，抓地力和骑行阻力变大，骑行舒适性提高。如为晴天、平整路面，可使轮胎气压偏向最高值，踩踏更轻松；如为雨天、颠簸路面或易打滑路面，则应使气压偏向最低值，以增加轮胎抓地力和骑行的舒适性。

轮胎上的气压标识

6 车圈的编织与调整

轮组编圈

自行车轮组的编圈方式很多，常见的有直拉式辐条和交叉式辐条。严格意义上，根据其辐条编织方式，可分为 X0、X1、X2、X3、X4 等样式。将花鼓孔和轮圈孔从同一位置开始，分别按顺时针对应标上数字 1、2、3、4……N 代表辐条连接的花鼓与轮圈孔错位的数量，X0 为直拉式编织方式，标有相同数字的花鼓与轮圈孔直接对接，即 1-1，2-2……X1 即连接的花鼓孔与轮圈孔有一个数字的错位，即 1-2，2-3……常见的编圈方式有 X0、X3 以及一些混合的编织方式，本章以 32 根辐条采用常见 X3 编织方式的车圈为例。

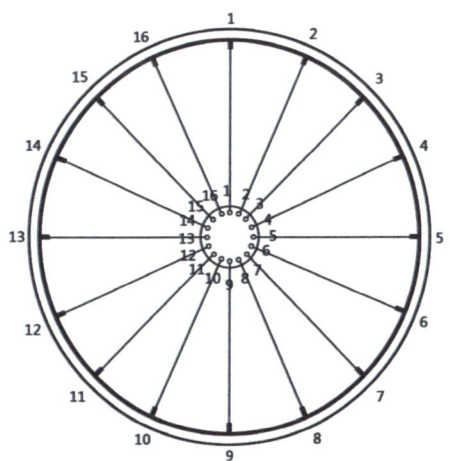

X0 编织方式

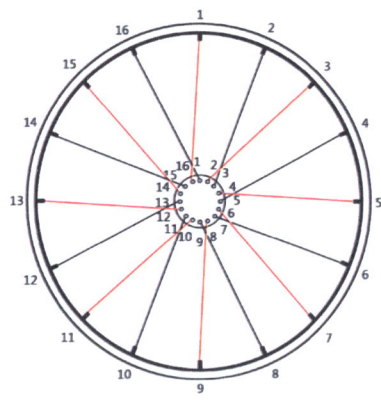

X1 编织方式

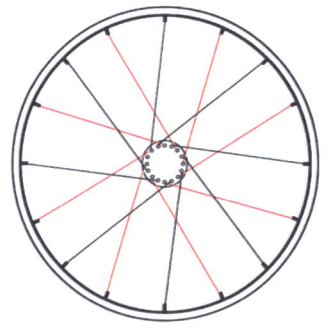

黑色为前拽辐条，红色为尾拽辐条

1. 编圈名词解析

辐条穿入花鼓　辐条从花鼓耳外侧穿过花鼓辐条孔，辐条头在花鼓外侧

辐条穿出花鼓　辐条从花鼓耳内侧穿过花鼓辐条孔，辐条头在花鼓内侧

关键辐条　第一根定位的辐条，它的位置决定了其他辐条的位置

前拽辐条 (Leading spokes)　指离开花鼓时偏转方向与花鼓行进时转向一致的辐条

尾拽辐条 (Trailing spokes)　指用力蹬踏时变紧的辐条

穿入辐条

穿出辐条

2. 编织方式：逐根编织

（1）将轮圈定向为从车右侧读它的标签是正的，如花鼓壳体有标签，则定向为从气嘴孔正好可读到标签。这是出于美观考虑，不会影响轮组的性能。（以下内容如无说明，均为从车的传动侧方向观看）

（2）安装传动侧尾拽辐条。竖直放置轮圈，选择花鼓壳体标签（如有）右侧第 3 个孔，将关键辐条从花鼓传动侧穿入，沿逆时针走向，连接到气嘴孔右侧的第一个辐条孔（部分轮圈孔位有左右之分，如第一个为左辐条孔位，则连接第二个辐条孔）。目的是使气嘴孔两侧的辐条，都远离气嘴孔的方向，使轮胎打气更方便。

（3）将辐条螺母稍微旋上几圈，以保持辐条不松脱；接着从花鼓传动侧轮缘与关键辐条间隔一个孔的位置，穿入第 2 根辐条，将这根辐条连接到关键辐条在轮圈右侧的第 4 个孔上，依次按照同样方式连接另外 6 根传动侧尾拽辐条。

（4）安装非传动侧尾拽辐条。找到关键辐条在花鼓耳非传动侧对应位置的右侧第 1 个孔，将辐条从左侧穿入该孔位，连接到关键辐条在轮圈上的右边第 1 个辐条孔位（如关键辐条和气嘴间隔一个

空孔，则找关键辐条对应花鼓耳的左侧第1个孔穿入辐条，并连接至轮圈关键辐条与气嘴间的辐条孔）。接着，间隔一个孔位穿入另外一根辐条，将该辐条连接至轮圈相隔3个辐条孔位的位置，由此依次连接另外6根尾拽辐条。

（5）安装前拽辐条。找到关键辐条在花鼓耳左侧的第5个孔位，从花鼓穿出辐条，将辐条沿顺时针方向，从前两根尾拽辐条外侧穿过，从第3根尾拽辐条（关键辐条）内侧穿过，最后连接至关键辐条在轮圈右侧的第2个辐条孔位。依次找出两侧的其他前拽辐条连接位置，并连接安装。

3. 编织方式：快速编织

（1）将32根辐条，分别间隔穿出和穿入花鼓耳的辐条孔中。穿好后，让花鼓保持水平，以方便整理辐条。使辐条与花鼓成垂直状，用手扶住辐条，转动花鼓使传动侧向上并垂直地面，然后将辐条水平放置，让花鼓非传动侧置于地面。

（2）将轮圈平放，圈住花鼓和辐条，找一根从花鼓非传动侧轮缘穿入的辐条作为关键辐条，连接至气嘴右边第2个辐条孔（如该辐条孔位为传动侧孔位，则连接至气嘴右边第1个辐条孔）。

（3）找到关键辐条左侧的第5根辐条，将该辐条从关键辐条内侧穿过，连接关键辐条右侧第2个辐条孔。

（4）找到关键辐条右侧第2根辐条（穿入辐条），再找到这根辐条左侧第5根辐条（穿出辐条），将两根辐条相交——其中穿入辐条在外侧，穿出辐条在内侧，然后将穿入辐条连接关键辐条右侧第4个辐条孔，穿出辐条连接交叉穿入辐条右侧第2个辐条孔。依次顺时针选择相隔4根辐条的对应辐条，将穿入辐条与穿出辐条交叉，找到相应位置连接所有辐条孔。

自行车轮圈调圈

1. 什么情况下需要调圈？

自行车轮圈属于调节频率较低的自行车组件，在由于路面颠簸、发生碰撞、辐条断裂等原因造成轮圈变椭圆或者偏离的情况下才需要进行调整。同时，自行车轮圈的调节也是自行车安装调试中较高难度的工序之一，需要使用专用工具且拥有专业技能才能顺利完成。如果你不是非常熟悉轮圈的调整原理，最好不要自行调试轮圈，因为这可能会造成轮圈的变形甚至是永久性的损坏。

2. 调圈原理

调整自行车轮圈时要注意四个要素：圆跳动（轮圈圆度不足出现的跳动）、端面跳动（轮圈左右偏移）、对称性和辐条张力。把连接到左侧花鼓耳和右侧花鼓耳的相邻辐条螺母同时上紧或放松相同的圈数，就能实现让轮圈纵向移动，而不影响端面；调整轮圈上相邻辐条，上紧的圈数与放松的相同（例如左侧辐条上紧1圈，则相邻右侧第1根辐条要相应地放松1圈，或相邻的两根右侧辐条放松圈数总和为1圈），就能侧向移动轮圈而不影响圆度。轮圈的调整一般按照"先调圆度，再调端面"的方式进行微调。

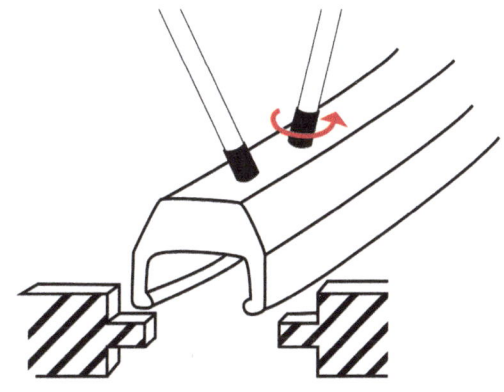

通过调节辐条螺母的松紧，可以拉动轮圈偏移

3. 调圈详细步骤

调圈时，要注意使用工具的方向性。如从轮圈外侧使用螺丝刀调整，则顺时针方向为拧紧辐条螺母；如从轮圈内侧使用辐条扳手，则逆时针方向为拧紧辐条螺母。

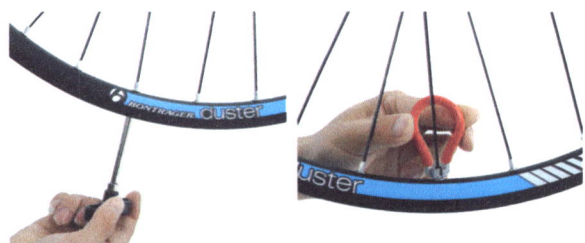

下面，以刚编好辐条的 X3 车圈为例，来讲解调圈的详细步骤。

（1）调整所有辐条的螺母，使它们在辐条上旋入至相同位置，建议旋至使辐条螺母刚好盖住辐条螺纹位置。

（2）从气嘴位置开始，将所有辐条螺母旋入相同的圈数，如果辐条初始状态比较松弛，可适当一次性旋入 2~3 圈。直至轮圈开始变得坚固，用手不能轻易摇动辐条。

（3）将轮组固定在调圈台上，检查所有辐条的拉力是否接近（可用手指捏相邻的同侧辐条来做粗略估计，也可借助张力计精确测量），如果部分辐条拉力相差较大，先调整至与其他辐条拉力接近。

（4）调节圆跳动：调节过程中按照调圈原理，尽量将调节动作相互独立，互不影响。通常采用调紧辐条的方式来降低圆跳动，在持续的调整过程中轮圈将逐渐被拉紧。

调整时，需借助调圈台先找出轮圈上凸起最高的区域。如凸起的中心在两根辐条之间，则两根各调紧相同的圈数（如 1/2 圈），直至凸起接近消失。如凸起的中心在某根辐条处，那么将这根辐条调紧 1 圈，再将它的左右两根连到另一侧轮缘的辐条各调紧 1/2 圈，直至凸起接近消失。调整的实际圈数应按照平均比例分配，使延伸至左、右两侧花鼓耳的辐条拉力变化相等。

每一根辐条的调整都会带动其他辐条的位置改变，调整过程应尽量找偏离幅度较大的位置调整，逐步把圆跳动降低，而不要期望一次性将辐条调到最精准状态。

（5）调节端面跳动。相邻辐条上紧的圈数之和与放松的相同，就能侧向移动轮圈而不影响圆度。正对调圈台，转动轮组，找出轮圈上偏离中心线最远的位置。如果偏向左侧，放松连到左侧花鼓耳的

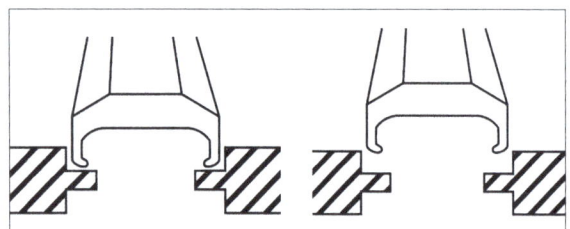

转动时轮圈出现跳动

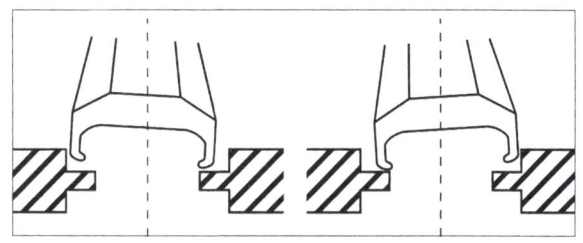

轮圈端面出现跳动

辐条,上紧连到右侧的辐条。(微调过程中应先放松,后上紧)

如果轮圈向左偏离,偏离最远处在两根辐条之间,则将左侧的辐条松 1/2 圈,将右侧的辐条紧 1/2 圈;如果偏离最远位置紧靠左侧某一条辐条处,则将该辐条放松 1/2 圈,然后将该辐条的左右两条连到右侧花鼓耳的辐条各上紧 1/4 圈。

调完最向左凸的点,再找最向右凸的点,调整方法相同。无需一次性将每个凸点调至最好,而应交替调整,直至车轮端面不出现左右偏离。

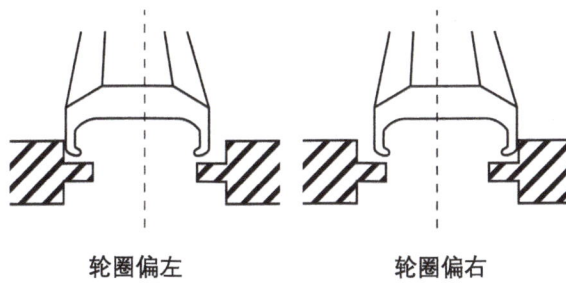

轮圈偏左　　　　轮圈偏右

(6)调整居中。借助调圈台的居中标识,如果轮圈不在花鼓的中间位置,需对轮圈进行偏移调整。如为偏向中心线左侧,由气嘴位置开始,将左侧所有辐条放松 1/2 圈(此圈数仅作参考,应按实际操作确定圈数),右侧所有辐条拧紧 1/2 圈,让轮圈向右偏移,直至居中。如为偏向右侧,调整原理相同。

(7)辐条扭转力释放。拧紧辐条螺母的过程中,辐条的扭转产生了足够的反作用力抵消摩擦力,螺母才开始移动,但是辐条会保持扭转状态。通过辐条扳手的"超过和退回"动作可以释放辐条扭转力。假如希望精确地上紧一根辐条 1/4 圈,应当转动 1/4 圈时,记下位置,再稍微转过一点,然后再转回那个位置。

(8)重新检查轮圈的圆跳动和端面跳动,进行最后微调。

4. 骑行途中的轮圈调正

户外骑行过程中,如果由于碰撞或摔倒,造成车圈产生严重偏离或扭曲,同时手上没有专用的辐条工具时,可将车轮拆下,用木棒或锤子敲正(用锤子敲击时要垫上木片,以免砸坏车圈);如扭曲变形较大,可将车圈放在平地上用双脚踩平。如车圈变形为椭圆形,可借助杠杆将长轴端压短,或将短轴端拉长。如此粗略调整后可勉强使用,但应待返回后再使用调圈台进行精确校正。

如有带辐条工具,可使用扎带和前叉组成一个简易的调圈台,按照调圈步骤进行调圈。

用扎带制成的简易调圈台

 注意:调圈时的辐条调整应从气嘴旁的辐条开始,以防止操作过程中出错或漏调辐条。

第 5 章
制动系统

制动系统对于自行车的速度控制及骑行安全有着举足轻重的意义。运动类自行车的制动系统多种多样，并且各有千秋。本章将着重介绍运动类自行车最常见的制动系统的制动原理、安装与调校技巧，并深入介绍碟刹系统的换油步骤等。

1 常见刹车的类型

自行车的刹车有很多种类，常见的有V刹、碟刹、钳型刹车（包括单枢轴刹车和双枢轴刹车）、鼓刹、悬臂式刹车等。每种刹车都有各自的特点，适用于不同的骑行环境。目前运用于运动类自行车的主要是V刹、碟刹和双枢轴刹车。

V 刹

V刹以其外观得名，两边刹车臂一起呈"V"形，彼此之间由一根刹车线相连，是入门级山地车中最常见的刹车类型。V刹的刹车制动作用点在轮圈上，作用力的杠杆较长，理论上刹车时很容易造成车轮的抱死。

普通V刹的特点：结构简单；价格便宜；维护保养比较容易；必须对应使用专门的V刹轮圈；车轮抱死的临界范围较小；因轮圈比较容易黏附泥土和雨水，V刹性能在极端环境下会大大下降。随着技术的发展，目前也出现了油压的V形刹车，因其结构复杂，所以尚未普及。

V 刹

碟 刹

碟刹分为线拉碟刹和油压碟刹，常用于中高端山地车，少数的公路越野车型也有用到。碟刹主要由刹车把、刹车线或油管、卡钳（或者称夹器）、来令片和碟片组成。碟刹的制动作用点是固定在花鼓的刹车碟片，作用力杠杆较短，理论上不容易造成抱死，抱死的临界范围较大。但实际上碟刹的制动力道较大，大力制动也很容易造成车轮抱死。

线拉碟刹

油压碟刹

碟刹的主要特点：结构复杂；价格较高；维护保养难度相对高；碟片和来令片不能黏附油脂；在

极端环境下，碟刹受影响较小。

油压碟刹拥有更好的手感，制动更具线性。

钳型刹车

钳型刹车制动时如钳子夹住轮圈，从而产生制动力。其外观如一个顺时针旋转 90°的字母"C"，故又被许多人称为"C 刹"。钳型刹车主要有两种类型：单枢轴刹车与双枢轴刹车。

1. 双枢轴刹车

双枢轴刹车常见于公路自行车，左右刹车臂分别固定在不同的枢轴上，通常与公路车刹车手柄配合使用。高端双枢轴刹车上的夹器支臂上一般设有支臂定位微调螺钉，可以精准调节两边支臂的平衡，相对于单枢轴刹车而言，有更强的刹车力道。

2. 单枢轴刹车

单枢轴刹车外观与双枢轴刹车相似，但支点只有一个，设在支臂的固定轴上。常见于折叠车和低端公路车。

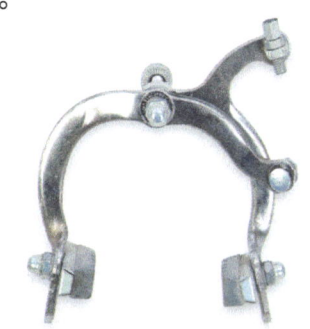

双枢轴刹车夹器

悬臂式刹车

悬臂式刹车常见于通勤城市车，外观与 V 形刹车有点相似，但两边刹车臂不是直接与刹车线连接，而是由一根独立的钢丝线连接，再与刹车线的吊钩相连。

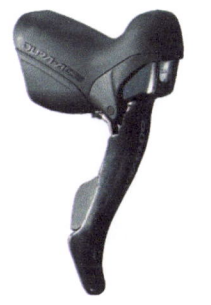

公路车刹车手柄

鼓 刹

鼓刹常见于通勤城市车的后刹车，刹车系统外观为鼓状，内部设有刹车盘和弧形刹车皮，制动时，弧形刹车皮包裹刹车盘，产生制动力。鼓刹制动力道一般，长距离下坡时容易过热失效，长时间使用后会产生尖锐声响。

2 刹车的选择

刹车的选择有多种标准，但最终还是以是否适合使用为选择依据。通常公路车上只选择安装双枢轴刹车或单枢轴刹车，中高端公路车多采用双枢轴刹车，山地车则通常选择V刹或碟刹。因V刹与碟刹之间差别较大，下面进行详细介绍。

根据硬件支持与否来选择

在选择山地车刹车的时候，首先要考虑自己的车子是否支持，即相关零部件是否兼容。这在自己组装或是升级的时候都需要注意。

1. V 刹

要想选择V刹，需要前叉、车架和轮圈的支持。首先前叉和车架必须有V刹座，其次轮圈也必须是V刹圈。

碟刹轮圈　　　　　　V刹轮圈

2. 碟 刹

碟刹的安装必须和前叉、车架及花鼓搭配，前叉和车架都必须有碟刹安装孔，此外花鼓还必须是允许安装刹车碟片的碟刹花鼓。

前叉V刹座

碟刹座

根据用途来选择

如果你的车子两种刹车都可兼容，那接着就要根据车子的用途来考虑了。

1. 长途骑行

如果是为了长途骑行，那么建议选择V刹或线拉碟刹。它们的维护方便简单，使用状况也较稳定。即使出了问题，车手也能轻松地自己解决或是找到可以进行修理的车店。其中V刹重量较轻，常被应用于长途旅行车。

后上叉V刹座

2. 日常健身

如果你的车子只是用于日常健身，那么 V 刹无疑是最好的选择，因为它价格便宜，维护方便。当然在资金充裕的情况下，优质的油压碟刹也是非常值得推荐的，因为它可以带来更舒适的刹车体验。

3. 竞技用途

对竞技型自行车来说，油压碟刹无疑是最好的选择。出色的性能，良好的手感，以及超轻的重量都是它的优势。

3 V 刹

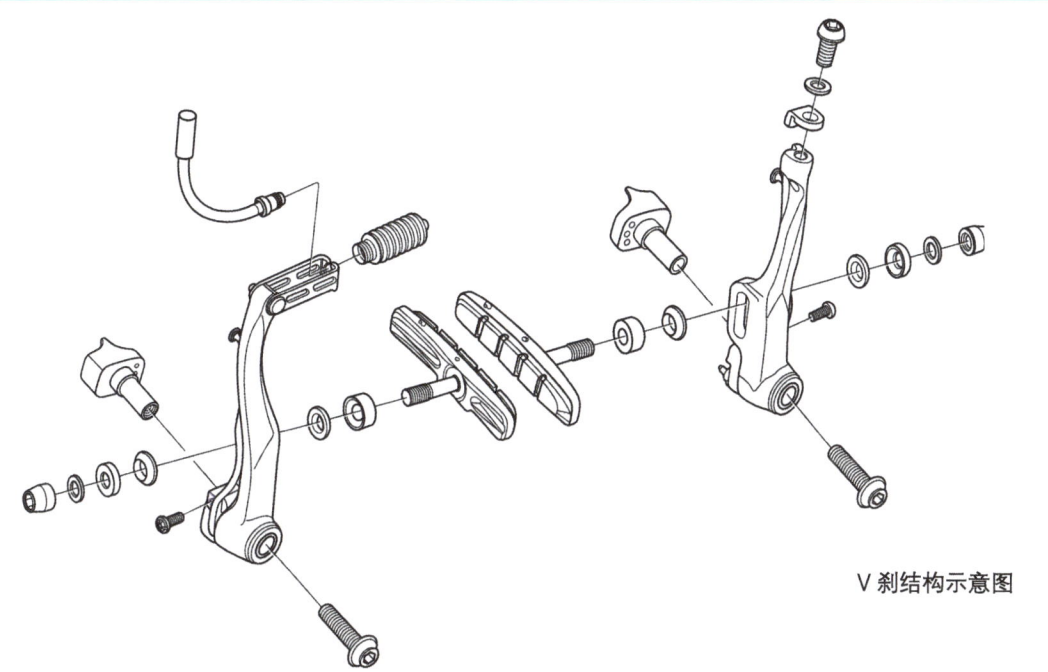

V 刹结构示意图

在山地车运动发展的早期，因为简单易维护的特点，V 刹最受大众青睐，但是它的缺点也同样明显。首先，在轮圈滚动时，V 刹很容易沾到地面的污物，以致刹车时发出尖锐声响或出现制动力下降的情况。其次，V 刹的抱死临界范围极窄，这使得它无法应对某些极限情况下需要精确控制刹车的状况。这些缺点使得 V 刹在后来的发展过程中，逐渐退出了高端运动型山地自行车领域。但目前在中低端山地车市场以及旅行车市场上，我们还是可以看到 V 刹的身影。

对于入门级的山地自行车，Shimano 的 M422、Avid 的 SD 系列，都是不错的选择。在中高端自行车领域，Shimano 曾推出过平推结构的 V 刹，这类 V 刹有着非常强大的制动力，曾经非常流行，可最后还是因为 V 刹本身的缺点，而渐渐被碟刹所取代。

V 刹的安装与调校

1. V 刹的刹车原理

V 刹的刹车原理：车手给刹车把施加外力，刹车把经过刹车内线将力量传输至刹车支臂，带动两边刹车皮与轮框摩擦，产生制动效果。

下文在介绍 V 刹的安装与调校时，将会多次提及"束角"的概念。所谓束角，是指 V 刹刹车皮的前端在刹车过程中首先接触轮框时，后端与轮框之间还留有 0.25~1mm 的间隙，间隙所形成的角度即为束角。刹车调整为束角能避免刹车发出异响。如果刹车系统足够坚固，则无需调整，因为束角过大会影响刹车能量的传导。

2. V 刹的安装与调校

通常所说的 V 刹常见于山地车，在刚安装好刹车、刹车出现异响、制动效果不佳等情况下，需要对刹车进行调节。调校良好的优秀刹车不只是紧急制动系统，而且能帮助车手对行进速度进行细微的调节。当然，这也要求车手有较好的刹车控制能力。

（1）V 刹是由分置于轮框两侧的夹器组成，并且有前后之分。

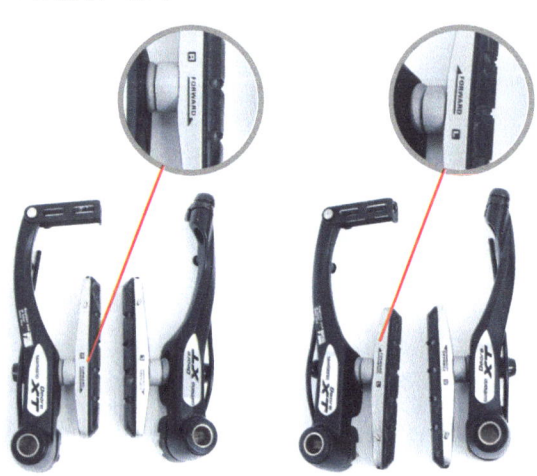

前刹车　　　　　后刹车

（2）松开刹车支臂上的回弹弹簧，将刹车支臂安装在对应的 V 刹座上，如果有三个弹簧固定孔，请选择中间孔，上紧支臂固定螺钉。

（3）调整刹车支臂位置，使两边刹车皮各距离轮框约 1mm，将刹车内线连接刹车把和刹车支臂，稍微固定内线至锁线栓。

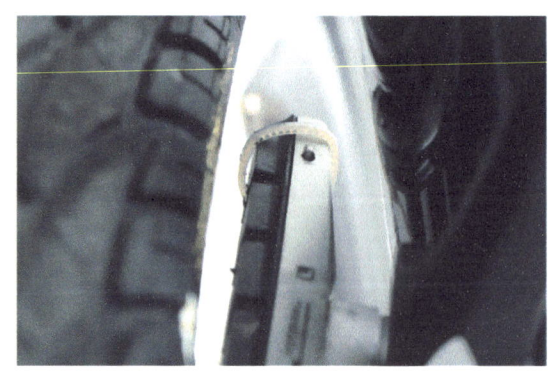

（4）放松刹车块螺钉，用薄束带束紧两边刹车皮尾端（垫起刹车皮尾端，目的是形成束角）。

（5）将两边刹车支臂推向轮框，调整刹车块位置。

高度　刹车皮要贴近轮框摩擦面的上缘。
切线　刹车皮前后端贴合轮框曲率。
平行　刹车皮面（包括束带）平行轮框摩擦面。
束角　刹车皮后端与轮框摩擦面稍微保留距离。

调整刹车块切线

（6）用力捏紧刹车把，保持住刹车块的位置，使用内六角工具拧紧刹车块螺钉，固定刹车块。

（7）装上回弹弹簧，查看轮框是否位于两边刹车皮中间位置，偏移的刹车皮要用支臂的定位螺钉来修正，若某侧的刹车皮过于贴近轮框，则拧紧该侧支臂的定位螺钉，反之拧松。不断调整两侧刹车皮，直至刹车皮与轮框距离相同。

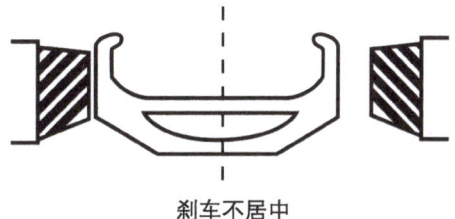

刹车不居中

（8）若刹车手感偏软，应同时拧紧两边刹车支臂的定位螺钉至相同圈数，以增加刹车支臂的回弹力量。

（9）若刹车把的行程偏长，则应逆时针旋转刹车把上的张力微调旋钮，拉紧刹车线，缩短刹车把的行程。

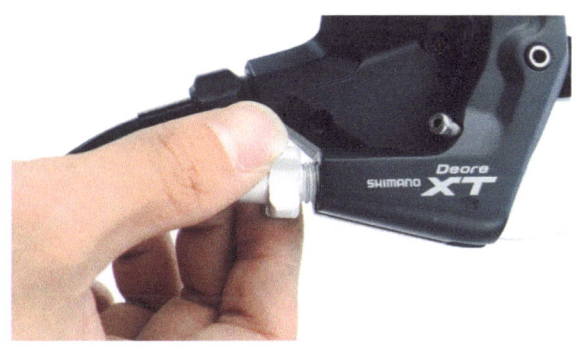

（10）以同样的方式安装调校另一组刹车。

3.V 刹的刹车线更换

刹车线是自行车上的易耗品之一，当刹车线出现部分钢丝断裂或生锈时，就要及时更换。刹车线具体更换步骤如下：

（1）拧松刹车线固定螺栓，捏住刹车把，将刹车线头从刹车把上取下，抽出旧刹车线。注意：如刹车线断裂位置已松散，应先剪掉该部分，避免抽离刹车线过程造成刹车线管磨损。

（2）将新刹车线穿入刹车把，经过线管，最后穿入 V 刹支臂固定螺栓。

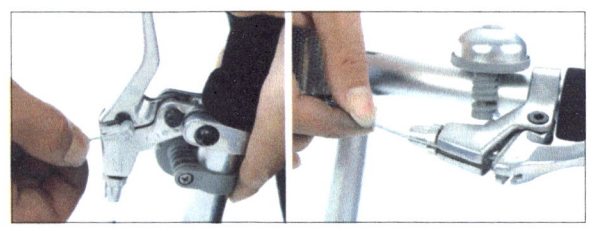

（3）将刹车把张力微调旋钮顺时针拧到尽头，再逆时针旋转两圈。

（4）调整刹车支臂位置，令两边刹车皮距离轮框各约 1mm，将刹车线拉紧并固定在 V 刹支臂固定螺栓上。

（5）调整刹车把上的张力微调旋钮，最后将多余的刹车线剪掉，用线套固定刹车线末端。

4.V 刹使用常识

V 刹必须搭配 V 刹轮圈使用 V 刹的刹车原理是由刹车皮与轮圈摩擦产生制动效果，故对刹车轮圈的强度和摩擦力有一定的要求。V 刹轮圈和碟刹轮圈最大的区别在于，V 刹轮圈两侧较宽且平，均有提供与刹车皮摩擦的磨边，且 V 刹轮圈通常较厚，能提供足够的强度。碟刹轮圈的重量相对较轻，但两侧一般为斜状且没有磨边，无法让刹车皮与轮圈摩擦产生足够的制动力。而且碟刹轮圈配合 V 刹在湿滑路面使用时，容易出现刹车失效的情况，因此 V 刹必须搭配 V 刹轮圈使用。

刹车时要避免突然抱死车轮 V 刹相对于碟刹，因刹车力臂更长，抱死临界范围极窄，一旦操作不慎就容易出现车轮抱死的情况，可能造成车子倾翻或者打滑。轮胎打滑意味着车手无法预知车子的行进方向，这是非常危险的，因此必须注意控制刹车的力度，避免造成车轮抱死。

雨天及泥泞路面使用 V 刹要小心 在雨天骑行或泥泞路面骑行时，V 刹车圈比较容易沾上雨水或泥土，而降低刹车性能。因此骑行时要尽量控制车速，避免因刹车性能降低而造成危险事故。如果发现轮圈和刹车皮已经黏附了泥土，应控制车速，并及时清理掉泥土污物，以保持刹车性能。

长距离下坡时留意刹车变化 长距离下坡时，V刹容易因为摩擦生热而降低刹车性能。如果是长距离缓下坡，应轮流使用前后刹车，避免因长时间捏紧刹车，使刹车皮过热而失效。如果是较陡长坡，应同时使用前后刹车，骑行一定距离或发现刹车性能降低时，就及时停车，让刹车皮稍微冷却，以恢复刹车性能。应注意切勿使用冷水来给刹车皮降温，这样会加速刹车皮的老化。

及时清洁与保养刹车 经过长期使用后，V刹的刹车皮会在车圈上面留下粉末，影响刹车效果，这时需用水清洗车圈和刹车皮。在泥泞路面骑行后，也应及时清理轮圈和刹车皮上的泥土。如感觉刹车操作干涩，可给刹车线管注入润滑油脂。

5. 快速对调前后刹车线

每个人的刹车习惯都不太一样，有的人习惯左刹车把对应前刹车、右刹车把对应后刹车的方式，有的人则刚好相反。当你发现手上的V刹自行车并不符合自己的刹车习惯，也可以非常快速地对调刹车线。一般情况下，我们可以在不松开刹车线紧线栓的情况下进行V刹刹车线的前后对调。步骤如下：

（1）将左刹车把的张力微调旋钮尽量顺时针旋紧，使旋钮的开缝位置刚好与刹车把的开缝位置处在同一直线上。

（2）用一只手将刹车支臂挤向中间，另一只手拔开刹车固定模块，松开刹车支臂。

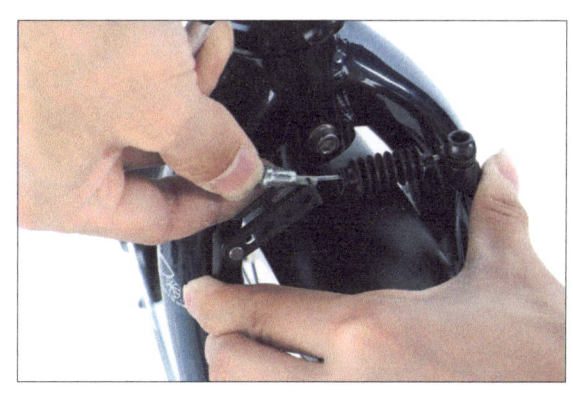

（3）用力拉动刹车把位置的刹车线管，让刹车线管退出刹车把的张力微调旋钮作用范围，将刹车线从张力微调旋钮和刹车把的开缝位置拉出。捏住刹车把，将刹车线头从刹车把上取下。接着，用同样的方式拆下右边刹车线。

（4）将原右边刹车线的线头卡进左边刹车把的线头卡位，拉动线管，让刹车线从刹车把和张力微调旋钮的开缝位置卡入，放松线管，让线管卡入张力微调旋钮位置。

（5）旋转张力微调旋钮，调整刹车手感（注意不要让刹车把缝隙与张力微调旋钮缝隙处在同一直线上），然后用同样的方式安装另一边的刹车线。

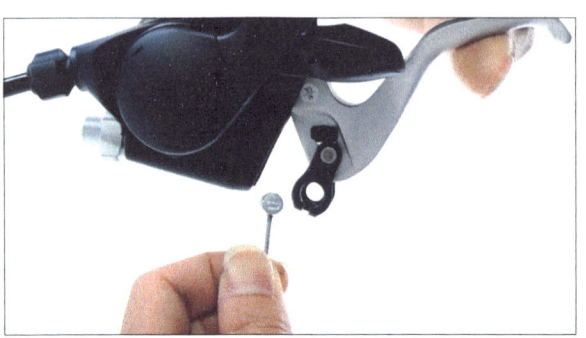
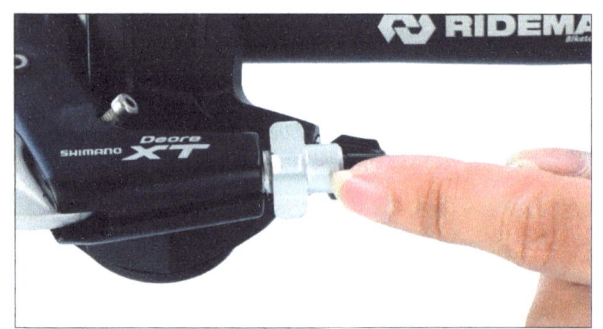

4 碟刹

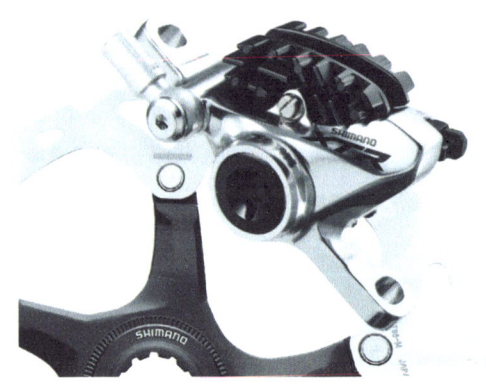

碟刹是由一个与车轮相连的钢制刹车盘片（即碟片）和盘片边缘的刹车卡钳组成。刹车时，通过卡钳作用在固定于花鼓上的钢制盘片而进行制动。碟刹可以说是目前中高端山地车上的标准配置，它克服了V刹的诸多缺点，其中主要的两点：第一，解决了易受地面污物影响的问题；第二，解决了抱死临界范围过窄的问题。此外，碟刹还拥有更好的手感及刹车线性（即刹车的制动力可以随着按捏刹车拉杆力道的提高而相应增加）。

前面提到碟刹分两种，其中线拉碟刹（简称线碟）价格便宜，重量较重，油压碟刹（简称油碟）则有着很轻的重量和舒适的手感。在维护保养方面，油碟和线碟也是各有千秋。线碟需要经常维护，但是简单方便，油碟不需要经常维护，但是每次维护都对工具和技术有较高要求。

碟刹的调校

碟刹系统的刹车原理：车手对刹车把施加力量，刹车把通过刹车线或刹车油将力量传导至卡钳上的活塞，将来令片推向碟片，来令片与碟片摩擦，将动能转换为热能，产生制动力。

碟刹卡钳有单活塞、双活塞、四活塞等类型，单活塞卡钳常见于机械碟刹，活塞设在靠外侧，在制动过程中，活塞侧来令片被活塞推向另一侧的固定来令片方向，从而夹紧碟片。双活塞卡钳和四活塞卡钳常见于油压碟刹，运作原理相同：活塞平均分置于碟片两侧，制动过程中，两边活塞同时靠近、夹紧碟片。

一个微调旋钮，还有的卡钳则仅在内侧设有一个微调旋钮，两种卡钳在调校过程中有细微的不同。详细调校步骤如下：

（1）安装内线和外管，用内线连接刹车把、线管和卡钳，并拉紧内线，将内线稍微拧紧固定在卡钳锁线栓上。

（2）拧松卡钳的两颗安装螺钉（非 PM-IS 转接座螺钉），让卡钳可以自由地左右移动。

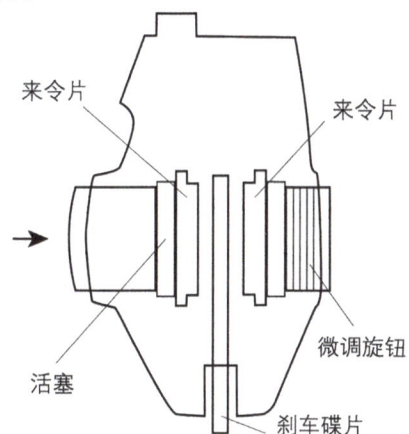

线拉碟刹卡钳示意图

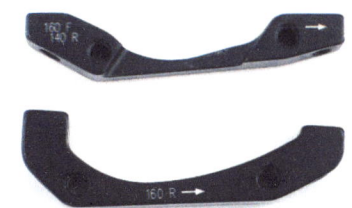

PM-IS 转接座

碟刹盘片与卡钳

拧松卡钳安装螺钉

卡钳来令片　　弹簧

1. 单活塞卡钳碟刹定位调校

单活塞卡钳常见于机械碟刹，卡钳上均设有来令片的微调旋钮。其中，部分卡钳在内外侧均设有

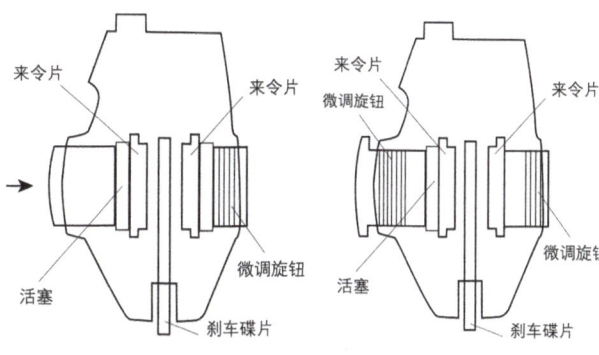

单微调旋钮卡钳　　双微调旋钮卡钳

（3）检查确认卡钳是只有一个来令片微调旋钮，还是有两个来令片微调旋钮。

（4）如果卡钳只有一个来令片微调旋钮，一般设在内侧（靠近辐条一侧），顺时针方向拧紧卡钳内侧来令片微调旋钮，使来令片咬紧刹车碟片。用手稳住卡钳位置，让外侧来令片贴着碟片，逆时针拧松1/8~1/2圈微调旋钮，使内侧来令片与碟片距离约0.2~0.4mm。接着，先捏紧刹车把，使卡钳夹紧碟片，交叉拧紧卡钳安装螺钉（不要拧至最紧，使卡钳基本固定即可，否则可能造成卡钳位置偏移）；再逆时针拧松内侧来令片微调旋钮，使内侧来令片与碟片间距最小，但不会碰到碟片。

如果卡钳有两个来令片微调旋钮（如Avid BB7卡钳），先顺时针拧紧外侧微调旋钮至最紧，然后退出1圈；接着顺时针拧紧内侧微调旋钮，使来令片紧咬碟片。交叉拧紧卡钳安装螺钉，先不要拧至最紧，防止螺钉带动碟片弯曲，内外旋钮均逆时针退出拧松1/8~1/2圈。（Avid机械碟刹应使内侧来令片与碟片间距达到外侧间距的2倍）

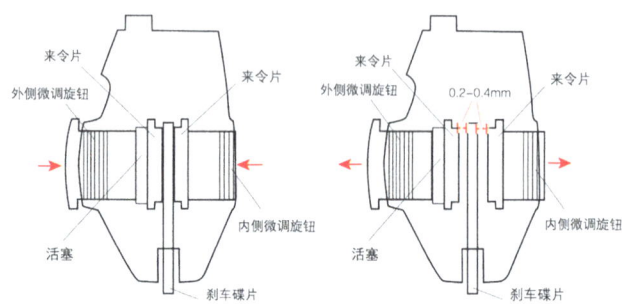

双微调旋钮卡钳调节

Shimano 单微调旋钮卡钳调节

Avid 单微调旋钮卡钳调节

（5）转动轮组，检查碟片是否与来令片平行。如不平行，需要进行微调。微调时每次只能拧松一颗卡钳固定螺钉，要微调另外一颗螺钉时应先稍微拧紧此前松开的螺钉。接着从卡钳的空隙观察两侧来令片是否会碰到碟片。

（6）交叉拧紧卡钳固定螺钉，固定卡钳位置，拧紧过程中最好用手保持卡钳位置不移位。

（7）按捏刹车拉杆，测试刹车。可通过刹车线管末端的刹车把或卡钳端张力微调旋钮对刹车手感进行微调。

2. 双活塞卡钳碟刹定位调校

双活塞卡钳碟刹常见于油压碟刹，制动时两边卡钳活塞同时向碟片移动。双活塞卡钳一般没有来令片微调旋钮，设定步骤也相对简单：

（1）检查PM-IS刹车卡钳转接座是否紧固于前叉或者车架上。

(2）拧松卡钳上的两颗固定螺钉，让卡钳可以自由地左右移动。

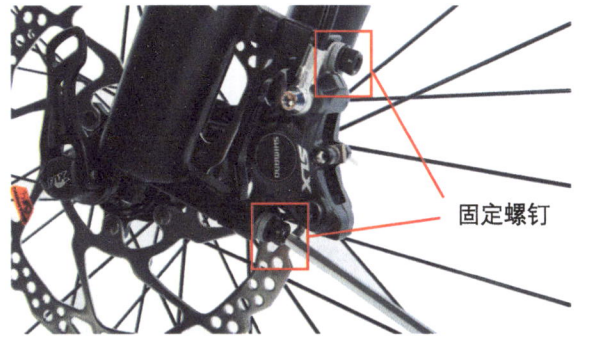

固定螺钉

(3）紧捏刹车拉杆，让来令片咬紧碟片，带动卡钳移动位置。交叉拧紧卡钳固定螺钉，让卡钳基本固定。

(4）放松刹车拉杆，转动轮组，观察刹车碟片是否与来令片平行。如不平行，拧松一颗固定螺钉微调卡钳位置，直至碟片与来令片平行。最后交叉拧紧固定螺钉，完全锁紧卡钳。

碟刹的使用常识

1. 避免空捏油压碟刹

就油碟刹车而言，在卡钳内没有碟片的时候要谨记"切勿空捏刹车"，否则可能导致卡钳活塞被挤出来，造成漏油。万一不小心空捏了刹车，在还没有漏油的情况下，应及时使用专用油碟刹车撬开器或平整的硬质薄片将活塞压回原位。

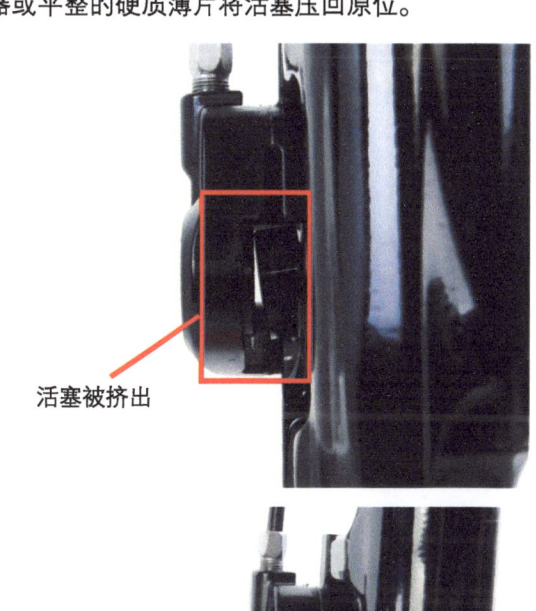

活塞被挤出

卡钳活塞

2. 发现蹭碟要及时调整

骑行过程中，若发现来令片与碟片有刮蹭的现象（即"蹭碟"），就应及时调整刹车卡钳位置，防止来令片被磨损。

3. 避免油污污染碟片和来令片

在维修和保养刹车的过程中，应尽量使来令片和刹车碟片远离油脂。受油脂污染的来令片只能更换；碟片表面若黏附油脂，需用消毒酒精或类似溶剂清洁，切勿使用有残留油脂的清洁剂清洗。

5. 当油碟刹车手感变软

刹车使用过程中，由于空气进入系统、刹车油渗出或是使用时间过长等原因，都可能导致刹车手感有所改变。如果仅是刹车行程改变，有可能是刹车油减少了；如果是刹车行程和力度都发生了改变，那就可能是有空气进入刹车系统内，应及时排出空气和加注刹车油。

6. 当油碟刹车手感突然变软

油碟刹车如果出现手感突然变软的情形，表明刹车系统已出现破损或油封螺钉松动，应立即停止骑行和使用该刹车，待检查处理并重新注油后再使用。检查刹车系统各部位，如出现螺钉松动，则应拧紧螺钉，防止继续漏油，并及时加注刹车油。对于破损的刹车系统，应及时更换破损部件，避免发生安全事故。

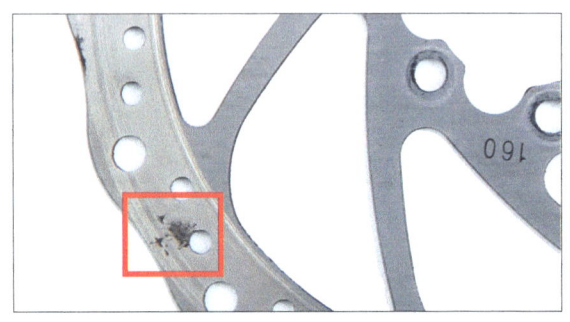

4. 碟片变形

无论是正常使用，还是操作不当，都可能导致刹车碟片弯曲变形。如果只是轻微的弯曲变形，可以借助专用的碟片扳正工具或活扳手扳正。车子架起或倒放，转动轮组，仔细观察碟片进入卡钳的位置，找出碟片偏摆位置；记住碟片偏摆位置和方向，然后将碟片转出卡钳，用专用工具或活扳手将变形区域扳回。如始终无法令碟片回位，请更换碟片。

5 油碟刹车油的更换

首先要强调的是,油压碟刹的刹车油更换对操作者有较高的要求。操作者需要具备一定的专业知识,还需要有较强的动手能力,并且要用到专用的工具,故不建议新手自行换油,而应联系车店进行操作。

碟刹油料特性

目前市场上常见的油压碟刹品牌有 Shimano、Avid、Magura、Hayes、Tektro 等,不同品牌的油压碟刹在设计上有所不同,不过液压介质基本都是使用矿物油(Mineral Oil)或 DOT 油,一般在刹车油泵上都有标注。Shimano、Magura 和 Tektro 的油碟刹车一般采用矿物油,Hayes 和 Avid 采用 DOT 油。

需要注意的是,矿物油和 DOT 油不可混用,否则会造成刹车油管腐蚀,曾接触过其中一种刹车油的注油工具,也绝不可用于另一种刹车油的注油。因为上述两种刹车油的油管及油封为不同材质,即使有非常微量的另一种油料混入,也会造成油管和油封的腐蚀,以致损坏内部结构。

何时需要更换刹车油?

对于油碟刹车而言,刹车手感会随着使用时间的推移而逐渐减弱、偏软。即使平时不常用到刹车,刹车油也会随着时日渐久而逐渐劣化。使用 DOT 刹车油的油碟,因本身容易吸水,一般建议每年更换 1~2 次刹车油,使用矿物油的油碟则可一年或更长时间才换油一次,经常参加比赛的车子要缩短更换刹车油的周期。

刹车油注油原理

油碟的刹车油更换大多数采用"由下而上"的注油方式(从卡钳位置注入刹车油),Shimano 部分刹车系统也可按照"由上而下"的注油方式。无论是"由下而上"还是"由上而下",其原理均是利用外力将新油注入,把旧油压出刹车系统;或直接注入新油,同时尽量防止空气跟随新油进入刹车系统。不过,换油过程中仍然不可避免地会有少量空气被带入刹车系统,所以完成注油后还要进行排气操作。

Shimano 油碟系统的注油

Shimano 油碟系统主要有两种注油方式:一种需要拆开油壶盖,一种不需要。排油口位于卡钳位置的油碟系统需采用"由上而下"的换油方式。拆开油壶盖,让新油从油壶处借助重力注入、替换旧油;排油口位于刹车手柄位置的油碟系统则可采用"由下而上"的注油方式。两种方式均分为注油和排气两大步骤,其中排气部分操作相同。

注油工具:Shimano 注油工具套装、Shimano 卡钳活塞挡块、矿物油、内六角、梅花扳手。

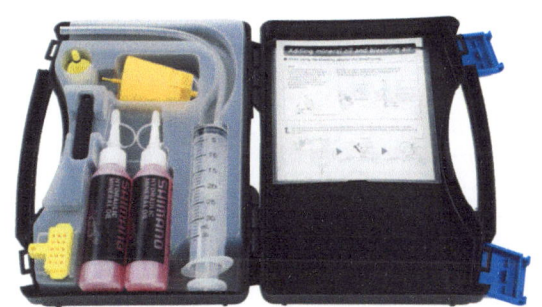

Shimano 注油工具套装

1. 拆开油壶盖的注油步骤

首先要提醒的是，对于有排油漏斗预留孔的刹车系统，Shimano 官方并不推荐拆开油壶盖的注油方式。

（1）将自行车固定在修理台上，拆除轮组和卡钳内的来令片，避免操作过程中刹车油黏附在来令片或碟片上。

（2）将 Shimano 专用的卡钳活塞挡块塞入卡钳，代替来令片，避免操作过程引起活塞掉出。

将挡块塞入卡钳

（3）旋转车架角度，或将刹车卡钳从车架上拆下来，尽量让刹车油管与刹车卡钳接近竖直。

（4）将排油管插入卡钳的排油螺母，另一端连接旧油收集瓶或塑料袋。

固定旧油收集塑料袋和排油管，防止油料滴漏

（5）拧松刹车把固定螺钉，调整刹车把角度，让刹车把上的油壶上端保持水平。清洁油泵外盖，然后将外盖旋开、掀起，取出外盖下的皮膜。

（6）用开口扳手，放松卡钳上的排油螺钉1/8~1/4圈，让旧刹车油在重力作用下从卡钳的排油口流出。（注意：不要放松太多，防止油料流出过快，造成空气从油壶进入刹车系统内。）

（7）看到排油管有油从卡钳排油口流出时，注意刹车把油泵里的刹车油表面，及时补充新油，维持刹车把油壶液面高度。当排油管出现新油，且无气泡时，就可以锁紧卡钳排油螺钉，并给刹车把油壶加满油。

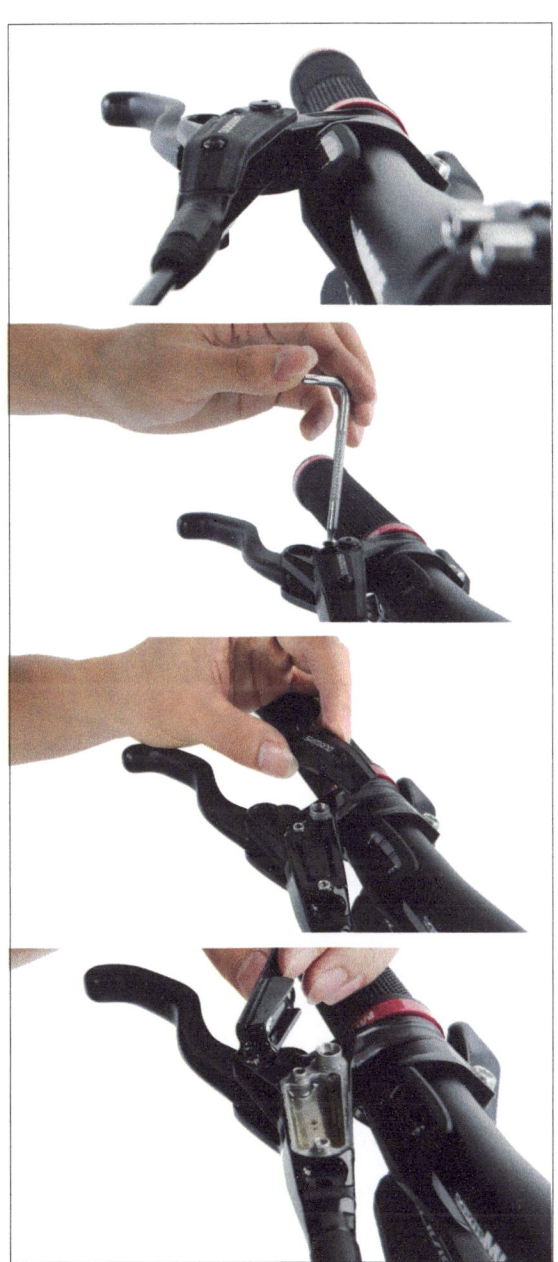

注油时从开盖的油壶位置添加矿物刹车油

排出的新油无气泡，即可锁紧排油口，开始排气操作

2. 使用排油漏斗的注油步骤

此种注油方式适用于刹车系统的油壶盖位置有排油口的系统（一般采用内六角螺钉），注油工具套装包括 Shimano 专用的漏斗和油挡块（SM-DISC）。

如确定刹车系统中并无空气进入，可参考上页需要拆开油壶盖的注油方式，用漏斗代替油壶作为注油入口即可。如无法确定刹车系统中是否有空气，可参考以下方式。

第 1~4 步与需要拆开油壶的注油步骤相同。

（5）拧松刹车把固定螺钉，使刹车手柄倾斜 45°。使用内六角工具拆下手柄排油螺钉及"O"形油封，使旧油从卡钳的排油螺孔排入旧油收集瓶，按捏刹车使内部旧油排空。

（6）在刹车把的排油口安装漏斗，此时不要给漏斗塞上油挡块。

油挡块

（7）给注油针筒注入足够的刹车油：将注油针筒油管连接排油螺母，针筒针尖向下。用 7mm 的扳手或小号的活扳手，拧松排油螺钉 1/8 圈。按压针筒，注入新油，使油到达漏斗内，持续注油，直到无气泡混杂的油出来为止，暂时关闭排油螺孔，拆除注油针筒。

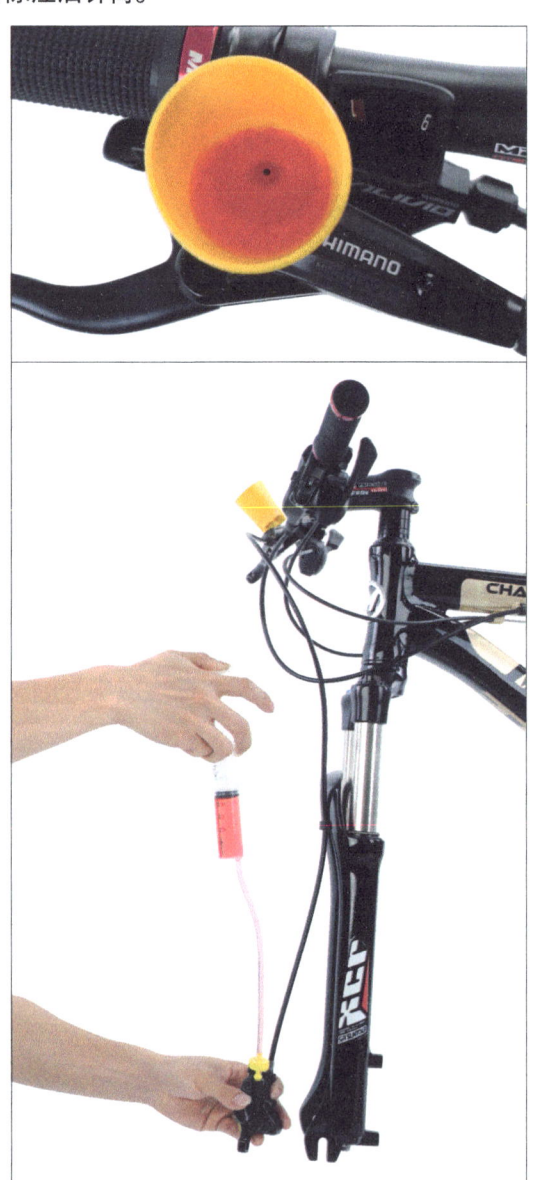

（8）此时，不要按捏刹车拉杆，静止几分钟，使卡钳内的气泡和油混合。如已按捏刹车拉杆，请将油全部排出，然后重新注入。

（9）拆下注油针筒，重复第 4 步，将排油管和旧油收集瓶或塑料袋连接卡钳排油螺母，松动排油螺钉，使油与气泡从卡钳排油螺孔排入排油管。这样，将很容易排除残留在刹车系统内的大部分气体，此时轻摇油管或用螺丝刀轻敲卡钳或油壶，效果更好。

（10）为保证不使空气进入，此时应给漏斗补充新油，以维持液面高度。若排油管无气泡出现，则暂时拧紧卡钳排油螺钉。

3. 排气步骤

无论是使用排油漏斗还是拆开油壶盖的注油方式，其排气步骤是一样的。

（1）按压住刹车拉杆，同时使用螺丝刀轻敲卡钳和线管，让藏在刹车系统内的气泡向上浮出油泵。

刹车系统内气体浮出油泵

（2）来回按压和放松刹车拉杆，若刹车手感仍无变化，请再次放松卡钳排油螺钉，让刹车油灌入卡钳，同时在油壶或漏斗上注入刹车油，以保持液面高度。

（3）当刹车把阻力逐渐增加，请拧紧排油螺钉，握住并保持刹车把位置。接着放松排油螺钉约 0.5 秒，随即拧紧，如此反复操作 2~3 次，观察排油管喷出的油有无气泡。

用橡皮筋固定刹把位置

放松与拧紧排油螺钉

（4）放松刹车拉杆，给刹车把油壶或漏斗补充刹车油，来回按压和放松刹车拉杆，若感觉刹车有阻力，刹车行程有死点，意味着刹车系统油管已无空气，否则请从排气步骤的第 1 步开始重复操作，直至刹车系统内部排尽空气。

刹车油管内已无气体

⚠️ 用漏斗注入刹车油时，应分别在刹车手柄向上和向下倾斜 30° 时按捏刹车拉杆，以保证刹车把油壶里面的空气被排出。

（5）将刹车把油壶里补满刹车油，装回皮膜和外盖，期间有少量油料溢出属正常情况，这说明皮膜下方已无气泡，应随即拧紧外盖螺钉。

如果是使用漏斗，则要给漏斗塞上油挡块，然后拆除漏斗，在刹车手柄排油螺孔内滴满油，拧紧排油螺钉。

塞上油挡块

（6）从车上拆除所有注油工具，用软布清除沾在刹车把、线管、卡钳及前叉表面的刹车油，最后装回来令片和轮组，过程中注意不要让来令片和碟片沾到油迹。

其他油碟系统的"由下而上"注油

"由下而上"的注油方法适用于排油口位于刹车把位置的油碟刹车系统，而 Avid、Magura 和 Hayes 的油碟系统均为此种构造。

无论哪个品牌，采用"由下而上"注油方式的操作原理基本相同，但由于各品牌刹车系统在设计上的细微不同，具体的换油步骤也稍有差异。工具方面主要根据刹车油的特性选择。

1. Avid 油压碟刹的注油步骤

Avid 油压碟刹采用 DOT 3、DOT 4 或 DOT5.1 刹车油，注油口设在卡钳上，排油口则设在刹车手柄一端。

DOT 刹车油比较容易吸水，排气时需要通过拉动针筒，利用内部产生的负压将气泡排除，因此 DOT 刹车油的注油工具对密封性有更高的要求。所以 Avid 的专用注油针筒和注油管均采用螺钉旋紧方式。

注油工具：Avid 专用注油针筒 2 支、油管 2 支、DOT 刹车油。

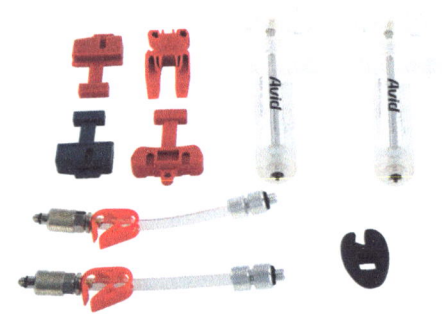

Avid 注油工具

（1）取一支针筒作为注油针筒，吸取足量刹车油，竖直向上并轻敲针管管壁，使气泡浮出，然后将该针管竖直静置一旁。

（2）将自行车固定在修理台上，调整车架或刹车把角度，让油管从卡钳至刹车把呈连续向上状态，可不拆除卡钳，但需拆除来令片，并加入卡钳活塞挡块。

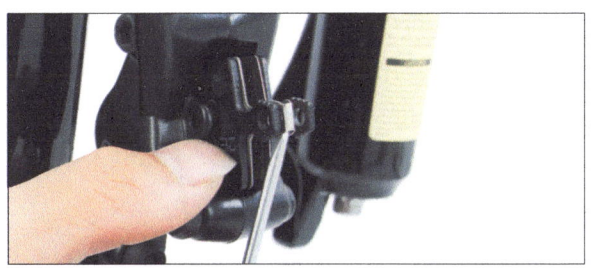

（3）检查注油针筒内的气泡，锁紧针筒油管夹子，竖直方向拉动针筒，使针筒内部产生负压，将气泡排出。拆除注油螺钉，将注油针筒油管的螺母连接卡钳上的注油孔，关闭注油针筒油管夹子。

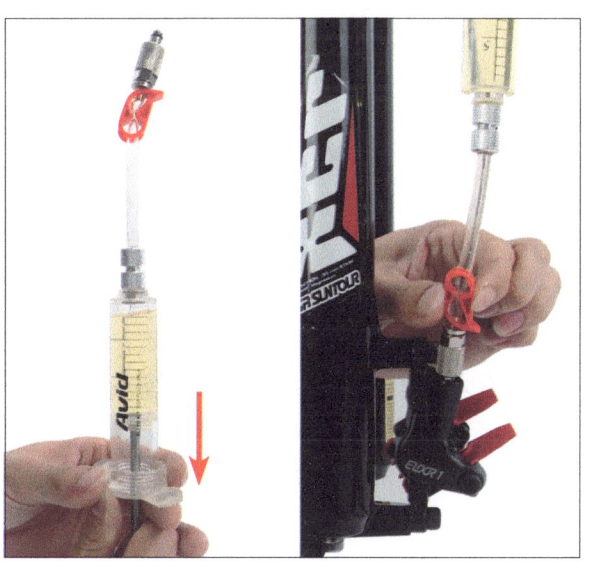

（4）旋转刹车把垂直向下，将刹车把捏至行程死点（目的是密封刹车把油泵），用橡皮筋固定住刹车拉杆位置。

（5）拆除刹车把油泵上的排油螺钉，将另一支空针筒的油管螺母拧入刹车把油泵排油孔并锁紧，打开针筒油管夹子。

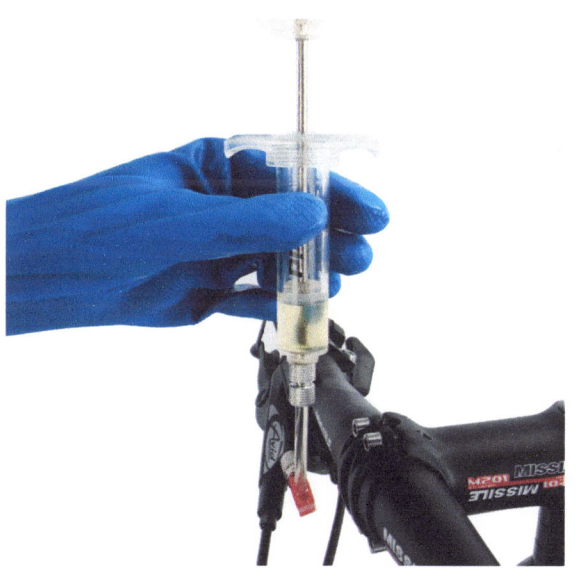

（6）注油前给卡钳排气。垂直握住卡钳部位的注油针筒，让针筒针尖朝下，打开针筒油管夹子。将注油针筒活塞轻轻推进部分，再稍微向后拉动，吸出卡钳内部的空气；轻敲卡钳，让卡钳内部空气集中；重复推拉注油针筒活塞的动作，直至从卡钳抽出的油无气泡，然后关闭针筒油管夹子。

（7）注油及排空软管空气。移除刹车拉杆上的橡皮筋，开始注油和排油。注油和排油过程中，尽量让两支针管保持竖直，以避免气泡进入刹车系统内。打开卡钳上的针筒油管夹子，推进注油针筒活塞，直至刹车把排油管出现新油，并且无气泡时，关闭卡钳和刹车把部位的两支针筒油管夹子。

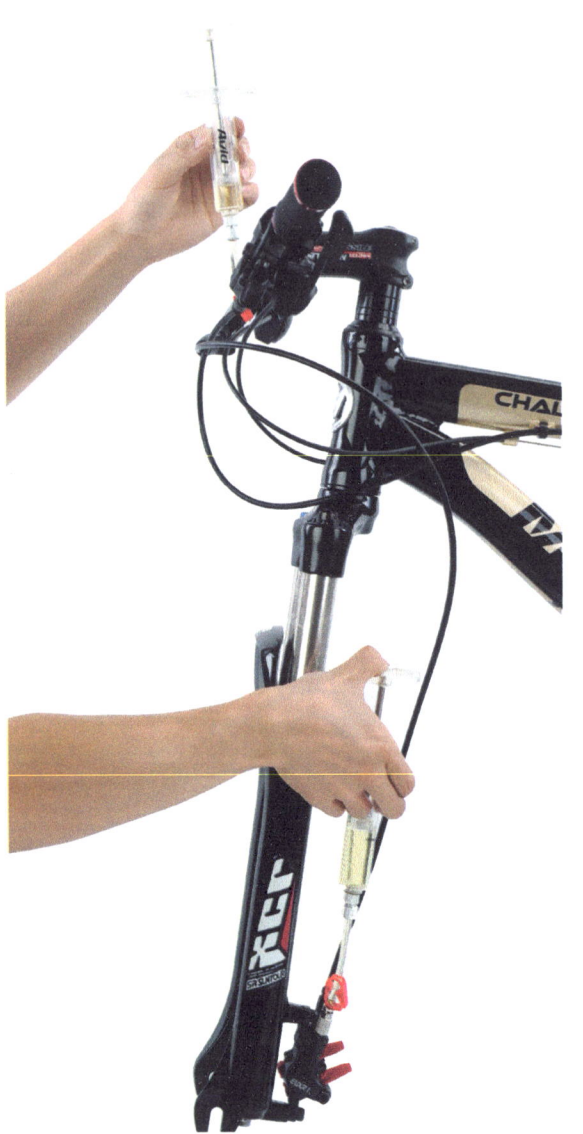

（8）注油后给卡钳排气。重新把刹车拉杆用橡皮筋固定，拉动卡钳注油针筒，使卡钳内部产生负压，轻敲卡钳，抽出其内部空气，然后轻轻推入活塞，对系统加压。重复数次，直至没有大的气泡从卡钳冒出（拉动针筒时请勿用力过猛）。

（9）移除卡钳上的针筒，给注油口滴满油，然后拧回注油螺钉，擦拭掉滴出的刹车油。

（10）刹车手柄排气。将刹车把上的针筒保持竖直，开启针筒油管夹子，向后轻拉活塞，吸出刹车杆中残存的气泡，然后缓慢按压刹车拉杆，以释放油泵内的气泡。应重复推拉针管活塞，至刹车杆中不再有大的气泡浮出时，对针筒活塞施加较小的压力。接着旋转刹车把位置，使排油孔朝上，然后移除针管，给排油孔滴满刹车油，拧紧排油螺钉，擦拭周围的刹车油。

(11)将刹车把调整为适合骑乘的角度,并固定。用力按捏刹车拉杆,检查有无漏油。

2.Magura 油压碟刹的注油步骤

注油工具:2 支针筒、10mm 挡块、绑带(橡皮筋)、内六角、T10 星形扳手、矿物油。

(1)将自行车固定在修理台上,拆除轮组和来令片,避免操作过程中刹车油沾在来令片或碟片上。

(2)用撬胎棒或花鼓扳手将两侧活塞完全推回卡钳,然后使用厚度 10mm 的挡块塞入卡钳内,并用橡皮筋或绑带将挡块固定,避免操作过程中活塞掉出。

(3)旋转车架角度,或将刹车卡钳从车架上拆下来,尽量让刹车油管与刹车卡钳接近竖直的直线。拧松刹车把固定螺钉,调整刹车把角度,让刹车把上的油泵上端保持水平。

(4)将注油针筒灌满矿物油,让针尖向上,竖直握住针筒并轻拍它,使针筒内的空气从针尖位置排出。

(5)拆下卡钳注油口的螺钉,将倒钩接头旋入针筒,使针筒与卡钳注油口连接,让针筒针尖保持向下。

(6)在刹车把周边包裹抹布,清洁油泵外盖后,将外盖旋开、掀起,取出外盖下的皮膜。(注意必须先将卡钳与针筒接上,再拆开油泵外盖,防止内部油料从卡钳注油口流出)

(7)推进卡钳上的针筒活塞,让刹车把上的油泵几乎满出,将针筒活塞缓慢向后抽出,再向前推进。慢慢按压刹车拉杆,重复推送针筒,观察油泵中的刹车油有无气泡。

(8)待气泡全部消失后,用另外一支针筒吸走刹车把油泵上的旧油,再将卡钳部位针筒的新油注入,然后从上方抽走旧油。重复注油和抽油,直到油泵里出现了新油,最后一次抽走旧油。

(9)将新油继续注入卡钳,使刹车把油泵的液面高度达到最高,注意切勿将针管顶端的空气注入卡钳。

(10)装回皮膜和油泵外盖,使刹车把油泵上方密封(可防止拆除卡钳的同时漏油)。取出连接卡钳的针筒,将注油螺钉装回卡钳。

(11)擦拭清洁卡钳、刹车把及油泵,取出卡钳活塞挡块,装回来令片,装回轮组。

(12)重复按压刹车拉杆,将来令片推向碟片。若手感逐渐扎实,则表明换油步骤完成;若手感"虚无",就要拆开刹车把油泵外盖及皮膜,重复按压刹车拉杆进行排气,并补充刹车油。

3.Hayes 油压碟刹的注油步骤

Hayes 油压碟刹采用 DOT3、DOT4 或 DOT5.1 刹车油。

注油工具:针筒、油泵接头、塑料注油管、旧油收集瓶或塑料袋。

(1)将自行车固定在修理台上,调整车架或刹车把角度,让油管从卡钳至刹车把呈连续向上状态。

(2)拆除轮组和来令片,以避免操作过程中刹车油黏附在来令片或碟片上。卡钳末端有来令片金属柱,拆除来令片时需抓住金属柱,朝卡钳中心推动,再向上将来令片抽出。用扳手将活塞推回卡钳内，切勿折断活塞中心的卡榫。

（3）Hayes 不同型号的刹车把油泵的排油孔位置不一样，需找出排油螺钉或排油塞位置，转动刹车把，让排油螺钉或排油塞朝上，以利于刹车注油排气。

（4）拆下排油螺钉或排油塞，插入油管，让排油管连接旧油收集瓶，在刹车把周边包裹抹布，防止油料滴下污染。

（5）将针筒灌满 DOT 油，让针尖向上，竖直握住针筒，连接油管；推进针筒，让油管灌满油；轻拍针筒，让针筒内空气经油管排出。

（6）掀开卡钳注油口螺钉的橡胶帽，将针筒注油管与注油螺钉连接，倒转针筒，保持针尖朝下。

（7）用开口扳手拧松注油口螺钉 1/4 圈，将针筒推进部分，注入刹车油，再稍微向后拉出针筒，吸出卡钳内空气，重复推拉动作，直至注油油管无气泡出现。

（8）持续推进针筒，给卡钳注油，注意观察排油口油管，如排油清澈，且无气泡，即可拧紧注油口螺钉，移除针管及注油管。

（9）用扳手将活塞推回卡钳，排出过多的刹车油。拆下排油管，给排油孔滴满刹车油，装回排油螺钉或排油塞。

（10）将刹车把调回适合骑行的角度，用抹布和消毒酒精清洁刹车把和卡钳，将来令片装回卡钳内，并安装轮组。（安装来令片时，应先安装外侧来令片，再装内侧来令片）

（11）测试刹车：几次按捏刹车后，若刹车手感逐渐增强，能感觉到行程死点，则表明换油成功。

（12）若刹车手感"虚无"，应先检查结合点有无漏油，确定没有漏油的情况下，重复第 7、8 步的排气步骤，直至刹车把恢复应有的按捏手感。

6 公路车刹车的调校

公路车一般采用双枢轴刹车，双枢轴刹车与单枢轴刹车非常相似，不同的是，双枢轴刹车夹器的左右支臂均有独立的转轴，相对于单枢轴刹车有更强的刹车力道。

大部分双枢轴刹车的支臂上均有定位微调螺钉。制动过程中，传动侧刹车块（右侧）向上画弧线，左侧刹车块向下画弧线。

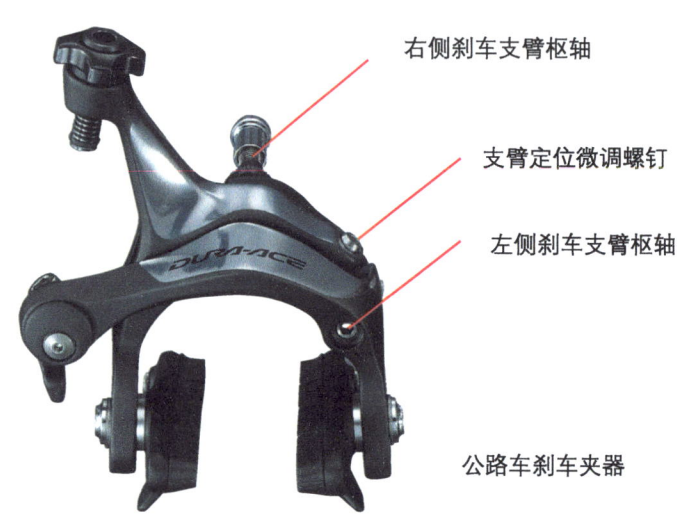

右侧刹车支臂枢轴

支臂定位微调螺钉

左侧刹车支臂枢轴

公路车刹车夹器

公路车刹车夹器的调校步骤

（1）将刹车线穿入刹车把和外管，连接夹器锁线栓。将刹车张力微调旋钮顺时针拧至最紧，松开两边的刹车块螺钉，让刹车块可以自由移动。

（2）往中间挤压两侧刹车支臂，让刹车块贴住轮圈，拉紧刹车内线，拧紧锁线栓（不要拧太紧，最后还需调整刹车手感）。

（3）调整其中一边的刹车块位置，使之平行轮圈，刹车皮要贴近轮框摩擦面的上缘，前后端贴合轮框曲率。

（4）捏紧刹车把，使调整好位置的刹车块紧贴轮圈，用扳手拧紧刹车块螺钉，固定刹车块。

（5）以相同方式调整并固定另一边的刹车块。

（6）观察轮框是否位于左右刹车皮之间的正中位置，若不居中，应调整刹车支臂上方的定位微调螺钉，使两边刹车皮与轮框的距离相等。

（7）调节刹车线在锁线栓上的位置，调整刹车手感，并拧紧、固定刹车线。最后，记得给刹车线末端套上线帽。

7 刹车把

刹车把的种类

如果按照大的类别来划分，刹车把主要分为山地车刹车把和公路车刹车把。其中，山地车刹车把又有线拉刹车和油压刹车两个版本，但它们安装机构相同，安装与调校方式也相同。公路车刹车把一般与变速手柄相结合，为一体式结构。

刹车把的安装与调校

山地自行车与公路自行车的刹车把在构造上有较大的区别，安装方式也有所不同。山地车刹车把一般为独立结构，直接安装在自行车把横上即可。

公路车的刹车把一般设计在双控变速手柄上，安装好双控手柄即等于完成刹车把的安装。

1. 山地车刹车把的安装与调校

通常情况下，山地车刹车把安装顺序为紧跟变速器之后，如果是与变速手把合为一体的一体式刹车把，则与变速手把一同安装。

刹车把安装后，不要急于拧紧，只需拧到稍紧即可以开始调整刹车把角度。刹车把初始角度可设为前方向下 45°，然后根据实际需要来微调。你可以骑上车子，感觉一下合适的刹车把位置：最佳的位置应是刚好处于手臂的延长线上，且负责刹车的手指最后一节能刚好搭在刹车拉杆上。

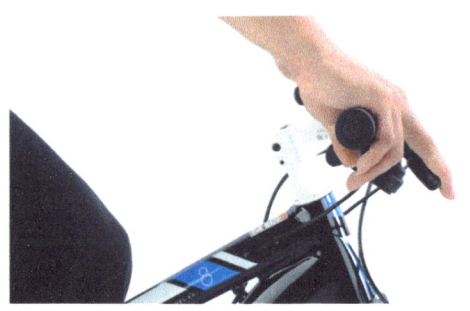

油压刹车的刹车把握距设置。调整刹车把上的螺钉，可使刹车惯用手指最后一节刚好搭在刹车拉杆上。如果是没有握距调整的线拉刹车，可通过调整刹车把在把横上的水平位置，使刹车惯用手指最后一节刚好搭在刹车拉杆上。

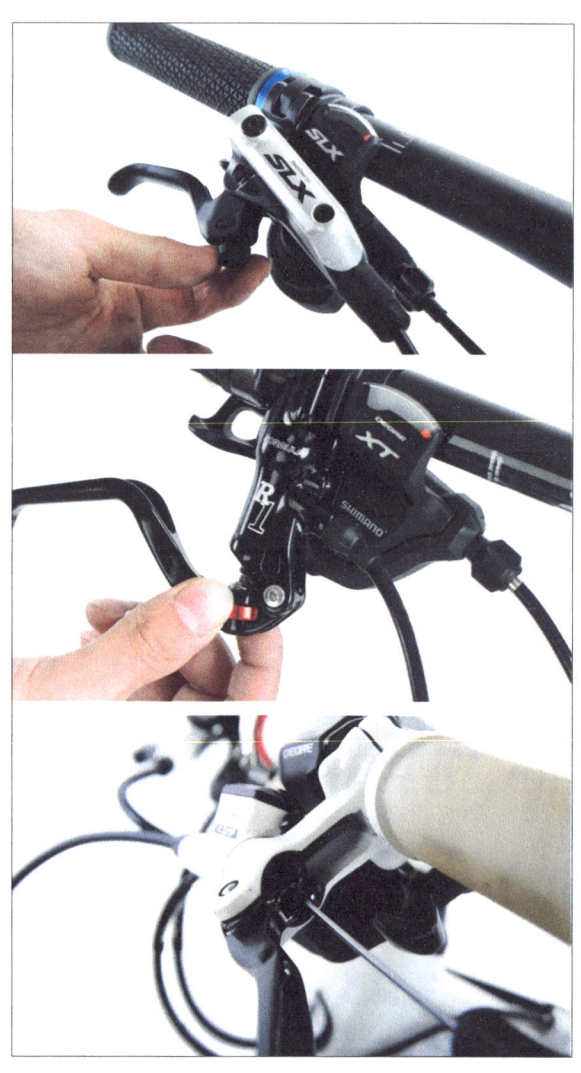

不同油压刹车的刹车把握距调节位置

2. 公路车刹车把的安装与调校

公路车刹车把与变速手柄为一体设计。

（1）安装公路车刹车把应首先调整弯把的把横角度，使弯把上端呈水平。

（2）将刹车把手柄固定环由弯把末端套入弯把内，调整手柄位置与角度，使手柄同弯把结合处的上端与弯把上端连成的直线呈水平，手柄角度正对前方，然后固定手柄。

（3）以相同的方式安装另一边的手柄，将两边的手柄位置调到相同高度与角度。

（4）检查、测试刹车把手感，如无不适，则可锁紧刹车手柄。

8 在旅行车上使用"前碟后V"刹车

在自行车长途旅行中，我们会途经不同的地区，经历各种难以预料的天气和环境，因此对于刹车的选择甚为重要，具体而言，主要还是根据不同刹车的特性来选择。目前旅行车上采用的刹车几乎和山地车相似，不是V刹就是碟刹。一般情况下，自行车上的刹车系统都是前后一致的，但本节要介绍的是混合型刹车配置方式，针对特定环境使用的"前碟后V"刹车。

在旅行条件下，V刹和碟刹各有优势：V刹轻量、便宜、容易保养维修；碟刹制动性好，恶劣天气和环境对刹车性能影响小。同时，两者也各有弱点：V刹在雨天、泥泞路面和连续长距离下坡的情况下，刹车性能会大幅下降，易发生危险；而碟刹一旦出现状况就较难维护，且部分车架后轮上的碟刹和后货架无法同时安装。

综合考虑V刹和碟刹的优劣势后，可见在旅行车上运用"前碟后V"刹车是可行的，但前提是车手必须掌握两种刹车的基本维修保养技巧。

前刹车采用碟刹。一方面，在恶劣环境及超长下坡过程中，即使后刹的刹车性能降低，前轮碟刹仍然能提供足够的刹车制动力，保障骑行安全。另一方面，前刹车为碟刹的话，碟片被意外磕碰的几率相对较小，正常使用过程中故障率相对也较低。

后刹车采用 V 刹。如果后刹车采用碟刹，那么在骑行时容易出现碟片被磕碰的情况，而且能和碟刹系统兼容使用的后货架型号并不多。安装 V 刹则很好地解决了后货架安装的问题，而且 V 刹比较容易维护，即使前轮碟刹出了故障、短时间内无法正常使用，后轮 V 刹依然可以保障骑行安全。

最后，需要注意的是，前后轮组采用不同的制动系统就意味着骑行时必须同时携带不同类型的相关配件。

本节所提到的碟刹专指线碟刹车，而不是油碟刹车。油碟刹车虽然刹车手感更好、制动效果佳、故障率更低，但旅行途中一旦出现漏油的情况，就会造成刹车失效，这几乎是无法维修的，因此必须慎重考虑油碟的使用。

第 6 章
变速系统

现代自行车的变速系统由指拨、变速器和传动系统组成，其设计融入了近现代机械工业的技术沉淀，发展至今已经非常成熟。本章节将从自行车变速系统的认知开始，带大家一起走进自行车变速系统的世界。内容涉及自行车传动系统的整体认知，变速器与指拨、链条、中轴、脚踏等的选购与调校，以及如何正确使用变速系统等。本章目标是让大家阅读之后对自行车变速系统不再望而生畏。

1 自行车变速系统

自行车变速系统的概念

自行车变速系统主要包括指拨、变速器和传动系统,由指拨、牙盘、曲柄、前拨、中轴、链条、后拨、飞轮组成。

自行车变速系统的运作方式:骑行者通过向指拨发力,由指拨向传动系统传达变速命令,传动系统在踩踏过程中执行变速命令,改变牙盘和飞轮的前后齿比,以达到在相同踩踏频率下改变骑乘速度的目的。

自行车传动系统认知

所谓自行车的传动,顾名思义是骑行者向传动系统施加外力,将人体的化学能转化为机械能的过程。自行车的传动系统主要由曲柄、牙盘、链条、飞轮、前拨、后拨、导轮(包括导向轮和张力轮)、脚踏组成。

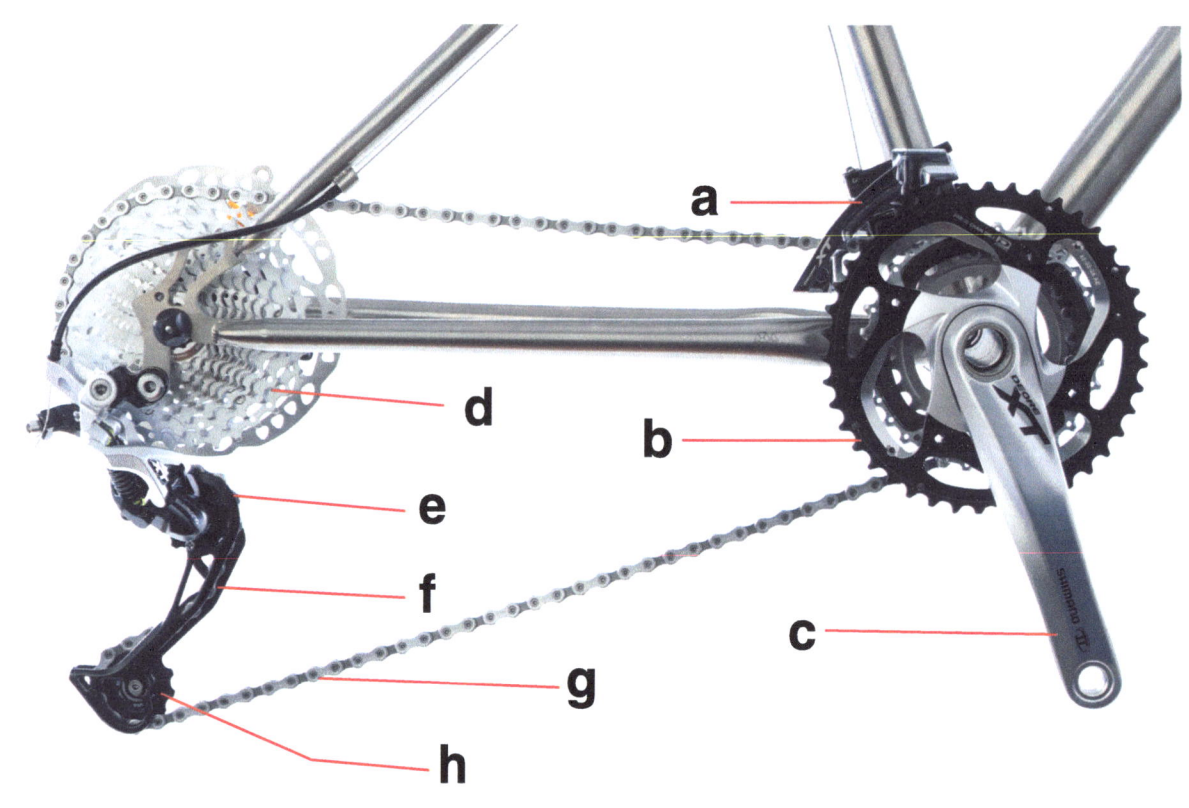

自行车的传动机构
a.前拨 b.牙盘 c.曲柄 d.飞轮 e.导向轮 f.后拨 g.链条 h.张力轮

2 自行车指拨与变速器

自行车的变速系统主要通过变速器和指拨来实现变速命令的传达,这两部分也是自行车变速系统最重要的组成部分。目前,市场上的变速器和指拨品牌主要有Shimano、SRAM、Campagnolo、MicroShift等。

而根据使用特点和市场需求的不同,自行车的前、后变速器和指拨分为很多种类。

自行车指拨的种类

1. 分体式指拨

分体式指拨是指变速指拨与刹车把分离形式的指拨系统,分为剪刀式、铡刀式和转把式。

剪刀式指拨 需分别用拇指和食指分别来控制的指拨,操作方式如同使用剪刀。Shimano传统的剪刀式指拨便是如此。

目前,部分Shimano剪刀式指拨也支持"双向释放",既可以用传统方式操作,也允许只是用拇指操作这两个拨杆,这种方式类似于只用拇指操作的SRAM铡刀式指拨,可以满足使用习惯不同的用户。而且这种"双向释放"方式可以让食指专用于制动操作,提高了骑行安全性。

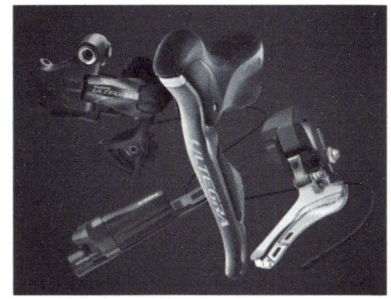

铡刀式指拨 变速器指拨的两个拨杆都由拇指操作。SRAM有很多变速产品使用的都是铡刀式指拨。

铡刀式指拨只用拇指操作,可以让食指专用于制动操作,从而增加骑行安全性。铡刀式后指拨上大飞轮的过程可以连续切换5挡,释放过程一般一次只可以切换1挡,也有部分指拨可以一次性释放2挡。

转把式指拨 以塑料材质为主的转把式指拨,类似摩托车的油门把,为不少折叠车款所采用。SRAM便是由转把式指拨起家并擅长转把变速。转把式指拨的优势有:体积相对较小,整体安装简洁;变速速度快;每次换挡允许更换任意挡位,无回位动作(Shimano系列指拨单方向动作最大支持4挡位切换,连续切换4挡位后,需要将拨杆回位后再进行下一次挡位切换);转把变速时,所有手指都可以抓握车把,提高骑行安全性。

转把缺点:材质以塑料橡胶为主,耐用性相对不及其他形式的指拨。

2. 连体式指拨

连体式指拨是指变速指拨与刹车把一体设计的指拨，具体分为传统连体和双控指拨。

传统连体指拨 将变速指拨和刹车把手一体设计的指拨。其变速指拨和刹车把既连接在一起，又是相互独立的系统，常见于入门级山地变速套件。

SRAM 公路自行车双控指拨

双控指拨 在同一个部件上集合了变速和刹车两个功能的指拨。它不同于传统连体指拨的地方是，制动操作和变速操作都可以通过手柄进行。双控指拨的优点在于：结构紧密，安装后整体外观更简洁；并且允许用户同时

Campagnolo 公路自行车双控指拨

进行制动和变速操作；变速指拨拥有更长的杠杆和更轻的手感。

曾经有厂商推出过山地车双控指拨，后来逐渐被淘汰。目前，双控指拨常见于公路自行车的变速系统。

自行车前变速器的种类

自行车前变速器又称为前拨链器，简称前拨。现代运动自行车前拨主要有上摆式、下摆式、上摆式 E 和直装式四种。

上摆式前拨 拨链导板在安装座（环）上侧摆动，安装位置比下摆式前拨更靠近五通，移动部分所设的位置相对也要更高一些（以卡箍为衡量基准），连接零件短，刚度更高，从而可以实现迅速而轻松的变速。同时，卡箍一般安装于立管水壶架螺孔位下方，因而方便安装立管处水壶架。

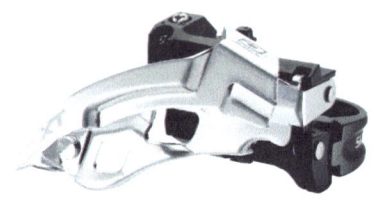

下摆式前拨 拨链导板在安装座（环）下侧摆动，具有与上摆式相同的功能和效果。主要用于带有后避震系统的重型 XC、AM、FR 等需要较高前拨安装位置，且上摆式后拨无法满足的车型。但在有些车型上，下摆式前拨有可能影响到立管处水壶架的安装。

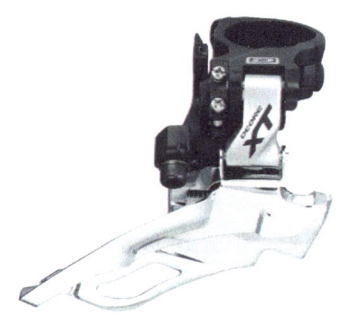

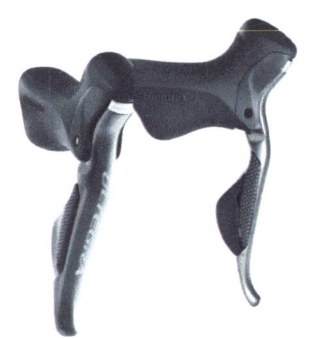

Shimano 公路自行车双控指拨

直装式前拨 亦称为"D形"前拨，直接安装在车架的预留孔或卡箍上，安装与调校都比较方便，常见于公路车，部分高端山地套件中也有使用。

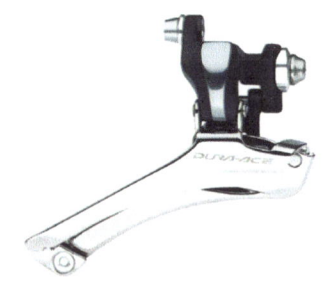

上摆式E前拨 并非利用卡箍环固定，而是直接安装在中轴上。相较于安装在立管上的前拨，它需使用配套的牙盘，并且对五通和中轴的精度要求更高，安装调试的局限性较大。

自行车后变速器的种类

自行车后变速器又称后拨链器，简称后拨，主要分为外变速后拨和内变速后拨。其中，外变速器按照拉动方向的不同，又分为正拉后拨和反拉后拨；按照导向轮支架的长短不同，还分为长腿、中腿和短腿后拨。短腿后拨可降低碰撞障碍物的几率，中腿后拨及长腿后拨则拥有更大的齿容，可以使用于更大齿数的飞轮。

正拉后拨 又称高速标准后拨（Top Normal）。该类型后拨安装时，导向轮靠近小飞轮位置，向外变速（下小飞轮）时，拉力弹簧趋于松弛，向内变速（上大飞轮）时，拉力弹簧趋于拉紧。理论上来说，向外变速更加省力、精准和快速。

反拉后拨 又称低速标准后拨（Low Normal），向内变速（上大飞轮）时拉力弹簧趋于松弛，向外变速（下小飞轮）时拉力弹簧趋于拉紧。

反拉后拨的优点在于，确保高品质的向内变速（上大飞轮），属于专门为爬坡而设计的后拨，当爬坡非常疲惫时，只需用手指轻轻变速，即可实现快速精准的

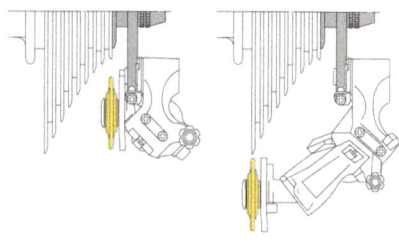

正拉后拨　　反拉后拨

向内变速（上大飞轮）。

内变速后拨 整套后变速系统与花鼓成一体的封闭式设计，变速由内部的齿轮完成，不受外部干扰，常见的内变速系统有内3速、内7速和内8速。特点：变速静音，低维护，可随时随地实现精准变速。常见于城市休闲车及折叠车。

内变速花鼓

3 自行车变速系统的选择

选择自行车变速系统时，要根据用途来挑选适合的品牌和等级。最直接的方式是在选定某一品牌之后，直接选定合适等级的完整套件。

当然也可以根据实际需要选择兼容的零配件，混搭成为一整套完整的变速系统，不过，这需要对变速产品有较深入的了解。就等级要求而言，前后变速器的混搭原则是前低后高，因为后变速器的挡位变换频率远远高于前变速器。

根据变速系统等级选择

根据使用环境的不同，每个品牌的变速器及指拨产品都设定了特定的等级，大体可分为：顶级竞赛级、专业训练级、专业入门级、业余级别、娱乐级别、民用级别，以及旅行车专业套件和29英寸山地车专用套件。

顶级竞赛级 专为高等级山地越野赛事设计的变速套件，该类型套件强度高，变速反应快速精准，在保证强度的同时最大限度地追求轻量化。

基于以上特点，顶级变速套件价格均非常昂贵，为适应赛事需要，还要及时更换磨损配件，属"烧钱"级别的产品，非竞技用途一般不建议选用。

专业训练级 是专为顶级竞技车手训练而设计的产品，拥有顶级竞赛级竞赛套件的多种特性，但价格相对低很多，主要是重量偏重，做工及精度方面也有微小的差距。适合没有足够预算，但希望体验顶级产品的用户，也常出现在业余比赛中。

专业入门级 具有专业训练级的特性，但在材料和重量方面和上一级别差别较大，变速反应及精准度各方面都有较大的差距。

业余级别 用于体验越野骑行或公路骑行的变速产品，不可用于比赛或高强度的骑行。

娱乐级别 是专为休闲骑行而设计的产品，不可用于越野或较高强度公路骑行。

民用级别 即通勤车采用的变速产品。

根据变速系统品牌选择

自行车变速器的品牌主要有：Shimano、SRAM、Campagnolo、MicroShift 等。

每个品牌都根据变速系统的使用环境及竞赛需求等对旗下产品制定了详细的市场定位，且产品风格各不相同。

以 Shimano 和 SRAM 为例：Shimano 变速拉线比（变速线移动距离与变速器导链板移动距离之比）为 1:2，SRAM 的变速拉线比为 1:1。由此，Shimano 的变速器需使用拉力较小的弹簧，而 SRAM 可以使用拉力更大的弹簧；同时，Shimano 换挡变速要求更加精准，而 SRAM 的换挡允许误差范围大。

Shimano 是占据全球最大市场份额的变速品牌，产品线囊括山地车、公路车及旅行车的全系列产品，产品定位和分类清晰，非常容易找到修补零配件，变速风格柔顺。

产品等级由高到低排序：

山地车：XTR、SAINT、DEORE XT、SLX、ZEE、DEORE、ALIVIO、ACERA、ALTUS、TOURNEY。其中，DEORE 以上级别均为专业级别，ALIVIO 及以下级别为业余级别；而 SAINT 是速降系列的顶级产品，下一级别为 ZEE；SLX 专为

林道骑行而设计。

公路车：DURA-ACE、ULTEGRA、105、TIAGRA、SORA、2300。其中 105 及以上级别为专业级别，另外 DURA-ACE 和 ULTEGRA 还包括 Di2 的电子版本。

此外，Shimano 还有旅行系列的 LX 级别产品，以及民用级别的 SIS。

Shimano 山地变速套件

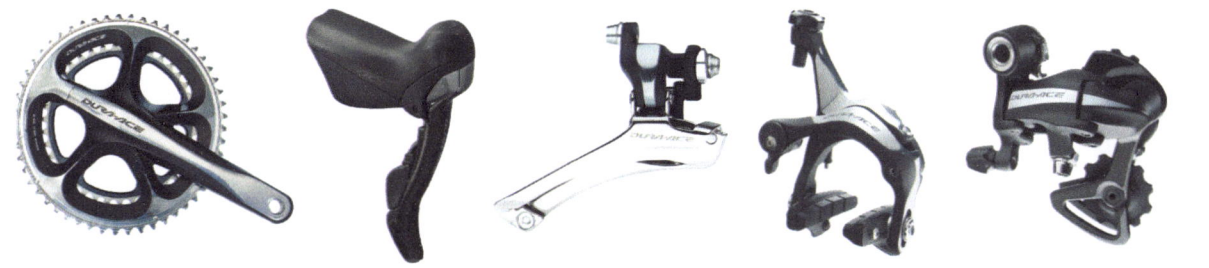

Shimano 公路变速套件

SRAM 为美国变速品牌，变速风格硬朗，山地变速产品线全面，公路变速产品主要为中高端产品。

产品等级由高到低排序：

山地车：XX、X0、X9、X7、X5、X4、X3。其中 X5 及以上级别均为专业级，相当于 Shimano 的 Deore 级别。

公路车：RED、FORCE、RIVAL、APEX、S-series。

SRAM 山地变速套件

SRAM 公路变速套件

Campagnolo 为意大利变速品牌，主要经营公路车套件，产品做工精致，风格硬朗，但价格也相对较高。产品等级由高到低排序：

公路车：SUPER RECORD、RECORD、CHORUS、ATHENA、CENTAUR、VELOCE。其中，ATHENA及以上级别的后拨均为11速设计。

Campagnolo 公路变速套件

MicroShift 为中国台湾变速品牌，产品系列不多，但公路车和山地车均有涉及，价格相对实惠，设计上也在不断进步。由于高端产品与世界顶尖变速产品仍有一定差距，目前在竞技赛场比较少看到MicroShift 的身影。产品等级由高到低排序：

山地车：XE、LE。

公路车：ARSIS、WHITE、BONA、CENTORS。

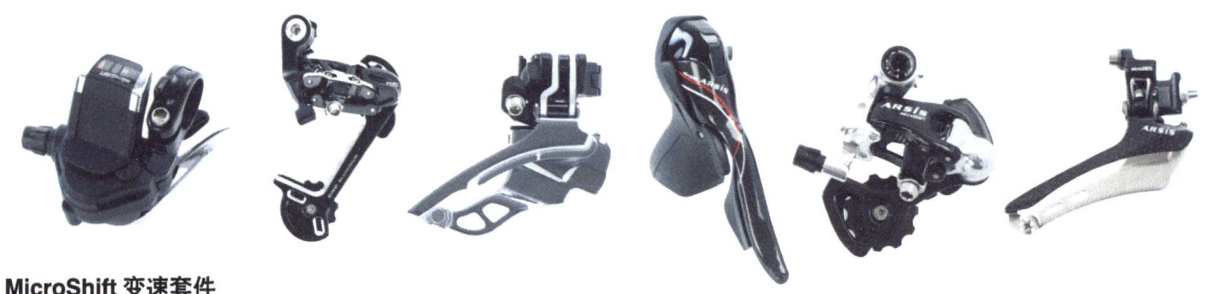

MicroShift 变速套件

4 传动系统的调校

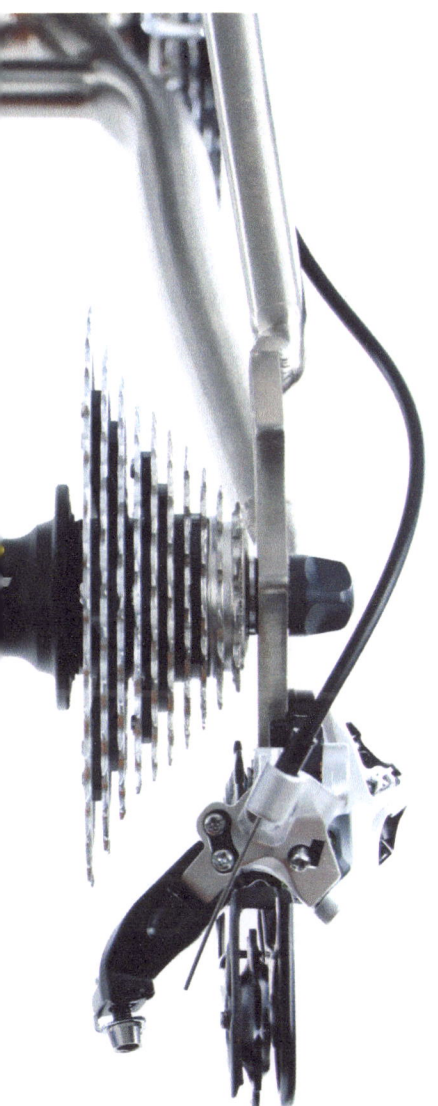

新购置自行车，重新安装变速系统，以及长时间骑行后，自行车的传动系统都会发生偏差，导致自行车变速不准，变速时出现异响，甚至是变速时链条断裂等现象出现。本节便要介绍如何解决变速器变速不准的问题。

为了让大家能够清楚地了解传动系统的调校，我们将传动系统分为两个部分详细讲解。根据变速系统的实际调校步骤：首先，介绍后变速器的调校方法；其次，介绍前变速器的调校方法。

变速器调校原理：

放松变速线后，调整前、后拨的限位螺钉，使前、后拨的移动范围限定在仅能让链条在大、小牙盘和大、小飞轮之间移动。然后上紧变速线，进行微调，确保挡位变速顺畅。

需要用到的工具：老虎钳、内六角扳手、十字螺丝刀。

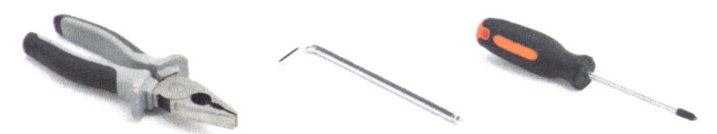

变速系统分区：如下图，包括A区域后变速系统，以及B区域前变速系统。后变速系统主要包括后变速器、飞轮和后变速指拨。前变速系统主要包括前变速器、牙盘、曲柄和前变速指拨。

⚠️ 调校变速器前，请务必检查变速线和变速线管有无破损，如有破损，请更换或检查修复，以免影响变速线的变速动作。

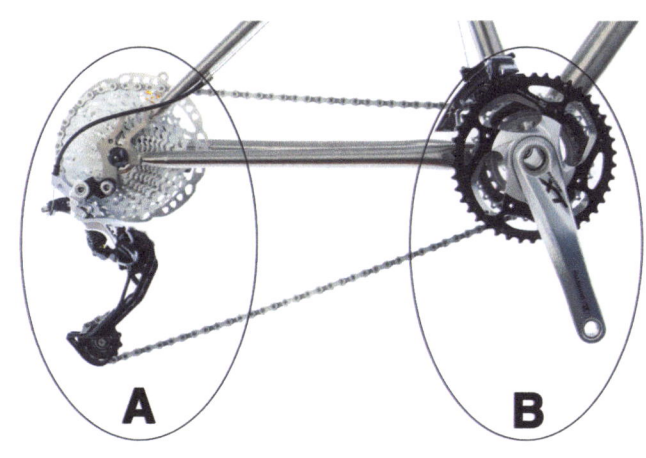

后变速器调校

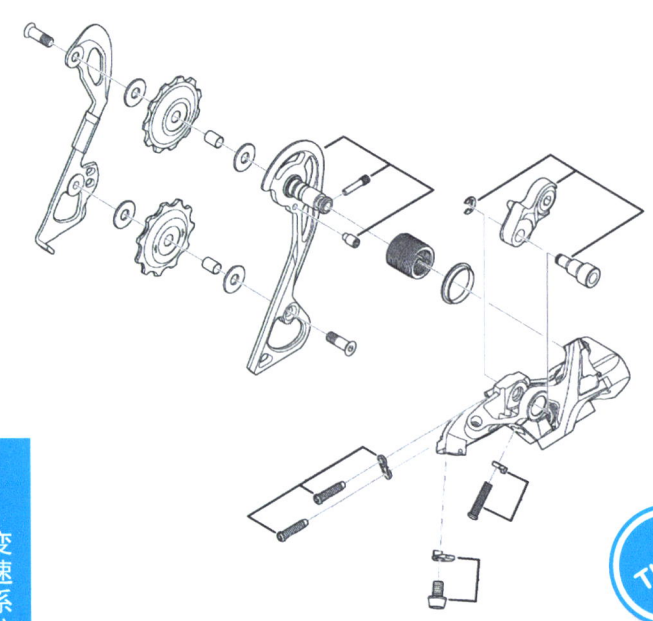

外变速后拨（包括正拉后拨和反拉后拨）与内变速后拨的调校方式均有差异，下面会分别介绍。

外变速后拨的主要构成是：安装结构、弹簧、导轮支架、导向轮、张力轮、变速线锁紧螺钉、高速挡限位螺钉（H螺钉）、低速挡限位螺钉（L螺钉）和后拨张力螺钉（B螺钉）。

外变速后拨调校主要是指调节后变速器的H、L螺钉，以及指拨的微调旋钮。H螺钉限定变至高速挡位时，外拨链片能到达的最外侧位置，防止链条脱出小飞轮；L螺钉限定链条在低速挡位时，内拨链片能到达的最内侧位置，防止链条脱离大飞轮；微调旋钮用于调节变速线拉力，使各挡变速顺畅。

> **TIPS! 什么时候需要调校后拨？**
> a. 新安装后拨；b. 出现掉链情况；c. 变速不准确；
> d. 有较大摩擦声响；e. 链条上下跳动。

正拉后拨系统调校

1. 调节小飞轮位置

（1）将链条移到最小后飞轮和最大前齿盘位置（如已安装链条）。拧松后拨的变速线锁紧螺钉，直到变速线完全松开。

（2）从后轮方向观察最小飞轮、链条和导向轮是否对齐。转动高速挡限位螺钉（通常标有"H"），直到导轮中间对齐最小后飞轮的"外侧边缘"。

（3）拉紧变速线，将后指拨变速至最高速挡位。顺时针充分转动在变速杆、下管或后拨位置上的变速线张力微调旋钮，然后逆时针方向旋转1/4圈。

（4）将变速线放入后变速器上的锁紧螺钉线槽中，拉紧变速线，并将变速线锁紧螺钉拧紧到5~6.8N·m。

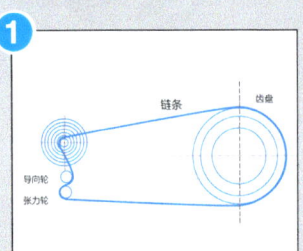

2. 调节大飞轮位置

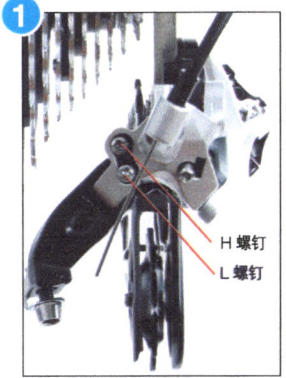

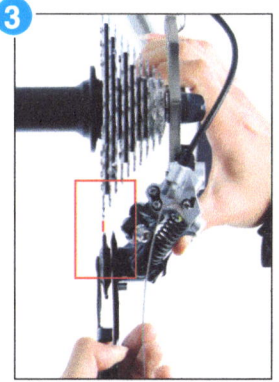

（1）逆时针方向转动后拨上的低速挡限位螺钉（通常标有"L"），直到变速器导向轮可以自由被移动至最大飞轮位置。

（2）如已安装链条，将链条移至最小前齿盘和最大的后飞轮。（不要将后拨移得太远，否则可能会使链条卡在大飞轮和辐条之间。）

（3）顺时针方向转动限位螺钉"L"，使后变速器导轮向外移动，直至导向轮限定往里只能到达与最大飞轮的中心线对齐位置。

> ⚠️ a. 后拨调整"H"和"L"限位螺钉的位置有所不同。调整"H"螺钉：导向轮中心位置对齐小飞轮外侧边缘。调整"L"螺钉：导向轮中心对齐大飞轮中心位置。
>
> b. 限位螺钉一般很少调校，只有当链条出现无法变速至最小飞轮或最大飞轮，链条掉入辐条与大飞轮之间或飞轮与车架之间时才作调整。一般只进行变速线张力微调。

3. 后拨对齐定位系统微调

以上调整了后变速系统的高速与低速限位螺钉，一般这样还不足以让变速系统快速准确地变速到理想的挡位，还需要作进一步的微调。下面，继续讲解后拨对齐定位系统的微调。

> **TIPS!** 正拉后拨调整到前大齿盘、后小飞轮的时候，导向齿轮中心线的位置与倒数第二个飞轮的中心线刚好对齐，微调就是据此调整对齐定位系统。
>
>

（1）将链条移到最大前齿盘和最小的后飞轮。

（2）用后变速杆变速一次。

（3）确保链条平稳地移动到倒数第二个飞轮。

如果链条发出太大的噪声或不能换挡（变速），则逆时针转动变速线张力微调旋钮。再次更换挡位，并确保换挡平稳。

如果链条移到倒数第三飞轮，则顺时针方向旋转变速线张力微调旋钮，直到变速器导向轮与倒数第二小飞轮对齐。

（4）半按后拨拉紧变速线，但没有变换到下一挡，同时转动曲柄。如果能听到微微的响声，但链条不跳到倒数第三小飞轮上，则表明微调成功。如果听不到响声，则继续调节变速调节旋钮。

（5）换挡到各种变速组合，观察各挡位能否准确换挡。如未能准确换挡，可稍微调整变速线微调旋钮，直至确保链条在每个挡位上都能够准确换挡。

反拉后拨系统调校

目前，较为常见的后变速系统为正拉后拨系统，而Shimano和SRAM均有反拉后拨系统。反拉后拨系统的调校原理与正拉后拨相同，只是调校步骤上略有差异。

反拉后拨系统与正拉后拨系统的结构相似，而预设位置刚好相反：在变速线放松的情况下，反拉后拨系统的位置靠近最大飞轮一侧。

调校：正拉后拨系统和反拉后拨系统的调校原理是一样的，只是调校过程为先调校大飞轮的"L"限位螺钉，再调校小飞轮的"H"限位螺钉。

微调：反拉后拨系统的对齐定位微调方法与正拉后拨系统相同。不过，微调的对象由倒数第二小飞轮，变成了靠近最大飞轮的倒数第二大飞轮。详细微调步骤参照前页"后拨对齐定位系统微调"。

> **TIPS!**
> 1. 注意飞轮调校的先后顺序："先大飞，后小飞"；
> 2. 注意微调对象为：靠近最大飞轮的第二大飞轮。

后拨张力螺钉调校

后拨张力螺钉主要用于调节后拨张力，以及最大飞轮与导向轮之间的间距，一般设在后拨安装螺钉旁边。理论上，最大飞轮与导向轮之间的间距越小则变速反应越快，但过小的间距会使飞轮、导向轮和链条互相干扰，产生跳链。

公路车的后拨导向轮与最大飞轮的齿尖间距建议调至6~8mm，如为9速以下山地车，后拨导向轮与最大飞轮的齿尖间距建议调至6mm，如为10速山地车，则建议调至6~12mm。

详细调校步骤：

（1）后拨张力螺钉的调校，应是在已安装链条的状态下进行微调。将前后变速分别调至最小齿盘、最大飞轮挡位；观察后拨导向轮与最大飞轮齿尖的间距，可借助6mm的内六角工具作为参考。

（2）上紧张力螺钉会顶住尾钩，增大后拨张角，同时增加后拨张力，以及飞轮与导向轮之间的间距；拧松张力螺钉则作用效果相反。

（3）转动曲柄，调整后拨张力螺钉，使后拨导向轮与最大飞轮齿尖的间距接近6mm。并确保飞轮、导向轮和链条不会互相干扰。

后拨张力螺钉

使用内六角工具作为参考

> ⚠ 在整车出厂时，后拨张力螺钉一般是已经调校好的，除非更换不同齿数的飞轮，否则平时无需再进行调校。

前变速器调校

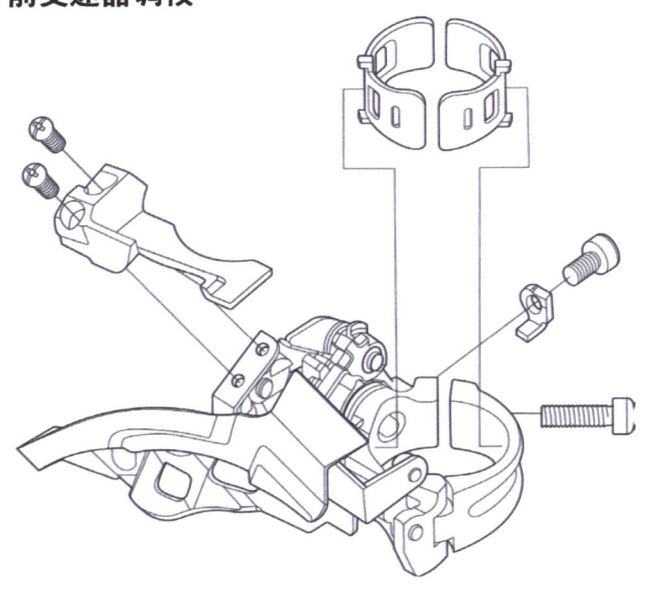

前变速器主要包括：安装结构（安装环或安装孔）、弹簧、外拨链导板、内拨链导板、变速线锁紧螺钉、高速挡限位螺钉（H螺钉）和低速挡限位螺钉（L螺钉）。

前变速器调校主要指调节H螺钉和L螺钉，以及指拨的微调旋钮。H螺钉限定链条变速至高速挡位时，外拨链导板能到达的最外侧位置，可防止链条脱离大齿盘；L螺钉限定链条变速至低速挡位时，内拨链导板能到达的最内侧位置，可防止链条脱离小齿盘，微调旋钮主要用于调节变速线拉力，使变速换挡顺畅。

1. 调节小齿盘限位螺钉

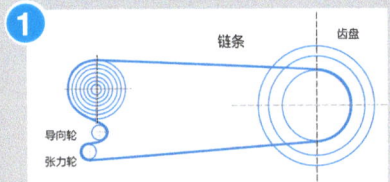

（1）调整链条位置，将链条移到最小前齿盘和最大后飞轮位置。拧松变速线锁紧螺钉，直到变速线完全松开。

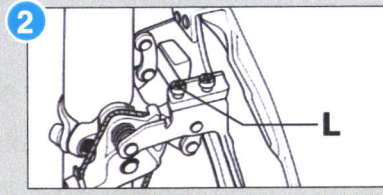

（2）逆时针转动低速挡限位螺钉（标有"L"），让前变速器自由活动。

（3）拧动低速挡限位螺钉，以前拨的内侧拨链导板与链条大约相距0~0.5mm为宜。

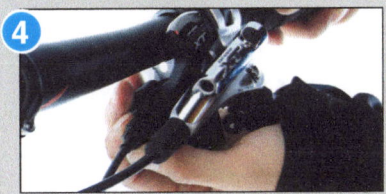

（4）拉紧变速线一头，将左变速杆变至最小齿盘挡位。顺时针转动变速线微调旋钮至最紧，最后逆时针旋转1/4圈。

（5）将变速线放在变速线锁紧螺钉旁边的线槽中，拉紧变速线，并将锁紧螺钉拧紧。

提示：如有扭力扳手，建议将变速线锁紧螺钉拧紧到5~6.8 N·m。如无，则将线拧紧即可，但无需拧得过紧。

2. 调节大齿盘限位螺钉

 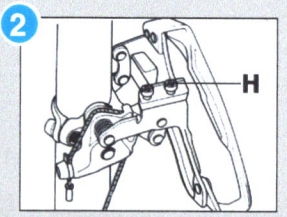 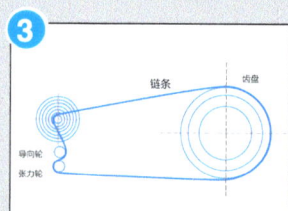 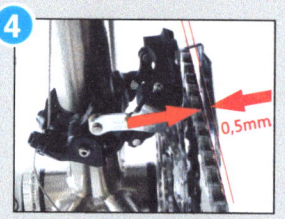

（1）将后拨挡位变速至最小飞轮上。

（2）逆时针方向放松高速挡限位螺钉（标有"H"），以不影响变速器活动为宜。

（3）用手转动曲柄臂，将前拨慢慢变速至高速挡位，小心地将链条移至大齿盘（不要让链条脱离大齿盘）。

（4）拉紧前拨变速线，拧动H螺钉，使前拨外侧拨链导板向小齿盘靠拢，直至距链条0~0.5mm的位置。

（5）换挡到所有变速组合，确保变速时链条不会掉入车架与牙盘之间，也不会脱落到牙盘外侧。

TIPS! 如果前拨为两挡变速，可以通过调整变速指拨末端的变速线张力微调旋钮，提高或者降低变速线松紧度，让前拨能够顺畅进、退挡。如果为三挡变速，则还需进一步调节中速挡位，详见下文"三片式牙盘的中速挡位调校"。

3. 三片式牙盘的中速挡位调校

（1）通过操作变速杆，将链条变速至中间齿盘和最大飞轮。

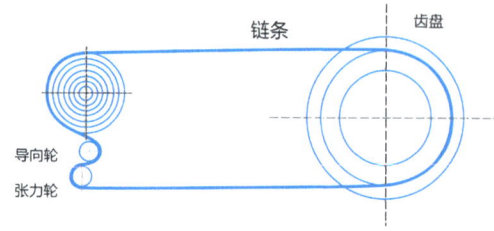

（2）旋转变速线张力微调旋钮（在下管上或变速杆上），改变变速线松紧度，使链条与前拨内侧导链板距离在0~0.5mm范围内，调整到出现微弱的声响即可。

（3）换挡到各种变速组合，确保所有挡位都变速顺畅。某些前变速杆为可微调变速杆，切至较低挡位时，变速器将稍稍内移，不会碰触到链条。

内变速后拨系统调校

前文介绍过内变速后拨系统的主要特点，是变速静音、低维护、随时随地实现精准变速。当然，低维护并不代表无需维护，长久使用之后，变速器因为各种原因都会或多或少地出现变速不准确的情况。

内变速后拨系统内部结构精密，不建议车友自己拆解维修，如需维修，最好是请车店技师或其他专业人士维修。下面仅对部分内变速系统的调校进行讲解。

内7速、内8速系统

此系统利用位于后花鼓中的装置进行换挡。

调节换挡装置：

（1）将变速杆转动到第四挡位置。

（2）将后花鼓滑轮上的指示器与轮齿接合底座对齐。

（3）如果黄线未对齐，可旋转柱形调节器，直到对齐为止。

（4）将变速杆移到第一挡。然后，将变速杆移到第四挡，检查调节换挡是否顺畅。

内3速系统

此系统利用位于后花鼓中的装置进行换挡。

调节换挡装置：

（1）将变速杆转动到第二挡位置。

（2）将直角曲柄窗口中的指示器与推杆上的线对齐。

（3）如果指示器未对齐，可旋转柱形调节器，直到对齐为止。

（4）将变速杆移到第一挡。然后，将变速杆移到第二挡，检查调节换挡是否顺畅。

5 链条

链条的结构

自行车链条主要由内片、外片、销轴和滚子（也称罗拉，Roller）组成，链条末端一般采用销钉或魔术扣（由称快扣）进行连接固定。其中，内片与外片亦统称为链片。

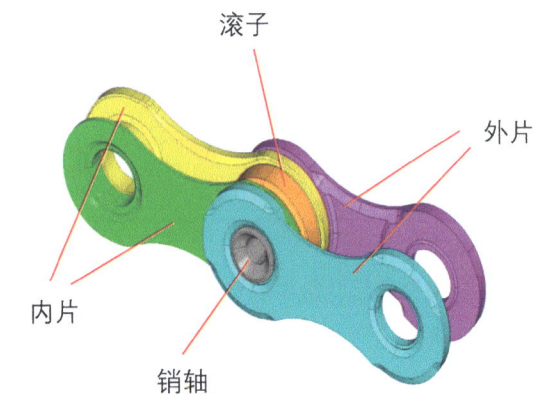

链条结构图

链条的种类与选购

自行车链条尺寸基本上可分为三大类：1/2″×1/8″、1/2″×3/32″、1/2″×11/128″（前者代表每节链条的轴心距，即销轴与销轴中心的距离，后者代表内片间距，″为"英寸"的缩写）。

运动类变速自行车中的链条尺寸基本为1/2″×3/32″和1/2″×11/128″，其中9速以上链条通常为1/2″×11/128″，8速及以下通常为1/2″×3/32″。外变速系统的链条尺寸可直接根据后飞轮片数分辨速别后确定；内变速链条和单速链条的选择，则需通过牙盘规格（1/8″或3/32″，通常牙盘上会有注明）来确定。

由链条的尺寸数值很明显可以看出，自行车每节链条的轴心距均为1/2″，但这并不意味着所有链条都是互相兼容的。不同速别的链条宽度（即每节链条上两块内片的间距）是不一样的，链条的滚子规格也不尽相同。而变速系统的后飞轮齿距以及后拨都是与各速别链条宽度相匹配的，若跨速别使用容易造成变速不顺畅，长时间使用可能导致断链。因此，务必按照车子的速别及规格来选择链条。

自行车链条分为很多等级，高等级的链条均是为竞技而设计，如KMC、Shimano、Campagnolo等品牌的顶级链条均采用了镂空设计，并采用更好的锻造工艺，增加更光滑、更耐用的镀层，以达到更轻的重量、更佳的抗拉伸性能、更好的变速效果和更耐用的质量。对于不同等级的链条，最好根据自己的预算来选择，顶级的竞技用链条虽然性能很好，但价格也更高。

越高等级的链条，镂空越常见

表面镀钛处理使链条更润滑

链条长度设定

运动自行车的链条过长或过短都会对骑行变速造成影响。链条过长是指：在"前小盘、后小飞"的挡位组合下，上下两段链条松弛，后下叉上方的链条容易打到后下叉，或造成经过后拨张力轮的链条与经过导向轮的链条相碰。链条过短是指：采用"前大齿盘、后拨用第二大飞轮甚至第三大或更小的飞轮"挡位时，链条已被拉直，无法成功向更大飞轮变速。

链条过长，则拉力松弛

链条过短，则无法向最大飞轮变速

链条长度需要根据不同的传动系统来设定。运动类自行车分为单速和变速车，单速车的链条长度主要通过移动后轮的位置来调整，下面只介绍变速自行车链条的设定。

变速自行车的牙盘有三种：单片式牙盘、双片式牙盘和三片式牙盘，不同的牙盘链长设定标准不尽相同。你可以参考旧链条的长度来设定，如果拿到手的是一辆还没有安装链条的新车，则可参考以下方式。

1. 单片式牙盘的链条长度设定

单片式牙盘常见于旅行车、折叠车和速降车型的变速系统，山地车系列中，2013年款的SRAM XX1 套件也使用了单片式牙盘。

（1）在未安装链条状态下，将后拨变速至最小飞轮位置。

（2）将链条挂在牙盘和大飞轮上，但不经过后拨，接下来的操作在牙盘和飞轮下方。

（3）将两个链条末端拉近，观察牙盘那一侧的末端链条中轴，选择从那里开始多留4节链条的长度，此为最佳链长。

（4）链条只能按照外片与内片相结合的方式连接，截断多余链条时应让靠近飞轮一侧为内片，靠近牙盘一侧为外片。如刚好两端链条均为内片，则应再多留一节链条。

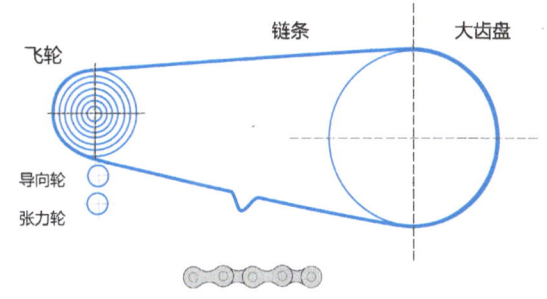

应多留四节链条

2. 双片式牙盘的链条长度设定

双片式牙盘在公路车、折叠车和山地车上均有使用。设定其链长时，需让链条穿过后拨。

（1）将前拨变速至大齿盘，后拨变速至小飞轮挡位。

（2）让链条穿过前拨，连接最小飞轮，穿过后拨上的导向轮、后拨挡板和张力轮，与牙盘侧的链条连成一个完整的圈。

（3）拉动链条，使后拨导向轮和张力轮形成一条垂直地面的直线，即为最佳长度。

（4）如两端链条销轴连接时无法刚好让两个导轮的连线与地面垂直，则应选择让两个导轮连成的直线与牙盘侧地面的夹角，最接近直角的链条销轴。

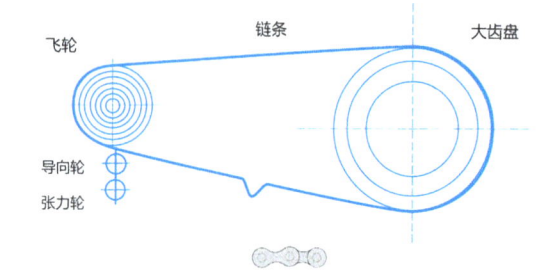

应多留两节链条

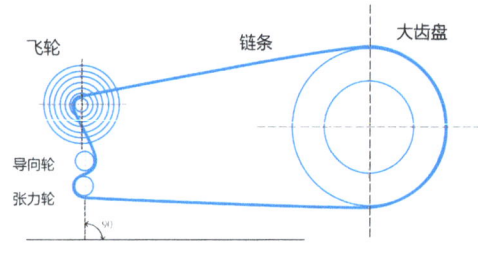

不需多留链条

3. 三片式牙盘的链条长度设定

三片式牙盘常见于山地车，部分公路车也有采用。根据变速系统的设计原理，与单片式牙盘的设定方式类似。不同之处在于，三片式牙盘开始设定前要先变速至最大盘；确定末端链条销轴后，单片式牙盘需多预留4节链条，三片式牙盘仅需留2节，即为最佳长度。

若为带后避震的车款，应先松开后避震，或降低后避震的气压，在后轮中心至五通轴心距离最长的位置设定链条长度。

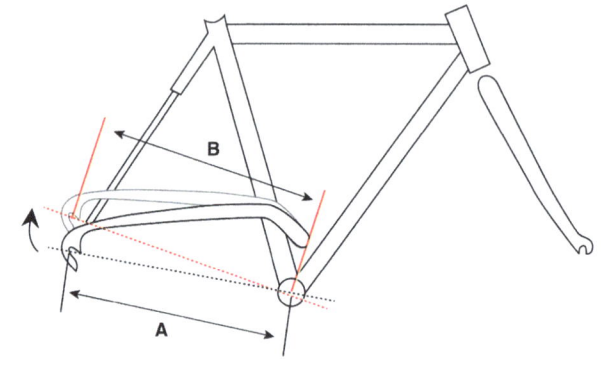

后避震连杆在B位置时（如图中红线标示），后轮中心至五通轴心距离最长

链条的拆装

更换链条前需先使用打链器对链条进行拆卸，下面以使用宽松型插销的链条为例讲解拆链步骤。

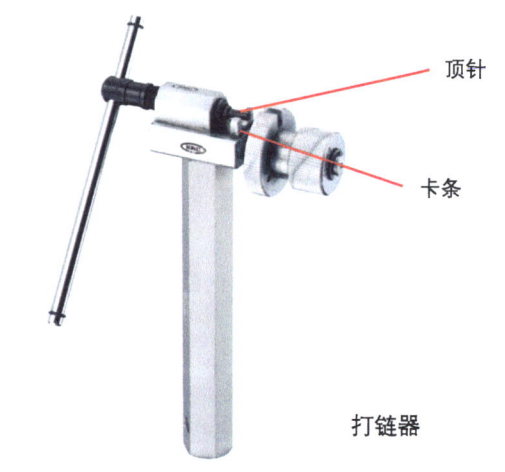

打链器

1. 链条拆卸步骤

（1）将前后变速挡位调至"前小盘，后小飞"，使后拨对链条的拉力减到最小。

（2）选择左右相同的链目（即安装在链条上的销轴），也就是说，要避开有宽松型插销的那一节链条。

（3）使用合适速别的打链器，将链条放入卡条，先用手轻轻压住销轴位置的滚子。

（4）旋转手柄，推动顶针针尖接触链条销轴，注意检查顶针是否正对销轴中心。

（5）继续转动手柄，将销轴压出外链片（如在户外无插销和快扣，则不要完全压出销轴，以方便安装时反向原轴打回，可供暂时使用，待有条件再更换快扣或插销），感觉阻力突然减少时停止转动；退出顶针，取下链条。

（6）从前拨上向后取下链条，从后拨取下链条时注意拿稳，防止链条刮伤车架。

2. 链条安装步骤

（1）首先将新链条截断至最佳长度。

（2）将前后变速器的挡位调至"前小盘，后小飞"位置。

（3）将链条通过前拨，挂上牙盘的小齿盘，后方链条绕经飞轮上方，挂在最小飞轮上（后叉下方安装链条时，应是左侧链条末端为内片，右侧链条末端为外片）。

（4）让链条沿着后拨链器的导向轮从后拨导轮间的挡板内侧通过，然后绕过张力轮（常见的错误是从挡板外侧通过）。

（5）将链条末端拉近，安装插销并用打链器将插销慢慢推进，至手感变轻时，代表插销到位。如果是使用快扣，连接链条时应确保链扣卡紧到位；如没有快扣和插销，则采用与拆链条时相反的步骤进行安装。（注意："链条原轴打回"仅可作为临时应急措施，因链条销轴较小，反向装回销轴后嵌合力不足，容易造成再次断链，故一般不建议将原轴打回，有条件应尽快更换成快扣或插销。）

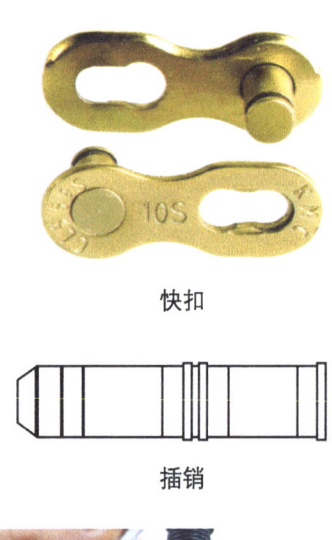

快扣

插销

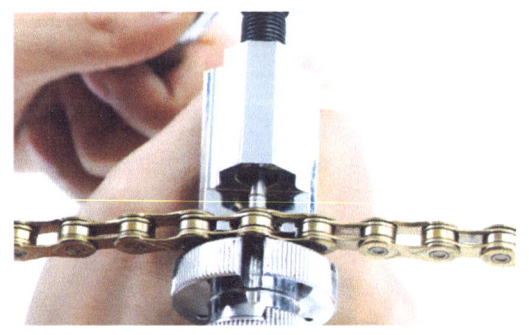

利用打链器将销轴反向慢慢推进

（6）若为 Shimano 的链条插销，应折断多余的插销部分，若为 Campagnolo 链条插销，应直接拔掉插销导引。然后用手转动插销链目，让该链目能够顺滑转动，也可以通过添加链条油使链目润滑。

3. 拆装链条的注意事项

链条方向 为了获得更好的变速性能，很多变速链条有正反面之分，反装链条会造成变速性能下降。一般有正反面之分的链条，外侧链条刻有标记，无标记一侧为内侧。

链条正面

链条反面

截链位置 不是使用快扣连接的链条，一般使用宽松型插销进行固定。宽松型插销与其他铰链型销轴的侧面外观不同，应避免在插销及其两侧的链目进行截链操作，否则会损伤链条。

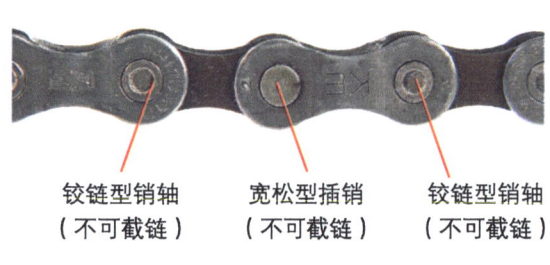

铰链型销轴　　宽松型插销　　铰链型销轴
（不可截链）　（不可截链）　（不可截链）

可截链位置

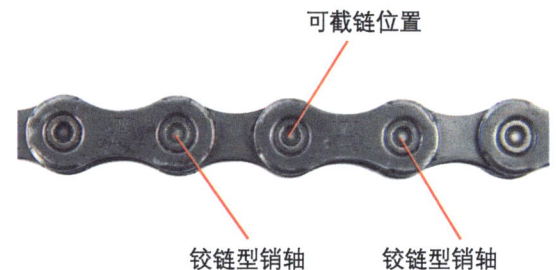

铰链型销轴　　　　铰链型销轴

内外片连接位置 这是非快扣链条安装过程中比较容易忽略的一个细节问题。安装链条时，应将链条插销设置在链条前进方向前侧的外孔中。即在后叉下方安装链条时，左侧链条末端为内片，右侧链条末端为外片。

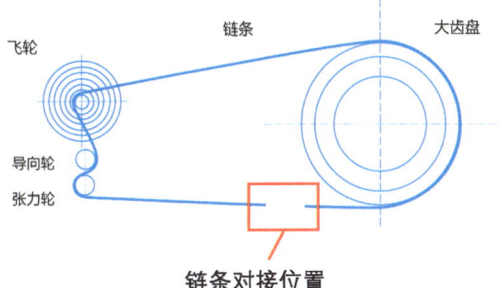

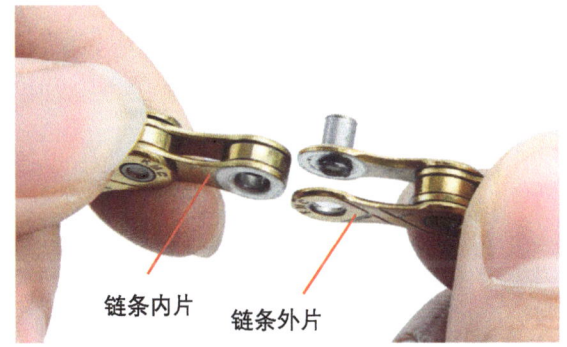

选择合适规格的插销 链条有 7、8、9、10 速之分，大部分 7 速和 8 速链条的插销是一样的，而 9 速和 10 速链条的插销更细更短，使用不对应的插销可能会造成使用过程中损坏变速系统，或者链条断裂的情况。

再次安装的插销方向 截断链条，再次在同一外片位置安装宽松型插销时，插入新插销方向应与打出插销时方向相同。

插销安装到位 链条插销连接后，务必用手指仔细抚摸，确认连接插销的连接面处于平整状态。没有完全打入插销可能会造成链条在骑行过程中断裂。

快扣有使用寿命 快扣也称魔术扣，具体可分为一次性快扣和可多次使用的快扣，一次性快扣拆卸之后就要更换新的快扣；可多次使用的快扣同样也有使用寿命，一般拆装 3~5 次后就会变松，需要及时更换。

4. 排除链条死目

链条如果不能顺畅地绕行于后变速器的导轮和飞轮之间，就说明链目过紧，俗称死目。死目的产生可能是因为链条销轴缺少润滑油，或者是链条插销没安装好，造成链条的内片和外片无法随着链条转动弯折而自由活动。

死目可徒手排除，直接施力于链条，适当侧向拉扭链片。用左右手大拇指按住死目两侧，用双手拉紧链条向外，用大拇指将死目向内扭，然后反向操作。可视情况重复上述动作数次，使链条死目位置能自由转动。

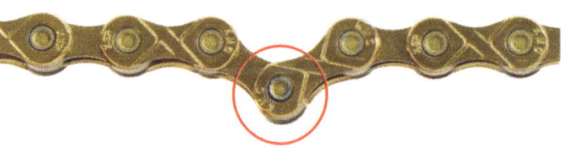

链条死目

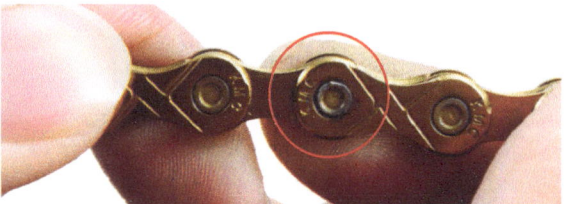

按住链条死目位置向外挤压

按住链条死目位置向内挤压

链条的日常保养

自行车链条的日常保养通常指链条的清洁与上油。链条使用一段时间后，或多或少会黏附一些灰尘和杂物，以致加速链条的磨损，也会降低传动效率。如果要让链条保持良好的工作状态，最好的方法是定期保养、保持清洁。

1. 什么时候需要保养链条？

链条保养的时机一般取决于骑行的环境，如果经常在潮湿或泥泞的路面骑行，其保养的频率要比干燥路面和柏油路面高。一般在天气晴好的普通路面条件下，至少每个月或每骑行 250km 就需要保养一次。在越野路面条件下，至少每骑行 100km 就要清洁保养一次。如果有经过泥泞路面，造成链条黏附较多杂物的，在骑行结束后就应该进行清洁保养。如果遇到雨天，在骑行结束后就需要对链条进行擦干和上油的简单保养，以防止链条生锈。

⚠️ 应选择中性链条清洁剂。另要注意不可将链条浸泡在清洁剂、带腐蚀性溶剂或汽油、柴油等有机溶剂内，否则容易造成链条的腐蚀或链条内部润滑脂被清除。

2. 链条的清洁

可按照以下方式清洁链条。

（1）用干布沾少许中性清洁剂擦拭链条表面。

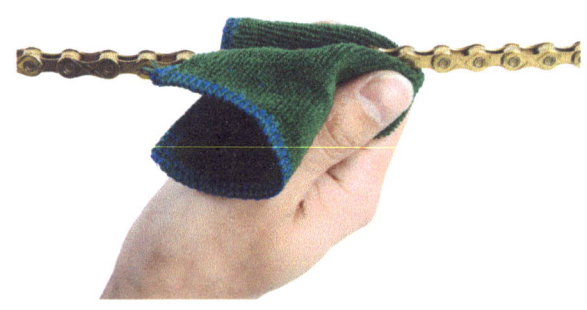

（2）配合使用洗链器与专用的链条清洁剂能达到更佳效果。先将洗链器固定在链条上，合上外盖，把清洁剂注入洗链器，转动曲柄即可洗链，最后用水冲洗、擦干链条。

3. 链条的上油

首先应选择专用的链条油，切勿使用黄油、缝纫机油、机油等重油，因为这些油品极易黏附杂物，也无法达到很好的润滑效果。

链条上油的过程，主要是给链条转动的轴承部位上油，其他部位均匀抹上一层以防止生锈即可。链条上油不宜过多，否则容易黏附灰

尘，最佳效果应该是上过油之后，链条表面还保持干燥。

（1）将链条油轻点于后下叉下方链条的滚子位置；逆时针转动曲柄，以确保所有滚子均已上油。

（2）使用链条保养刷，或用手使链条油均匀涂刷于链条表面。

（3）用干布将多余链条油擦去，同时可使链条油均匀涂抹在链条上。

4. 清除新链条上的保护蜡

新链条的表面一般有一层润滑脂，为厂家生产链条时使用的防锈用油脂，一般为黄油，黏性较大。因此，初始使用时无需添加链条油，但骑行约 80km 后，该润滑脂将失去润滑效果，此时应彻底清洁链条表面的脏污，然后添加专用的链条油。新链条的润滑脂黏性较大，首次清洁时较难清除属正常情况。

5. 什么时候需要更换链条？

一般来说，当链条磨损过多，或拉伸过长、超过 0.8mm，就应当更换链条，否则会磨损飞轮和齿盘。建议先使用专用于测量链条拉伸率的卡规，将卡规的一端卡入链条，卡规的另外一端如果可以自动落入另一侧的链条槽内，则证明该链条拉伸率超过 0.8mm，必须更换。如使用电子卡规，则可直接根据卡规上的读数判断拉伸长度。

用尺规测量链条

已被拉长的链条

使用高精度电子尺规测量链条拉伸量

6 中轴

中轴是自行车上连接牙盘和曲柄的部件，因位置居于自行车中部而得名。中轴安装于车架的五通位置，相当于一个转换接口，让车架和牙盘能按车手期望的方式传递能量。

什么是五通？

五通位处车架前三角和后三角的下端交叉位置，即连通立管、下管和两根后下叉的交叉位置，加上左右相通，总共为五个方向相通，故称"五通"。五通位置为自行车安装中轴的预留位。

车架上五通的标准

英式螺纹五通 这是最传统的五通标准之一，其特点为兼有正向螺纹和反向螺纹。其中左侧为正向螺纹，应顺时针旋紧；右侧（靠近牙盘的一侧）为反向螺纹，应逆时针旋紧。英式五通在公路车架和山地车架上最为常见，宽度规格大多为68mm或73mm。

意式螺纹五通 只出现在意大利的老牌公路自行车上，两侧皆为正向螺纹。意式五通在国内非常少见，需要配合专用的意式中轴，专用于公路车架。

压入式 BB90/92 型五通 该系列五通采用的是压入式安装方法，最早由 Shimano 和 Trek 共同推广普及开来。其中 BB90 型的车架五通宽度为 89.5mm，BB92 型的车架五通宽度为 92mm。

压入式 BB86 型五通 这是 Giant 在 BB90 型五通基础上发展出来的五通规格，宽度为 86.5mm。

压入式 BB30 型五通 这是 FSA 与 Cannondale 联合推广的一种五通规格，"30"代表牙盘轴心的直径为30mm。

此外，五通还有一些特殊规格，如 BB386、BBright 以及 BB65 等，这些规格较为少见，不作细述。

中轴系统的种类

如果以安装标准来划分中轴，主要有螺纹式和压入式，螺纹式中轴包括方孔中轴、花键中轴和部分外挂培林中轴，而压入式中轴均为外挂培林中轴。

1. 方孔中轴

方孔中轴，即中轴与曲柄连接位置为方形结构，对应的牙盘和曲柄连接口必须为方形。除 Campagnolo 之外，大多数厂家的方孔中轴都可以通用，而 Campagnolo 的方孔中轴不能通用的原因是牙盘连接口的锥度不一样。

2. 花键中轴

花键中轴与曲柄连接位置为多齿结构，相对方孔中轴能提供更多的咬合接触面，达到更好的咬合效果。花键中轴上供咬合的齿牙也称为"键"，常见的花键中轴有 8 键和 10 键。8 键中轴是由 Shimano 生产，只能配合 Shimano 花键牙盘使用。10 键中轴是由以 FSA 为代表的厂家所生产，不适用于 Shimano 的花键牙盘。

3. 外挂培林中轴

也称一体式中轴，一般配合一体式牙盘使用，中轴轴心与牙盘为中空一体式结构。这种中轴系统能提供方孔和花键中轴无法比拟的咬合优势，同时中空的轴心结构使得其刚性更佳、重量更轻，能大大提升踩踏效率。维护方面，外挂培林中轴的轴心并不容易出现问题，如果轴承出了问题，直接更换即可。基于各种优势，目前外挂培林中轴为中高端变速套件所普遍采用，并开始在低端市场上不断普及开来。

目前，外挂培林中轴的主流型号主要包括：Shimano 的外挂培林中轴、FSA 的 Mega Exo 和 BB30、Raceface 的 X type、SRAM 的 GXP 中轴系统以及 Campagnolo 的外挂培林中轴等。

其中，以 Shimano 为代表的外挂培林中轴的中轴轴心内径为 24mm，它与 FSA 的 Mega Exo 系统、Raceface 的 X type 系统，以及其他基于外挂培林中轴的牙盘（除 SRAM 外）几乎都兼容。

Shimano 外挂培林中轴

SRAM 的 GXP（Giga X Pipe）中轴系统虽然也属于一体式外挂培林中轴的范畴，但与 Shimano、FSA 等公司的中轴系统并不兼容。

SRAM GXP 中轴

Campagnolo 的外挂培林中轴在设计、结构和规格上都比较特殊，和其他品牌并不兼容。

Campagnolo 外挂培林中轴

常见五通和中轴的搭配使用

1. 英式螺纹五通与中轴的搭配

方孔中轴、花键中轴和外挂培林中轴等三种中轴都适用于英式螺纹五通。一般而言，宽度为 68mm 的山地车五通最小可选 108mm 的方孔或花键中轴，但要安装外挂培林中轴的话，就需要在五通右侧加装两块 2.5mm 的垫片，并在左侧加装一块相同厚度的垫片。宽度为 73mm 的五通要安装外挂培林中轴的话，只需在右侧加一块 2.5mm 的垫片。此外，68mm 的英式螺纹五通还可以通过转接机构来安装 BB30 的牙盘。

2. 意式螺纹五通与中轴的搭配

这种五通非常少见，需要购买配套的意式中轴。另外应注意意式中轴左右均为正向螺纹，安装时顺时针旋紧、逆时针旋松。

3. BB86/90/92 型五通与中轴的搭配

压入式的 BB91 中轴、GXP 中轴，以及 Campagnolo 的 BB90 中轴都适用于 BB86、BB90 和 BB92 型五通，可以根据五通的实际宽度和产品说明书进行安装。

此外，由于五通宽度不兼容的原因，BB86/90/92 型五通支持所有能在英式螺纹五通上使用的一体式牙盘，唯独无法支持 BB30 型中轴。

4. BB30 型五通与中轴的搭配

BB30 型五通可以配套使用多种中轴，Campagnolo 已经推出可以直接安装在 BB30 上的牙盘中轴，我们还可以利用转接机构，将 BB30 型五通转换成普通的英式螺纹五通。

Campagnolo 外挂培林中轴的左、右碗

中轴的拆装与保养

1. 方孔与花键中轴的拆装

方孔中轴与花键中轴的主要区别在于中轴与牙盘和曲柄的连接固定方式不同,前者只有方形的4个表面与曲柄接触,后者因为有8键或10键之分,所以就有8个或10个接触点,但其安装与拆卸方式几乎相同。

需要准备的工具:内六角扳手、曲柄拆卸工具、五通专用工具。

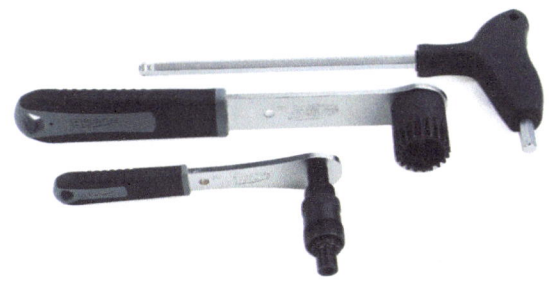

拆卸

第一步,拆卸牙盘。拆卸中轴前,必须先拆卸牙盘。

(1)将前拨变速至大盘位置,以避免拆卸操作过程中碰到齿盘齿片。

(2)利用内六角扳手,按逆时针方向将牙盘固定螺钉拆下。

(3)将曲柄拆卸工具旋进曲柄螺孔,握住曲柄,顺时针旋转曲柄拆卸工具手柄(如无手柄,可使用扳手代替),让拆卸工具轴心挤压中轴,使曲柄松开。

将曲柄拆卸工具顺时针旋进曲柄螺孔

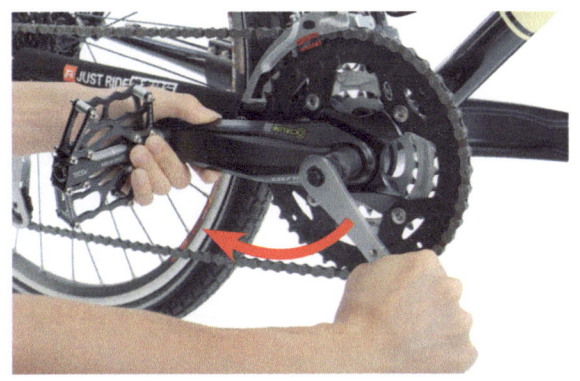

转动工具手柄挤压中轴,使曲柄松动

（4）向下拆卸牙盘，避免链条拉扯前拨。再利用上述方式拆卸另外一侧曲柄，拆卸过程中注意不要伤及牙盘和曲柄的螺纹。

第二步，拆卸中轴。英式螺纹五通的左右两侧螺纹是相反的，左侧为正向螺纹，应逆时针方向拧松中轴，右侧为反向螺纹，应顺时针方向拧松。另外，意式螺纹五通左右两侧均为正向螺纹，都应该逆时针方向拧松中轴。方孔和花键中轴一般为卡式设计，右侧是主轴部分，包括培林本体和右碗，安装时由左碗进行支撑锁定，因此拆卸时要先松开左碗。

（5）利用五通工具，将中轴左碗拧松，但先不要完全拆下。

（6）将五通工具固定在右碗侧，顺时针转动手柄，拧松右碗，然后拆下中轴左右碗，即可把整个中轴拆下。

安 装

安装中轴应先分清左右，一般中轴主体较大的为右侧，较小的为左侧。

（1）给中轴结合部位的螺纹涂上润滑油，这样会让操作更容易，也不易伤及螺纹。

（2）先安装右侧中轴，逆时针旋转为旋紧状态。注意安装后先不要拧紧，稍微固定即可，然后再安装左碗。

拆 卸

（1）用内六角工具，拧松左曲柄上的两颗固定螺钉。

安装右侧中轴

安装左侧中轴

（2）利用曲柄盖拆装工具，拧松曲柄盖，用螺丝刀撬起左曲柄上的脱落防止板，取出左曲柄（如无脱落防止板则可直接取出曲柄）。

（3）利用专用工具将右侧中轴拧到与五通轴平面一致，然后拧紧左碗，至锁紧中轴为止。

（4）将链条挂在五通位置，以防漏装，然后把牙盘安装回中轴。注意让牙盘和左侧曲柄处在相反的延长线上，用内六角工具将牙盘螺钉拧紧。

2. 外挂培林中轴的拆装

外挂培林中轴的牙盘和中轴轴心为一体结构，拆装中轴意味着必须同时拆装牙盘。由于螺纹式和压入式中轴的拆装过程区别较大，下面将分别介绍。

螺纹式中轴的拆装

需要准备的工具：一体式五通专用工具、内六角工具、螺丝刀、橡皮锤、尺子、曲柄盖拆装工具。

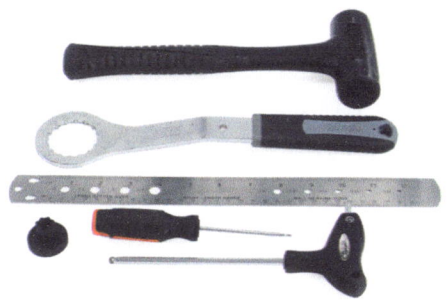

拧松曲柄盖，撬起左曲柄上的脱落防止板

第 6 章 | 变速系统

（3）如中轴轴心安装较紧，可在左侧轴心位置垫上木片或硬纸板，借助橡皮锤轻轻把轴心敲出，然后用手将牙盘和中轴轴心抽出。

（4）利用一体式五通专用工具拆下中轴的左右碗。拆卸过程中注意将工具卡到位，防止因打滑损伤中轴。

安　装

（1）给中轴左右碗螺纹涂上润滑油，这样可让安装更容易，也不易伤及中轴和五通的螺纹。

（2）分清左右碗。左侧通常标有"L"，右侧通常标有"R"。或根据螺纹识别，正牙为左碗，反牙为右碗。如果左右不分并强行拧紧，就会伤及螺纹。

（3）用尺子测量五通宽度，一般山地车如为68mm五通，需在右碗上安装2片2.5mm厚的垫片，左碗上安装1片垫片；如为73mm五通，则只需在右碗安装1片垫片。公路车套件的中轴尺寸一般为68mm，无须垫片，可直接安装中轴碗。

（4）将中轴左右碗对应旋入五通内，利用一体式五通专用工具，左侧顺时针、右侧逆时针拧紧中轴。

2.5mm 厚垫片

（5）把带中轴轴心的牙盘从右侧将中轴轴心穿过链条，然后穿入中轴右碗，对准左碗的孔位，用手拍打牙盘，使中轴轴心穿过左碗。

（6）旋转牙盘，将左曲柄安装在右曲柄的反向延长线上。务必确认位置正确后再将左曲柄插入。

（7）将曲柄盖旋进左曲柄中轴轴心上，利用曲柄盖拆装工具拧紧曲柄盖，使曲柄与中轴碗之间没有间隙。

（8）将脱落防止板卡入中轴卡位（如有），然后交叉上紧左曲柄螺钉。最后，检查曲柄是否安装稳固。

压入式中轴的拆装

一体的压入式中轴，常见于BB30、BB90、BB360等中轴系统，主要为追求轻量、更高踩踏刚性和效率而设计。

需要准备的工具：珠碗迫入器、碗组珠碗拆卸工具、开口扳手、橡皮锤、内六角工具、曲柄盖拆装工具。

拆 卸

（1）先拆卸牙盘。用内六角工具，拧松左曲柄上的两颗固定螺钉。

（2）利用曲柄盖拆装工具，拧松曲柄盖，用螺丝刀撬起左曲柄上的脱落防止扳，取出左曲柄（如无脱落防止板可直接取出左曲柄）。

（3）如中轴轴心安装较紧，可在左侧轴心位置垫上木块或硬纸板，借助橡皮锤轻轻把轴心敲出，然后用手将牙盘和中轴轴心抽出。

（4）将碗组珠碗拆卸工具分叉端从左侧伸入五通轴，让分叉口卡在中轴右碗上，利用橡皮锤轻敲工具另一头，使中轴右碗被敲出。利用同样的方式将中轴左碗敲出。

安 装

（1）给五通和接触五通的两侧中轴碗涂抹上润滑油，这样既便于安装，还可防止金属接触面被侵蚀而无法拆卸。

（2）将两侧中轴碗边缘平行五通轴心塞入五通，将珠碗迫入器轴心穿过中轴碗和五通，将珠碗迫入器的另一端配件穿入其轴心，并锁紧。

（3）慢慢旋转珠碗迫入器手柄，使珠碗迫入器两侧金属挡块接触中轴碗，随即仔细观察并调整，使中轴碗均匀地被压入五通。

（4）使用开口扳手，固定珠碗迫入器非手柄端，顺时针旋转手柄，让珠碗迫入器将中轴碗压入五通，直至完全压入为止。压入过程中应时刻关注中轴碗是否被均匀压入。

（5）给与牙盘一体的中轴轴心接触中轴碗轴承的位置，均匀涂上润滑油。

（6）将中轴轴心从右侧穿过链条，穿入右碗，从左碗穿出。

（7）旋转牙盘，将左曲柄安装在右曲柄的反向延长线上，务必确认位置正确后再将左曲柄插入。

（8）将曲柄盖旋进左曲柄的中轴轴心，利用曲柄盖拆装工具将之拧紧，使曲柄与中轴碗之间没有间隙。

（9）将脱落防止板卡入中轴卡位（如有），然后交叉上紧左曲柄螺钉。最后，检查曲柄是否安装稳固。

3. 中轴的保养

在转动中轴时，如发现中轴有异响、阻力偏大等情况，就需要对中轴进行保养了。

中轴的保养一般是指为其内部的轴承或滚珠进行清洁或添加黄油，在轴承、滚珠或其他相关滚动配件磨损严重的时候，则要对这些零配件进行更换。

清洁中轴前，需先将中轴拆下。如为滚珠中轴，可将滚珠全部取出，用干净的抹布将滚珠和珠碗上的旧黄油清理干净。观察滚珠和珠碗上有没有磨损的痕迹，如发现有磨损或刮痕，应及时更换。

清洁干净后，先给珠碗均匀涂抹一层黄油，然后将滚珠逐一贴附在珠碗的黄油上。所有滚珠都装好后，再给滚珠外侧均匀涂抹一层黄油，最后将中轴装上即可。

其实，现在滚珠式中轴已经非常少见，常见的方孔、花键、外挂培林中轴等都属于培林式中轴。对于这种类型的中轴，在保养前要先把中轴上的轴承小心拆下（暴力拆卸会损坏轴承）。然后，用尖锐的起锥将轴承上的防尘胶盖轻轻挑起，注意不要损坏防尘盖。轴承内部的润滑油一般为黄油，如果发现只是缺少了黄油，直接添加即可。如发现有杂质进入轴承，可用煤油或汽油将轴承上的黄油与杂质彻底清洗干净，然后添加新的黄油，盖上防尘盖即可。如发现轴承内的外环有较大松动，说明轴承已磨损，应更换。

用起锥轻轻挑起防尘胶盖，添加新的黄油

TIPS! 中轴保养注意事项

a. 要先观察确定是缺润滑油，还是轴承磨损或有杂质进入中轴。

b. 检查轴承或滚轴是否已经磨损，磨损的零件应马上更换。

c. 拆卸轴承和轴承防尘盖的时候要小心，切勿损坏轴承或其部件。

7 牙盘和曲柄

牙盘和曲柄的种类与选购

牙盘和曲柄是变速系统中非常重要的部分，牙盘齿数、曲柄长度、使用材料、中空与否都会对骑行产生直接影响。

不同种类牙盘的区别主要在于盘片数、齿数和材质。山地车的牙盘有单片、双片和三片之分，常见的齿数有：单片——34T、36T、38T、40T、42T；双片——42-24T、42-28T、38-26T；三片——42-32-24T、44-32-22T、48-36-26T。公路车的牙盘通常为双片，常见的齿数有：53-42T、52-39T、53-39T、54-42T、55-42T、56-44T、50-34T 等。其中 T 是 Teeth 的缩写，是用于计量牙盘上齿轮数量的单位。牙盘齿数的选择以适合个人使用为宜，一般爬坡较多或希望骑行更省力的可选择齿数较少的牙盘。

牙盘盘片的材料主要有钢、钛合金、铝合金和复合材料，其影响体现在重量、刚性以及耐磨性上。通常钢质盘片比较重，但价格便宜，且耐磨；其他材质的盘片重量轻，但价格也相对较高，耐磨性则差一些。一般对于重量要求不是非常高的骑行，采用既省钱又耐用的钢质牙盘即可。

曲柄通常分为两种：由两支曲柄和一支五通轴心组成的"三片式曲柄"；五通轴心永久固定于一支曲柄的"两片式曲柄"。外挂培林中轴系统的曲柄一般为后者。

曲柄有多种长度规格和材质，常见的曲柄长度有 165mm、167.5mm、170mm、172.5mm、175mm、177.5mm、180mm 等，常见的曲柄材料有钢、铝合金、钛合金、碳纤维等。中高端曲柄一般采用中空设计，可以在保证强度的前提下最大限度地降低重量。

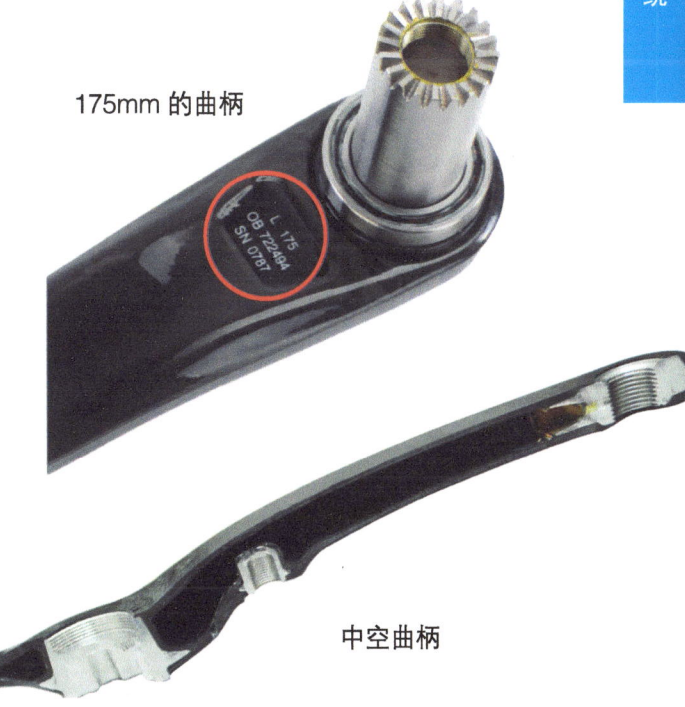

175mm 的曲柄

中空曲柄

选择曲柄长度时，首先要考虑个人的身体条件以及骑行习惯，偏差范围应不超过5mm。对于踩踏频率高的踏频型车手来说，偏短的曲柄长度是不错的选择，而对于力量型和冲刺型的车手来说，就应考虑长一些的曲柄。

如无严格要求，也可以按照"身高×1/10 –（0~5mm）"的方法来估算合适的曲柄长度。如需要严格计算，那么有两种参考方式：① 根据腿长来选择；② 根据身高和大腿骨长度来选择，其中最小曲柄长度 = 大腿骨长度×38%，推荐曲柄长度 = 大腿骨长度×39.5%，最大曲柄长度 = 大腿骨长度×41%。

根据腿长来计算曲柄长度

腿长/in	30	31	32	33	34	35	36	37	38
腿长/cm	76.2	78.74	81.28	83.82	86.36	88.9	91.44	93.98	96.52
最小曲柄长度/mm	160.2	165.4	170.7	176	181.4	186.7	192	197.4	202.7
最大曲柄长度/mm	164.59	170.1	175.6	181.1	186.5	192	197.5	203	208.5

根据大腿骨长度来计算曲柄长度

大腿骨长度/in	15.54	16.70	17.08	17.85	19.00	19.39	19.77	20.16
大腿骨长度/cm	39.48	42.41	43.38	45.34	48.27	49.25	50.22	51.20
最小曲柄长度/mm	150.01	161.15	164.86	172.29	183.42	187.14	190.85	194.56
推荐曲柄长度/mm	155.93	167.51	171.37	179.09	190.66	194.52	198.38	202.24
最大曲柄长度/mm	161.86	173.87	177.88	185.89	197.90	201.91	205.91	209.92

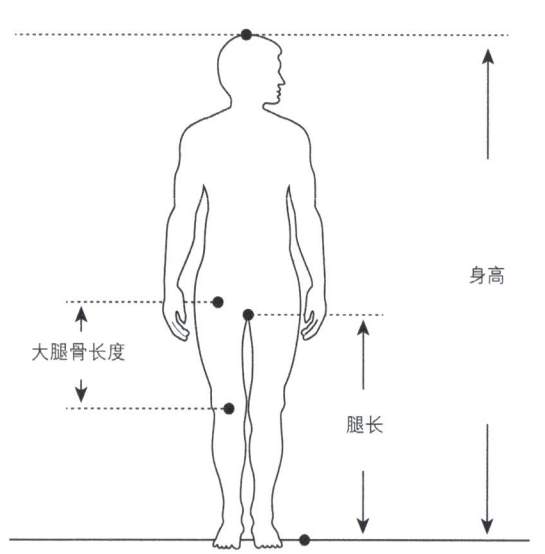

身高、腿长、大腿骨及曲柄长度测量方法

牙盘的日常保养

自行车牙盘需要定期清洁，用抹布抹干净黏附其上的杂质即可。及时的清洁能起到保护链条和齿片、延长牙盘与链条使用寿命的作用。目前部分牙盘设计成了可更换齿盘的样式，如出现齿片被拉弯、拉坏等情况，应及时更换齿盘；如发现齿盘松动，应及时拧紧齿盘螺钉，以免造成安全事故。

8 飞轮

自行车后轮组上咬合链条、传导链条驱动力、驱动后轮的单片齿轮或齿轮组，一般称为"飞轮"，而在变速运动自行车上，后飞轮一般为塔状，故又称"塔轮"。

飞轮的种类与选购

1. 飞轮的分类

飞轮片与花鼓有两种结合方式，根据结合方式的不同，分为卡式飞轮和螺纹式飞轮。早期生产的自行车多应用螺纹式飞轮，而目前在运动自行车上较常见的是卡式飞轮。

卡式飞轮和螺纹式飞轮均要使用对应的花鼓，变速车或单速车的后花鼓内部有一套棘轮装置，使得车手停止踩踏时，自行车仍能依靠惯性向前滑行。飞轮与后花鼓结合部位即为棘轮，卡式飞轮对应花鼓的棘轮装置设在花鼓本体内，与飞轮接触的部位也被称为"塔基"；螺纹式飞轮的棘轮装置则是与飞轮一体的。

在固定方式上，卡式飞轮和螺纹式飞轮有所区别。卡式飞轮对应花鼓的塔基上有许多栓槽，飞轮要套入对应的栓槽，通过旋入塔基螺牙的锁盖来固定飞轮。螺纹式飞轮对应花鼓的传动侧，以及与螺纹式飞轮一体的棘轮装置内，均设有螺纹，通过螺纹与花鼓螺牙的对应相嵌，可直接将飞轮与棘轮装置拧紧固定在花鼓上。

卡式飞轮

螺纹式飞轮

如按照速别分类，由于自行车有单速和变速之分，因此飞轮也相应分为单速飞轮和多速飞轮。单速飞轮常见于休闲车、通勤车、单速折叠车和固齿车，一般变速自行车通常采用多速飞轮。目前广泛流行的变速车款的后变速主要为7速、8速、9速、10速和11速，另有部分变速折叠车款也采用多速飞轮，只是速别相对较小。

2. 飞轮的选择

选择飞轮时，需要考虑对应变速系统的速别、塔基以及齿数等因素。不同的变速零配件品牌针对不同速别和等级的变速套件，都有对应的飞轮产品，部分品牌的飞轮能与其他品牌的变速配件兼容，当然也存在无法兼容的情况。另外，Campagnolo 的产品设计相对特别一些，因此选购飞轮时要留意其兼容性。

塔基 Shimano 和 SRAM 塔基的"凹凸槽"均为标准柱状，且凹槽的宽度和分布相同。但 Shimano 塔基的凹槽比 SRAM 的塔基凹槽更深，这意味着 Shimano 的飞轮可运用在 SRAM 的塔基上，而 SRAM 的飞轮不能用在 Shimano 的塔基上。此外，Campagnolo 塔基的凹凸槽为梯形结构，不可直接与 Shimano 和 SRAM 等品牌的飞轮兼容。

Campagnolo 塔基

速别 不同速别飞轮的飞轮片间距以及对应的塔基长度不尽相同，因此必须选择对应速别的飞轮。

齿数 同一速别的飞轮有不同的齿数选择，如 Shimano XT 的 10 速飞轮就有 11-32T、11-34T、11-36T 三种规格（前一个数字代表最小飞轮齿数，后一个数字代表最大飞轮齿数），要根据实际需要来选择。例如，在宽齿比飞轮上，齿数最多的大飞轮最适合应付高强度爬坡，变速过程中跳挡感会相对增强。

选择飞轮还需要考虑前后变速器的齿容，一般后拨挡板上都有标注标准最高齿容，超过齿容将会造成部分挡位无法顺利使用。如后拨标注齿容为 32T，若安装了超过 32T 的齿片，将无法实现变速。

兼容 Shimano 和 SRAM 的塔基

> **TIPS! 和齿数有关的名词解释**
>
> **齿比** 是指牙盘齿数除以飞轮齿数所得到的数值。一般齿比越大，随着牙盘转动一圈，飞轮转动的圈数越多，所需踩踏力度越大。
>
> **宽齿比** 是指最大齿比与最小齿比之间的差距较大。
>
> **齿容** 指后拨所能容纳的最大飞轮齿数。计算公式为：后拨齿容 =（最大牙盘齿数 + 最大飞轮齿数）-（最小牙盘齿数 + 最小飞轮齿数）。

飞轮的拆装

目前螺纹式飞轮在运动自行车中普及率较低，本节重点介绍最常见的卡式飞轮的拆装。拆装卡式飞轮时，需要使用专用工具，包括拆卸飞轮链条扳手、飞轮盖工具和扳手（部分飞轮盖工具与扳手为一体设置）。

卡式飞轮的锁盖只有两种标准，一种是Shimano、SRAM、Chris King、SunRace等品牌采用的规格，对应的飞轮盖工具直径是ø23.5mm；另外一种是Campagnolo品牌所采用的规格，对应的飞轮盖工具直径是ø22.8mm，因此选择工具必须对应尺寸。

用快拆固定飞轮盖工具

（2）将车轮竖起，把拆卸飞轮链条扳手的挂链绕上飞轮，顺时针方向拉紧，与飞轮盖工具扳手的角度以方便发力为宜。拆卸飞轮链条扳手的作用是，旋松飞轮盖时，防止飞轮和塔基转动。

ø22.8mm（左）、ø23.5mm（右）飞轮盖工具

（3）左右固定拆卸飞轮链条扳手，右手往逆时针方向发力，用力拧松飞轮锁盖，此时飞轮盖会发出"喀喀"声属于正常现象。

1. 飞轮的拆卸

自行车飞轮通常无需拆卸，在更换飞轮和维修花鼓的时候才需要拆开。飞轮拆卸具体步骤如下：

（1）取下后轮，拆下快拆杆。观察飞轮盖，选择正确的飞轮盖工具，装到飞轮盖上，使套筒插入锁盖的键槽。某些飞轮盖工具中间有一根针，可帮助固定工具于花鼓轴心。如果飞轮盖工具是中空的，且接触面很浅，应使用快拆杆将工具固定住，以免打滑、损伤零件。

（4）取下飞轮盖工具和扳手，将飞轮盖逆时针旋转，直至分离塔基。取出飞轮片，注意记住飞轮片和垫片的安装顺序，以方便安装。

2. 飞轮的安装

安装卡式飞轮仅用飞轮盖工具和扳手即可，无需飞轮拆卸链条扳手。

（1）安装前，清理塔基上的污物，给塔基外部涂抹薄薄一层润滑油脂或抗锁死合成剂，可避免氧化腐蚀。

（2）观察塔基和飞轮，找出塔基上最宽的凹槽和飞轮上最宽的凸键，让飞轮的最宽凸键对准塔基的最宽凹槽，将飞轮嵌入。（槽键不对应则无法嵌入飞轮）

飞轮片外侧

（4）给飞轮锁盖螺纹涂抹润滑油脂，并将锁盖安装至塔基上，用手拧紧。从后方观察飞轮片间距是否均匀，如不均匀，则需拆开飞轮锁盖和飞轮片，重新安装。

塔基最宽凹槽

飞轮最宽凸键

（3）将所有飞轮片和垫片按顺序嵌入塔基，注意垫片位置，以及飞轮片的方向——飞轮片上标有数字一面为外侧。

飞轮盖螺牙涂抹润滑油脂，防止螺纹锁死

（5）将飞轮盖工具插入飞轮锁盖的键槽，如为中空飞轮盖工具，请使用快拆固定。然后顺时针方向旋转飞轮盖工具扳手，将锁盖完全锁紧。飞轮锁盖上往往标有建议扭力值，通常为40N·m。

（2）握住轮组，让飞轮朝下倾斜，给飞轮滴上清洁剂或用清洁溶剂将清洁刷子末端浸湿后刷洗飞轮片，可防止溶剂流进花鼓轴承。

飞轮的日常维护

1. 飞轮的维护保养

飞轮的日常维护主要为清洁，清洁过程中无需将齿片拆下。

（1）使用专用清洁刷的梳齿部分，或其他较薄的硬物，刮除飞轮片之间的泥土和杂物。

（3）刷洗过后，使用干布拭去飞轮、轮框、外胎表面的溶剂残留。

 清洁飞轮时，一定要注意避免清洁溶剂流入花鼓的棘轮轴承。

2. 何时更换飞轮片

飞轮在使用过程中会逐渐磨损，当链条无法正确嵌合飞轮，或大力踩踏过程中出现跳齿时，就需要考虑更换飞轮。你也可以尝试使用新链条，如大力踩踏不会出现跳齿则飞轮仍可继续使用，否则仍要尽快更换飞轮。

3. 使用变速自行车飞轮的注意事项

选择适当的挡位　目前变速系统的设置能够保证所有飞轮片都能与牙盘任何挡位搭配。不过，应尽量使用牙盘齿片与飞轮齿片接近直线的挡位搭配，可减少链条与飞轮摩擦，同时降低链条将牙盘和飞轮片拉弯的几率。

及时清洁飞轮　日常使用时应保持飞轮的清洁，如发现飞轮黏有杂物应及时去除，减少表面磨损。

不要直接往飞轮加润滑油　给链条添加润滑油的时候，应尽量碰到飞轮，也不能直接往飞轮上添加润滑油，否则易使飞轮黏上灰尘和沙子，不利于清洁。

9　脚　踏

脚踏主要分为平踏和自锁脚踏，平踏也被称为传统脚踏，外形特征是像一块平板，主要依靠骑手踩踏发力，主要应用于城市休闲车、通勤车、童车等领域；自锁脚踏的特点是脚踏上有卡槽，需配合锁片和锁鞋才能发挥其功能，使得骑手在双腿提拉过程中也能发力。此外，市面上还有兼顾平踏与自锁脚踏特点的两用脚踏，以及带脚套的脚踏等，但不是很常见。

从内部转动结构来看，脚踏还分为滚珠脚踏和轴承脚踏两种。轴承脚踏的润度更高，而抗冲击性能不如滚珠脚踏，但是轴承如果出了问题，更换起来更加方便，所以有不少高端脚踏还是使用轴承结构。

脚踏的选择

如果你平时以上下班通勤、休闲骑行为主，没有太高的强度与速度要求，那么建议选择普通的平踏，这样在城市骑行环境下，遇到一些突发状况时也能迅速停车。如果你要参加竞技比赛，或是喜欢在山林中骑行越野，那么锁踏一定是最佳的选择。使用锁踏可以帮助提升车手的整体能量输出，此外在越野时，锁踏还能让车手的双脚更加稳定地和车身连在一起，而不会发生双脚被震脱脚踏的情况。（关于使用锁踏与骑行锁鞋的更多优点，详见本书第 9 章第 5 节内容）

脚踏的安装与使用

所有的脚踏都是右侧为正向螺纹，要顺时针拧紧，左侧为反向螺纹，要逆时针拧紧，一般使用专用脚踏扳手或者内六角安装（比较薄的活扳手也可）。

左边脚踏螺纹　　　　右边脚踏螺纹

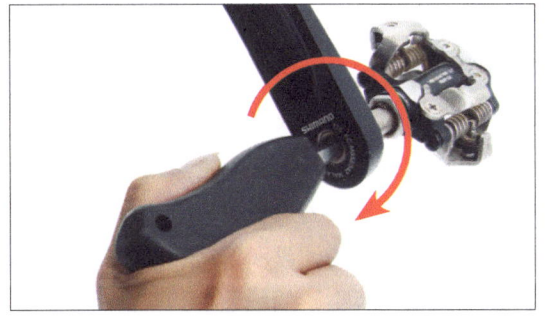

左边脚踏安装方向

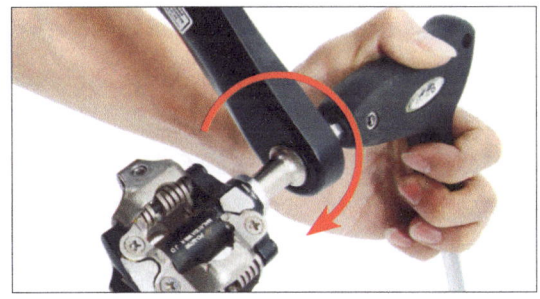

右边脚踏安装方向

1. 常见自锁脚踏的使用

目前市场上的自锁脚踏主要分为山地车自锁和公路车自锁。山地车自锁整体相对较小，通常脚踏两面皆可上锁，一般使用金属锁片，锁紧力度较弱，必须配合山地骑行锁鞋使用。

山地自锁鞋的鞋底一般为钉鞋结构，在山地骑行中的推行路段起到防滑作用，鞋底有2个或4个锁片安装孔。

公路车自锁只能单面锁紧，用的是面积较大的塑料锁片，锁紧力度比山地车自锁强，必须配合公路骑行锁鞋使用。公路锁鞋的鞋底通常为平板结构，锁片安装孔为三角形布局。

自锁的使用方法　所有自锁脚踏的上锁及解锁原理相同，都是使自锁对准鞋底锁片位置，用力下压，即可实现上锁；解锁时，需要脚跟用力向外侧扭动，使鞋底锁片与锁踏分离。

让锁片对准锁踏卡位，用力下压即可上锁

脚跟向外用力扭动，即可解锁

山地车自锁中的主流制式是 Shimano 公司的 SPD 自锁系统和 Crankbrothers 的自锁系统。其中 Crankbrothers 的自锁系统也称"打蛋器"（因外形酷似而得名），是无法调节松紧的，而 SPD 系统则可以通过顺时针旋转脚踏后上方的螺钉来调节锁紧力度（正反面各有一颗螺钉，需要分别调节），顺时针为紧，逆时针为松。

打蛋器

公路车自锁目前有较多制式，常见的有 SPD-SL、LOOK、Speedplay、Mavic、Exustar 等。不同制式的锁踏一般不兼容，因此不建议混用锁片，否则会造成锁片无法解锁。

2. 新手的注意事项

养成解锁意识 对于初学者，学习使用自锁时首先需要培养的是解锁的意识。几乎每个刚开始用自锁的初学者都会出现"零速度摔车"（自行车完全停止前进时摔车），其原因就是停车时忘了解锁。解锁还不熟练的初学者可以在车子尚未完全停下时就提前解锁。

通过练习定车来掌握解锁技巧 初学者可以多练习原地定车、解锁，以后在骑行中如果遇到意外而必须紧急停车时，就不会因为太紧张而忘记解锁了。对于上锁和解锁，大部分锁踏均有锁紧力度调节设计，初始练习应该先将锁紧力度调小，熟悉后再慢慢调至合适锁紧力度。另外，建议初学者扶墙练习，这样可以提高上锁和解锁的顺畅度。在熟练之后，可以找一片空旷的场地多练习，相信很快就能掌握技巧。

初学者的两个常见错误 初学解锁的车手经常出现两种错误的操作，一是提拉发力过猛，甚至在爬坡时提拉比踩踏的发力更多；二是忘了提拉发力。这两者都不可取。骑行时，主要还是依靠踩踏发力，但如果忘了提拉发力，就体现不出自锁的一大优势。总之，每个自锁初学者都可以通过多加练习，学会熟练并合理地使用自锁。

 锁踏锁片应安装在锁鞋对应拇指脚趾骨位置，方向指向前方。同时，必须确保锁片螺钉已拧紧，否则可能会造成上锁后解锁困难。

10 如何正确使用变速系统

变速自行车一般有多个挡位，可以满足不同骑行环境的需求。正确地使用变速系统不仅能让骑行更加轻松，同时也能减少变速零配件的磨损，延长变速系统使用寿命。那么，应该如何正确使用变速系统呢？主要应注意以下三个方面。

正确的变速挡位搭配

调节自行车变速时，应尽量使链条与车架轴线平行。理论上，自行车连接牙盘和飞轮的链条平行于车架的轴线时，链条与牙盘和飞轮的侧向摩擦最小，可以让骑行发挥最高的传动效率。如果链条与车架轴线角度过大，很容易造成变速系统的磨损，同时也会降低传动效率，甚至造成链条断裂或牙盘齿片被拉断。

山地自行车中，三片式牙盘最为常见，相应的前变速挡位有三种：1挡（前小盘）、2挡（前中盘）、3挡（大盘），后变速挡位则视飞轮规格而定，通常有7~11个挡位。前后挡位的合理搭配方式是：前小盘对应靠里的1/3飞轮片；前中盘对应中间的1/3飞轮片；大盘对应靠外的1/3飞轮片。

同理，对于使用双片式牙盘的2挡位变速系统，前后挡位的合理搭配方式是：前小盘对应靠里的1/2飞轮片；后大盘对应靠外的1/2飞轮片。

上坡时的变速技巧

上坡时，正确地使用变速系统可以使踩踏达到事半功倍的效果。首先，变速挡位搭配应遵循"让链条与车架轴线尽量平行"的原则。对于较缓的短坡，可让后飞轮向内上一挡（上至更大飞轮），然后直接冲上坡。对于较长的缓坡，可在保持踩踏力道变化不大的情况下，让后飞轮一挡一挡地向内上挡。对于较急的陡坡，应一次性变换后变速2挡甚至是3挡，或直接将前变速降下一挡。

上坡时，切勿一次性大幅度换挡，否则会造成踩踏力道突然降低，速度急降，不利于攻坡，还有可能造成肌肉的损伤。

错误的变速系统挡位搭配

常见的自行车变速系统错误挡位搭配主要是大齿盘配大飞轮，以及小齿盘配小飞轮。错误的挡位搭配，会增大链条与其他变速零件之间的摩擦，降低传动效率；大力踩踏更有可能造成链条断裂或者飞轮和牙盘齿片被拉断，降低变速套件的使用寿命。

上：三片式牙盘的变速挡位搭配
下：双片式牙盘的变速挡位搭配

第 7 章
避震系统

避震系统常见于山地自行车，主要起到提高自行车的越野性能及骑行舒适性的作用。本章重点介绍自行车避震系统的结构，功能及设置，前叉安装，基本保养及预压设置等。

1 避震系统的分类

现代山地自行车上的避震系统主要由前避震和后避震两个部分组成。其中，前避震是最早发明的也是历史最悠久的避震器，而后来后避震的发明，使得车手可以去征服难度更大的地形。

为适应复杂的山地骑行环境，山地车的避震系统有很多种类，但大体可分为单避震系统和全避震系统。

单避震系统 即只有前避震，相应的前叉就称为避震前叉，后部则为硬尾设计，常见于 XC 车型。前避震可以起到提高前轮抓地力、操控性及舒适性的作用。

全避震系统 即同时配备前、后避震，也就是避震前叉和避震后胆，常见于 AM、FR 和 DH 车型。避震前叉主要负责削弱来自前轮的震动，提高前轮抓地力和操控性；避震后胆主要负责削弱来自后轮的震动，提高后轮的抓地力。前后避震共同作用，能让车子适应更复杂的地形、更高难度的骑行环境。

避震系统的回弹介质

自行车的避震系统需要借助弹簧来使避震器回弹，从而达到避震效果。根据回弹介质的不同，避震弹簧主要分为金属圈弹簧、高分子聚合体弹簧和空气弹簧。

金属圈弹簧 通常由钢制成，不受温度影响，弹性系数固定，避震系统线性呈直线。

高分子聚合体弹簧 与金属圈弹簧类似，弹性系数相当一致。不同的是，高分子聚合体弹簧的弹性会随着温度的变化而变化，在低温的情况下，高分子会硬化，致使弹性系数增高（避震手感变硬）。

空气弹簧 是以空气为回弹介质，避震器内部有密闭的气室。使用前要向气室灌入气体，在骑行过程中，活塞压缩气体，被压缩气体会回弹，即可实现避震效果。空气弹簧避震系统的弹性呈非线性，随着避震器行程压缩，内部气体被挤压入狭窄的气室，弹性系数会骤增。总体而言，空气弹簧的线性和舒适性一般，但重量比较轻。

避震行程与使用环境

避震系统的发明主要是为了应对更复杂路面的骑行，以及实现更佳的操控性和舒适性。目前，避震系统的发展已经趋于成熟，针对不同的车型、使用环境以及骑行方式，有专门对应避震行程的避震器。不同行程的避震系统需要和不同的车型相搭配，具体如下。

单避震系统车型

全避震系统车型

第 7 章 | 避震系统

XC（越野山地车） 前叉行程通常为 80~120mm，若为软尾，后避震行程通常为 80~100mm。

AM（全山地车） 硬尾 AM 前叉行程一般为 140mm；全避震 AM 前叉行程为 140~160mm，后避震行程为 140~160mm。

FR（自由骑行山地车） 前后避震行程一般均为 180mm。

DH（速降山地车） 前后避震行程均在 200mm 以上。

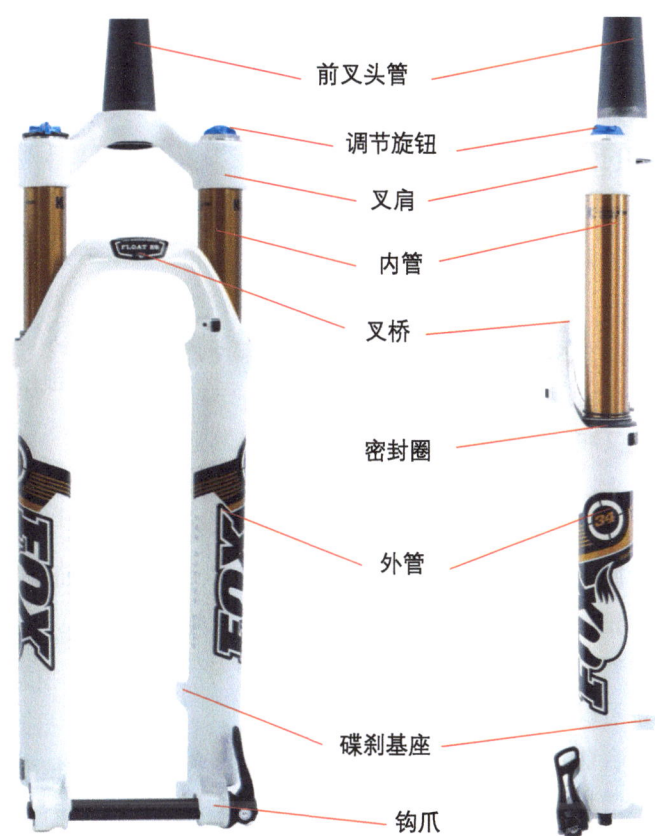

前叉结构图

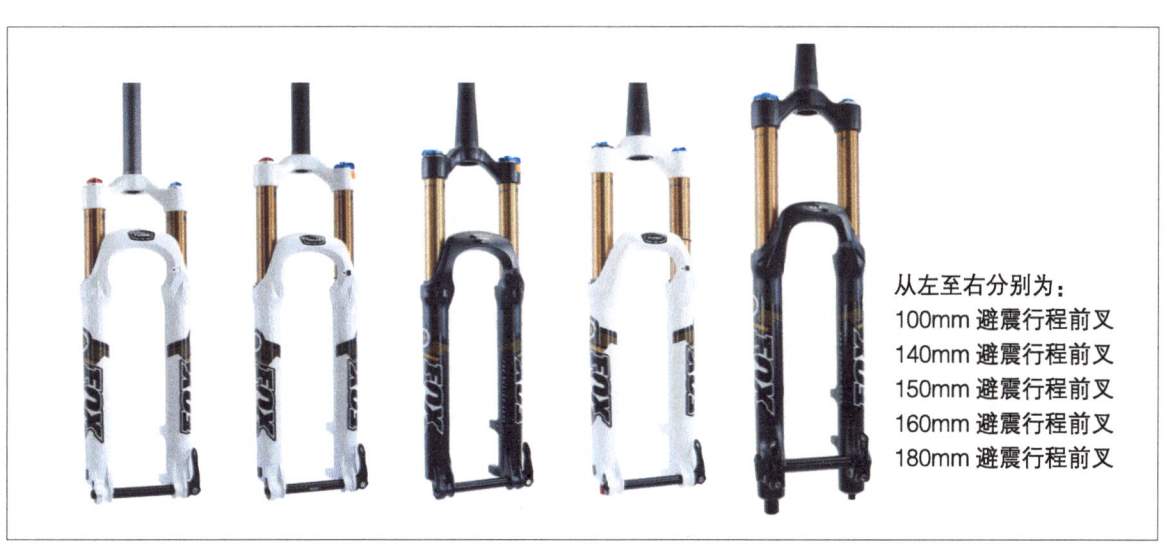

从左至右分别为：
100mm 避震行程前叉
140mm 避震行程前叉
150mm 避震行程前叉
160mm 避震行程前叉
180mm 避震行程前叉

161

2 避震前叉

避震前叉的分类

目前市场上的避震前叉主要有阻力胶前叉、弹簧前叉、油簧前叉、油气混合前叉（液压前叉）和空气前叉等。

阻力胶前叉和弹簧前叉大多应用于低端车型，目前正逐渐退出运动自行车市场。

油簧前叉和油气混合前叉主要运用在中高端运动类自行车上。其中，油簧前叉是以弹簧作为回弹介质，以油为阻尼，润度高，避震线性呈直线，能提供良好的骑乘舒适度，且价格适中。但油簧前叉的缺点是重量较重，而且想要调节弹力的话，只能通过更换弹簧来实现，相对比较麻烦。如果不太在乎重量的话可以考虑该种前叉。

油气混合前叉则以气体作为回弹介质，其回弹效果与空气前叉相当，无法保证线性的回弹效果。

空气前叉的优势是轻量化、弹力的调节简单易操作（通过改变气压来调节），但是因为气体本身的物理性质，导致了空气前叉无法拥有像油簧前叉一样完美的线性避震功能，而且必须配备负压弹簧或者负气室，否则气压前叉对路面的小震动将毫无反应。

油气混合前叉和空气前叉重量较轻，润度高，但价格贵，主要针对竞技用途。

从功能上说，避震前叉的功能繁多，并且还在不断发展中。其中最常用的几种：可以调节压缩阻尼、回弹速度，提供前叉锁死保护和线控锁死等附属功能。

压缩阻尼（Compression Damping） 能够控制前叉压缩时遇到的阻力，阻尼值越大则前叉越不易下压。

回弹速度 前叉被压缩之后回复到初始行程的速度。

前叉锁死保护 前叉遇到较大冲击时，可以自动解除锁死状态，在相对平缓路面则可自动锁死。

线控锁死 通过安装在车把位置的线控装置，使前叉锁死或解锁，目前市场上主要有线拉与油压两种线控方式。

避震前叉的选择

在选购避震前叉的时候，一般有两种选择标准：
① 根据使用需求来选择；
② 根据车架和轮组特点来选择。

1. 根据使用需求来选择

前面介绍过，避震前叉的不同行程是和不同的骑行环境相对应的，因此在选择前叉的时候，应先考虑车子的使用环境，即根据自己的使用需求来选择前叉规格。

不同骑行用途的避震前叉不可混用，比如对于 XC 级别的车架，不应选择一根避震行程长达 200mm 的 DH 前叉。虽然可以安装，但前叉的避震行程变长，会导致车头明显上翘，车架头管与地面夹角变小。这样一来，在外界冲击下，车架头管与下管的联结处可能会由于受力过大而发生撕裂。

2. 根据车架和轮组特点来选择

之所以要根据车架和轮组的特点来选择前叉，是因为前叉是联结车架和轮组的部件，所以后两者与前叉是否匹配就显得至关重要。

前叉和车架的联结部位是前叉头管和车架头管，它们常见的规格有三种：

① 普通的 $1\frac{1}{8}$ 英寸头管；

② $1\frac{1}{2}$ 英寸头管；

③ 锥形头管（上端为 $1\frac{1}{8}$ 英寸，下端为 $1\frac{1}{2}$ 英寸）。

你需要根据车架相应的头管规格，来选择对应的前叉，虽然其中部分规格可以通过转换座转换，但毕竟只有直接匹配的部件才可以给你带来最稳定的使用体验和最轻的整体重量。

除了车架，轮组也是必须考虑的因素，因为山地自行车轮组有不同的轮径，常见的是 26 英寸和 29 英寸，其对应的前叉长度互不相同，二者混用会造成车架角度的异常，甚至无法成功安装前轮。

前叉的安装与初步调校

1. 前叉的安装步骤

需要准备的工具：切管器、橡皮锤、内六角工具、螺丝刀、花心工具、前叉珠碗迫入器。

（1）安装前叉碗。给前叉碗安装接触位置分别涂上黄油（可使碗组压入更顺利，也可防止金属产生侵蚀而难以拆卸维护），然后将前叉碗分别穿入前叉珠碗迫入器，把珠碗迫入器轴心由上方穿过车架头管，然后将前叉碗和珠碗迫入器的另一端配件穿入其轴心，并锁紧。

给前叉碗涂上黄油

100mm 避震行程的 26 英寸车架前叉（左）与 29 英寸车架前叉（右）

将前叉上碗和珠碗迫入器从上方穿入头管

将前叉下碗及珠碗迫入器底部组件从下方穿入

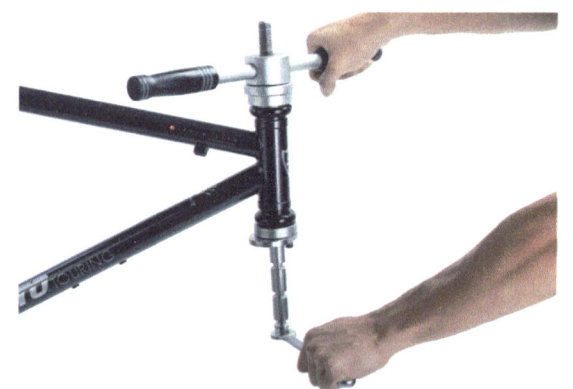

（4）安装底挡。底挡有两种：开口底挡和封闭底挡。封闭底挡的优势是使用过程中较为稳定，但不易安装，需要使用专用的套筒敲击，取出时也得使用专用的底挡工具。而开口底挡的优势则是拆装极为方便，徒手即可完成安装，但是经过一段时间的使用后可能会出现异响，不过并不影响使用。具体选用何种底挡，可视个人喜好而定。

锁紧珠碗迫入器底部组件

（2）慢慢旋转珠碗迫入器手柄，使前叉上碗和下碗均匀接触车架头管。

（3）使用开口扳手，固定珠碗迫入器非手柄端，顺时针旋转手柄，让迫入器将前叉碗压入车架头管，直至完全压入为止。压入过程中应时刻关注前叉碗是否被均匀压入。

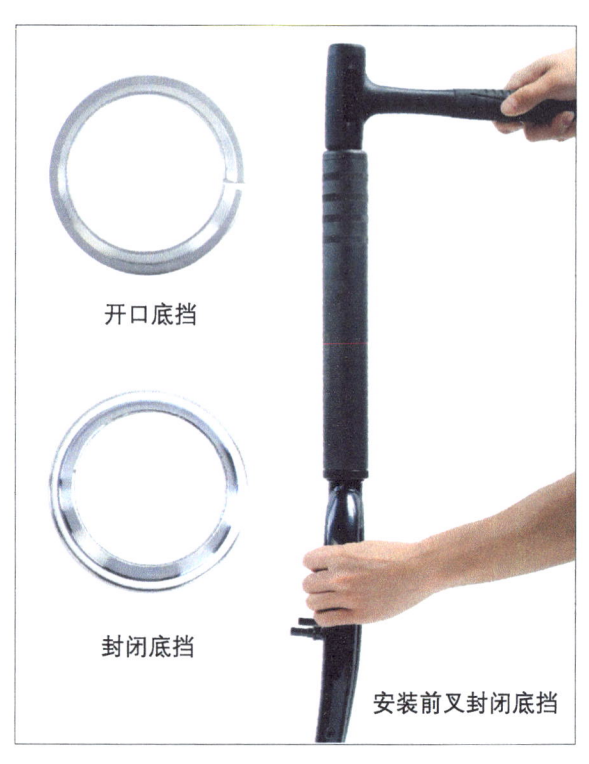

开口底挡

封闭底挡

安装前叉封闭底挡

（5）截管。把碗组轴承装入前叉碗内，将前叉头管穿过车架头管，装上把立以及需要的垫圈，这样你就能估算出需要的前叉头管长度了（如下图）。接着，在前叉头管的正确长度处刻下标记，然后使用切管器进行裁切。注意：截管是不可逆转的操作，一旦截管过短将无法恢复，因此必须谨慎操作，多次尝试，或逐步裁切。

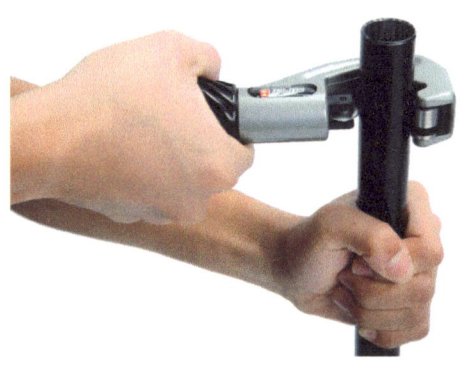

转动切管器，截掉多余的头管

（6）将花心打入头管。如果是铝合金或者钢质头管，需要使用橡皮锤将花心敲入头管中，深度以 10~15mm 为宜。如果是碳纤头管，就必须使用膨胀花心。这是因为，普通的花心在打入头管的过程中可能会损伤碳纤维。当然，普通的铝合金头管和钢质头管也可以使用膨胀花心，只需拧紧螺钉即可使花心结构卡紧在头管内。

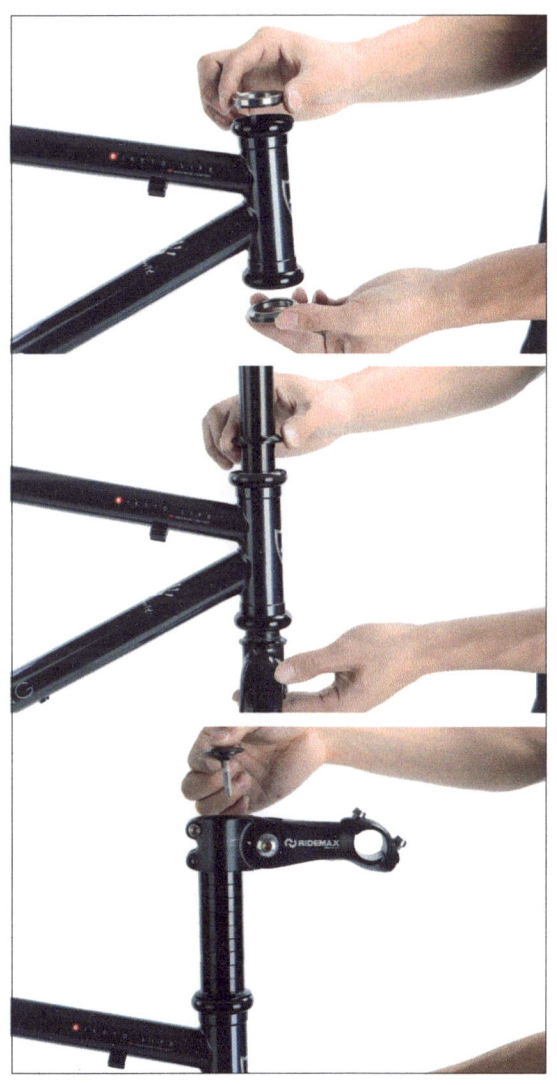

测量前叉头管高度

普通花心

膨胀花心

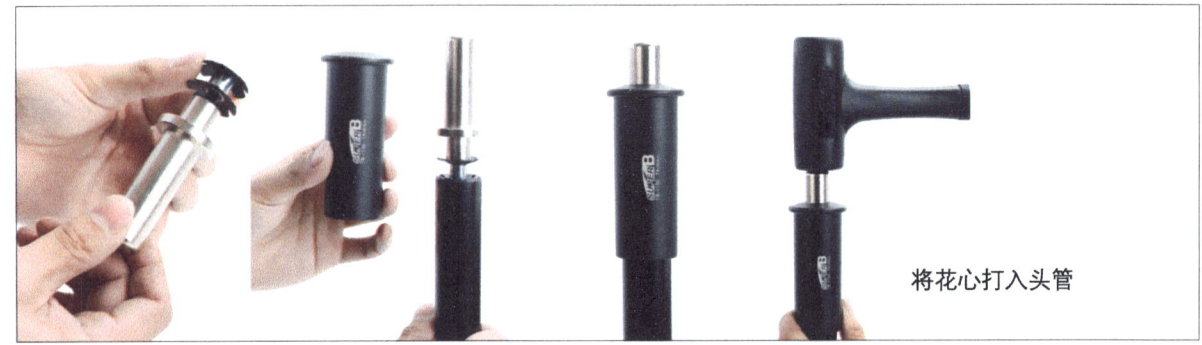

将花心打入头管

（7）将前叉从碗组下碗穿入，从上碗穿出，先装入密封圈，接着装入碗组上碗盖，套上垫圈与把立，最后锁紧碗组盖。

（8）最后，调整把立方位，使之与前叉垂直，并锁紧把立固定螺钉（固定螺钉应交替拧紧）。

2. 前叉的调校设定

刚刚安装好的前叉，或是新购置自行车的前叉，都需要进行调校设定。前叉的调校设定内容主要包括：调节阻尼、设定预压值、调节前叉锁死功能、调节锁死保护功能及气压设定等（但并不是所有的前叉都会齐备上述功能）。

（1）回弹阻尼调节。根据前叉设计的不同，回弹阻尼（Rebound Damping）的调节位置各有不同，部分设在叉肩位置，部分设在叉腿位置（即前叉外管的底端），但并不是所有的前叉都有回弹阻尼调节。

在车轮遇到障碍物时，回弹阻尼能够控制前叉被压缩后回复到初始行程的速度，回弹阻尼越大则回弹速度越慢。大部分避震前叉都要进行回弹阻尼的调节，适当的回弹阻尼能帮助自行车顺畅地通过颠簸路面或越过障碍物。

骑行过程中，大的回弹阻尼可以让你更从容地应对大幅度震动，而小的回弹阻尼有利于快速通过小震动路面，且手部感觉更加舒适。

如果是要高速骑行通过没有什么大震动的路面，回弹阻尼宜调小一些；如果骑行中要做很多跳跃或是路面冲击较大，回弹阻尼就应该调大一些。此外，如果偏向竞速骑行，且可能需要大力摇车的话，可以将回弹阻尼设得略大一点。具体调节过程中，应遵循"多试验，多感受"的原则，多尝试几个设定值，从中找出最适合自己的回弹阻尼值。

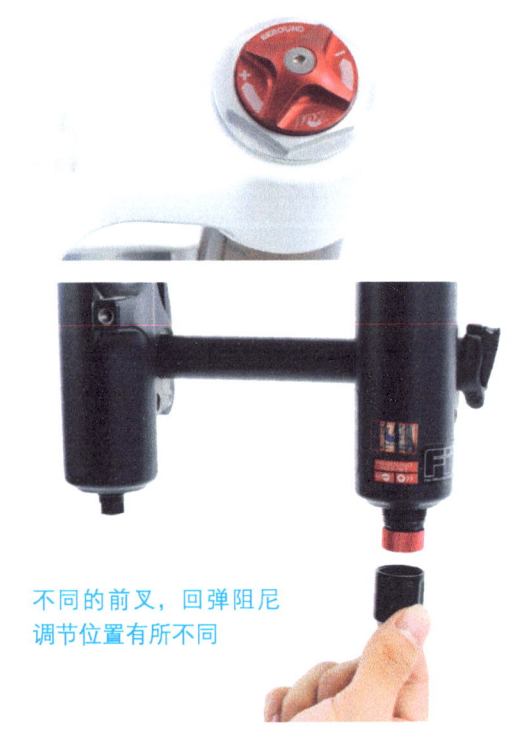

不同的前叉，回弹阻尼调节位置有所不同

（2）设定预压值。前叉预压值是指以正常骑行姿势（包括负重骑行）静止坐在车上时，前叉被压缩的行程。预压值占避震总行程的百分比越高意味着前叉被压缩行程越高（即手感越软），XC 车型通常设定为 20% 即可，AM、FR、DH 等车型的设定值通常更大。

设定时先将测量尺装在前叉上，然后把自行车固定在骑行台上，骑上自行车，不要让身体任何部分触碰地面或墙壁，待车子稳定后，将前叉内管上的橡胶圈调至油封位置。轻轻下车，避免橡胶圈位置移动，观察前叉回弹后内管上的橡胶圈是否在测量尺的建议范围内，如压缩行程偏小则增加气压，如偏大则要降低气压（前叉充气和放气必须采用专用的高压气筒）。

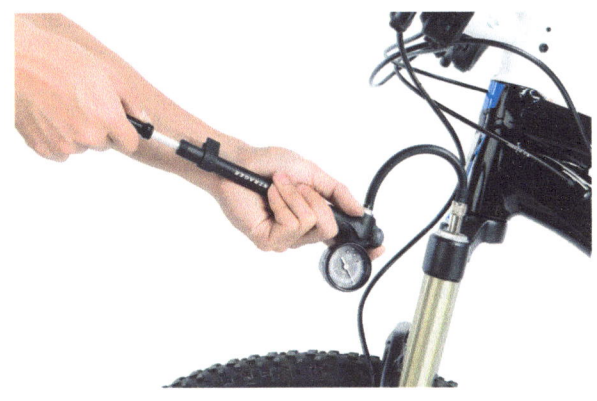

对于油气混合前叉来说，通过调节气压的大小，就能实现前、后避震可压缩行程的调节。但是对于油簧前叉来说，只有部分油簧前叉会提供预压调节，且其调节范围有限，如果超出了可调节范围，就只能通过更换不同磅数的弹簧来实现预压值调节了。

根据气室的不同设计，前叉的气压设定不尽相同，即使是同一品牌的不同款前叉，其气压设定值也不一样。但是前叉的预压值设定是有固定参考的，一般来说，预压值应占避震总行程的 15%~25% 为宜。如果车子主要用于竞速骑行，预压值可偏向 15% 的设定；如果仅是希望提高骑乘舒适性，并且路面冲击较小，预压值可偏向 25% 的设定。

设定方法　一般高端前叉均会配有预压设定辅助工具（测量尺和橡胶圈），设定预压值时最好有一个人从旁辅助。

安装测量尺

前叉下沉量

如无辅助设备，可待车子稳定后，让人在避震器上做标记，然后下车测量前叉被压缩的行程，计算预压值是否合适，最后根据实际情况设定气压。

⚠️ 设定空气前叉预压值时，需穿着骑行的所有装备（包括负重的背包）。

（3）调节前叉锁死。前叉锁死，是指通过液压或机械的方式阻止前叉压缩或者回弹，从而让前叉失去避震功能。前叉锁死几乎是目前所有高端XC、AM自行车的前叉标配功能，它可以大幅度降低前叉在骑行过程中的泄力现象。不过，如果在越野爬坡路面锁死前叉，将会大大降低整车的操控性，同时也会降低骑行的舒适性。所以，我们通常只需在较平坦的路面和不颠簸的上坡路面使用前叉锁死

功能。

（4）调节压缩阻尼。压缩阻尼能够控制前叉压缩时遇到的阻力，阻尼值越大则前叉越不易下压。所有的避震前叉都会设定压缩阻尼，但只有高端山地车才会提供压缩阻尼的调节功能。对于现代山地车来说，如果没有压缩阻尼，那么在站立摇车甚至正常发力踩踏时都会出现前叉泄力的现象，这会降低骑行效率，也会降低骑乘舒适性。

那么，什么时候需要提高压缩阻尼呢？答案是爬坡或者越野的路线难度较低时。较大的压缩阻尼可以给车手提供更高的踩踏效率，使车手更快登上山峰或通过低难度越野路面。不过，提高压缩阻尼的缺点也是显而易见的，它会使避震器变得不那么灵敏，对于小震动的过滤性能降低，一定程度上也不利于操控。

最佳的压缩阻尼设定，应是根据个人实际情况，找到一个既能实现良好操控，又方便车手发力的平衡点。

（5）调节锁死保护。自行车避震前叉如果没有锁死保护功能，那么在前叉锁死状态下突然遇到较大落差或障碍物的话，可能会因为巨大的冲击力致使前叉损坏。

使用锁死保护功能的好处，就在于遇到较大冲击时，前叉可以自动解除锁死状态，但在相对平缓路面又可以自动锁死。你需要依据自己的骑乘习惯与路况多调节几次，才能找到合适的锁死保护点，从而设定好最佳的前叉解锁时机。

如今，锁死保护功能已经逐渐发展成一种辅助竞赛的调节功能。有很多选手使用这个功能来调节前叉的动作阈值，让前叉在锁死状态下遇到一般的小震动几乎不动作，而遇到较大震动、达到临界值时，前叉会自动解锁，产生相应的避震动作。同时，

使用该功能可以大幅减少前叉在摇车时的压缩行程，提高骑行的效率。

智能锁死调节旋钮

（6）设定双气室气压。双气室目前是RockShox的专利技术，因此该功能仅针对RockShox的避震前叉产品。所谓双气室，包括了正气室和负气室。和普通单气室前叉中的气室一样，正、负气室均是弹力介质，其中负气室的作用相当于负压弹簧。如果没有负气室，避震器将完全无法过滤小震动，而只能等路面冲击力达到一定阈值之后，才会进行动作，这对于前叉来说是很不利的。

RockShox之所以将避震前叉设定为两个气室，而不是像其他品牌一样加入一个负压弹簧，是为了给予车手更多的调节空间。如果你喜欢竞速骑行，希望前叉无视小震动，可以通过将负气室的气压调整至略低于正气室气压，使前叉手感偏硬朗。如果你喜欢细腻的风格，可以通过将负气室气压调整至和正气室气压相同或者略高（注意不能高出太多，否则会导致前叉内管在无压力的情况下缩进，造成

避震行程的降低），使前叉可以过滤细小的震动。

前叉的基本保养

好的前叉离不开好的保养，良好的使用习惯对于延续一款好前叉的寿命来说非常重要。

（1）在每次骑行结束之后，最好用沾湿的软布清洁前叉内管，这样可以防止过多的尘土随着避震器的动作而进入到前叉内部。

（2）如果觉得前叉不够润滑，可以考虑买一瓶赛领或嘉实多300号矽胶油，抹1ml在内管上，然后将前叉下压几次，让外管内壁多吸收一些油，使前叉保持更好的润度。

（3）如果涂抹矽胶油后仍然觉得不够润滑，应考虑找一家可信赖的自行车店给你的前叉进行一次全面的维护保养。（不建议自行拆解保养！）

 切勿在前叉内管上抹未经证实是否有腐蚀性的油品，比如链条油是不能抹在内管上的！

3 后避震系统

后避震的选择

单独出售的软尾车架通常是自带后避震器的，不过如果你需要更换它或者说你购买的车架不含后避震器，而需要另行选购的话，一定要注意车架的后避震安装孔的"眼对眼距离"（即避震器两头孔眼中心点的间距），然后购买一个相应长度的避震器。AM 车架上 165mm 的眼对眼距离是最常见的，此外在 DH 车型上，后避震器的眼对眼距离可能达到 200mm 甚至 240mm。

要特别注意的是，眼对眼距离和后避震行程是两个概念。而如果使用了规格不匹配的后避震器，将导致整个车架的避震行程随之改变，进而影响骑行效率。

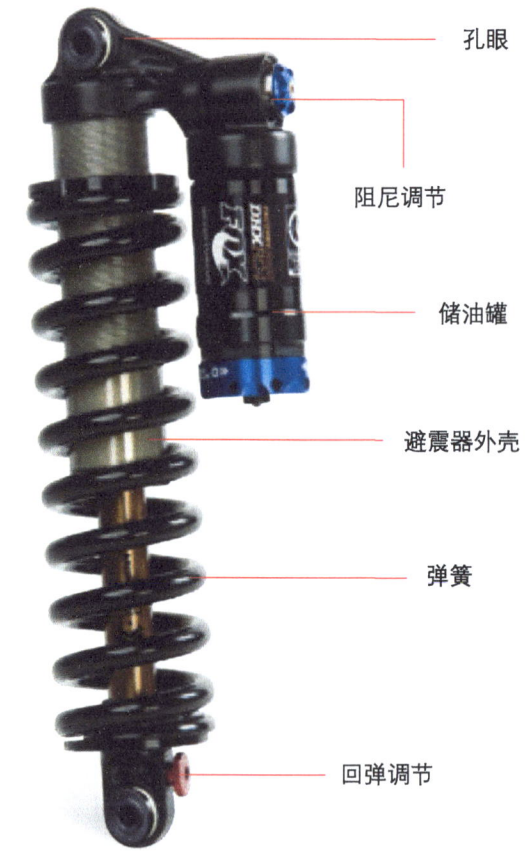

孔眼

阻尼调节

储油罐

避震器外壳

弹簧

回弹调节

后避震结构示意

踩踏平台的使用

现在各大厂商都推出了带有"踩踏平台"功能的后避震产品。

所谓踩踏平台，是置于软尾车架的后避震器中、形如一个平台的设置，可在车子遇到较大路面冲击时，自动启动后避震功能，而在平缓路面又可锁死后避震、避免踩踏泄力。

使用踩踏平台的避震车架

实际上，现在的踩踏平台功能相当于将压缩阻尼提升了几个挡位，使得踩踏的力量和小震动都不至于引起避震器太大的动作，所以踩踏平台是在一定程度上牺牲了避震灵敏度的。

不过对于 AM 骑行来说，踩踏平台无疑是非常实用的功能，它可以保证上下坡之间骑行的流畅性，车手不需要下车来调校后避震的阻尼系统，只需轻松地换挡即可。

后避震的设定

后避震的调节功能基本和前叉一样，预压值也在 20% 左右，可以根据个人的骑乘习惯和路况进行调整。至于回弹阻尼与压缩阻尼的设定则和前避震相同，如果车手喜欢舒适灵敏的避震感，宜选择较小的阻尼值，如果喜欢硬朗的前叉手感以及快速通过落差，建议选择略大的阻尼值。（测量方法详见下图）

后避震的保养

骑行结束后，后避震器只需进行简单的擦拭即可。如果需要做更多保养的话，不建议车手自行拆解后避震器，而应该找有一定技术实力的车店来拆解保养，或直接让车店寄回原厂进行保养。后避震器内气压较高，自行拆开可能导致被高压气体冲出的零件撞伤。

骑行一段时间后，后避震系统的转点可能因磨损而出现间隙，需要进行保养。部分自行车后避震系统上使用了轴承转点，其他后避震系统的转点则是使用垫片。其中某些转点可以调节，通过拧紧转点上的螺栓或螺母即可消除间隙；少数全避震车架的转点不提供调校设计，无法抵消磨损造成的间隙。需要注意的是，后避震转点修补件一般专属某一品牌，尺寸可能比较特殊，并且需要配合特殊工具才能维修。因此，如果要更换后避震转点的轴承或垫片，那么建议请车店技师进行操作。

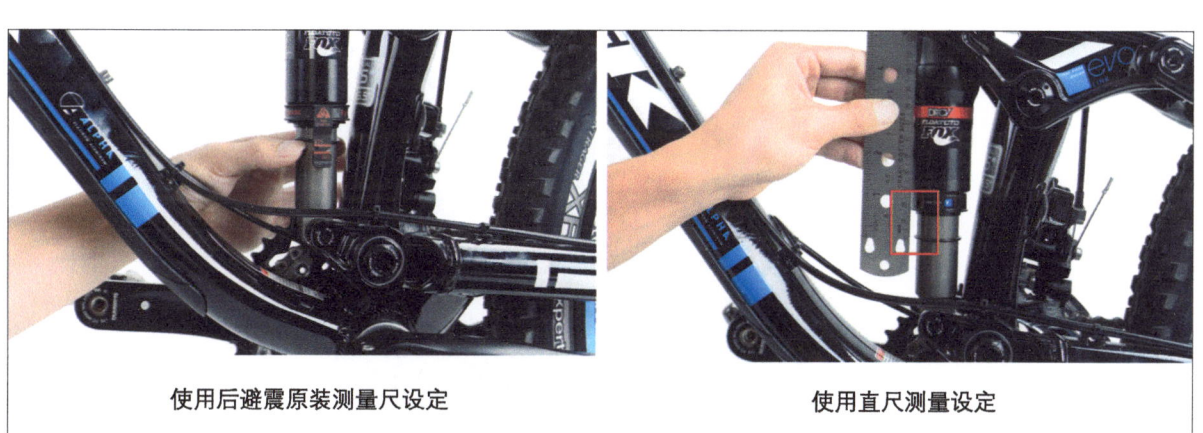

使用后避震原装测量尺设定　　　　　　使用直尺测量设定

第 8 章
日常问题处理与清洁保养

骑行过程中难免会遇到一些机械故障，包括变速、刹车、轮组系统甚至是支撑系统的故障。当然，谁都希望自己的自行车永远没问题，而最好方法就是做好骑行前的车况检查，以及骑行前后的清洁保养。本章将介绍一些自行车常见问题的处理及日常的维护保养方法。

1 自行车常见故障及处理方法

内胎破孔

车胎被扎，或被外胎咬住都会造成内胎破孔。如果内胎破裂超过 1cm，一般建议直接更换内胎，迫不得已的情况下可以用大号的补胎片修补，但是有条件的时候一定要及时更换，否则会造成极大的安全隐患。

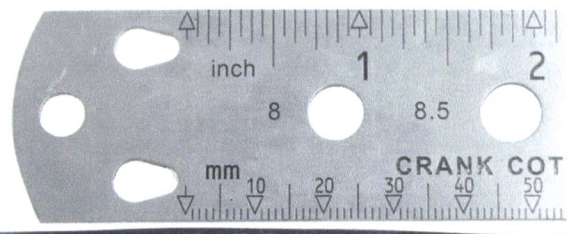

外胎割裂

在长途骑行和越野骑行中，外胎割裂的几率比较大，裂口如不及时修补，易致内胎从裂口挤出后破裂。我们可以用专用的修补片来修补裂口（例如 PARKTOOL 就有这类产品），也可以用医用胶布从轮胎内壁修补，注意修补时胶布的左右长度要超过裂口 2cm 左右，然后以十字形贴布固定，这样才能承受来自各个方向的力。如果没有医用胶布，也可以从备用内胎上剪出一块贴在外胎上来修补应急，但是这样承受不了较大气压。

车胎扎钉

车胎扎钉是骑行中最常见的问题，车胎被扎钉后应第一时间将钉子取出，以防止内胎被多次刺穿。如果被扎孔数较少，可以用自带的补胎工具修补，或者直接更换内胎。但是有一点要非常注意：取出内胎之后一定要对外胎内壁和外部胎皮进行细致检查，及时清理掉残留在外胎上的钉子，否则补好的内胎很快就会再次被扎破。

辐条断裂

辐条断裂之后，如果有携带修补辐条，应当即进行修补，并把新换辐条的拉力调整到与其他辐条相同。

没有携带修补辐条的情况下，若只有一根辐条断裂，应旋松两侧相邻辐条，以暂时减缓侧向偏摆。如果你的车是使用 V 刹系统，可以将刹车松开一些（以避免刹车皮摩擦偏摆的轮圈），而后继续骑行。如果是使用碟刹，那么只要轮胎不摩擦到车架或者前叉，就可以继续骑行，但是车速务必要控制得慢一点。

另外提醒一点：轮圈大幅度、长时间偏摆后，有可能造成不可调整的变形。在骑行结束后，应尽快更换辐条。

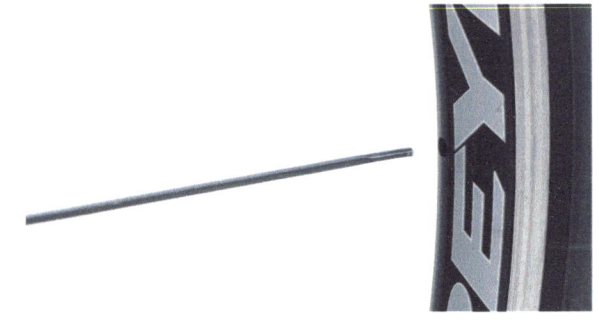

辐条断裂后，辐条帽可能会掉入轮圈内

轮圈变形

轮圈变形的原因有两种：①受到撞击；②辐条断裂。如果是因外力撞击而导致的变形，可以通过调整辐条张力使其恢复圆度。如果是辐条断裂导致的变形，则需要更换辐条，接着再将辐条拉力调整至与其他辐条统一，轮圈基本可以恢复圆度。

链条断裂

如果链条断裂时身旁有截链器，将链条重新接起来就很简单了。

如果没有截链器，也可以用随身携带的内六角工具或者直径和链条中轴相近的工具抵住销轴，再找石块将之敲入、固定，将链条接上以作临时使用。

链条异响

骑行过程中，如果链条发出"叽叽"的响声，那是由于链条缺油、链片之间得不到充分润滑而导致的。通过添加链条油，就可以解决这个问题。

变速时跳链

后变速器变速后，如果链条在不同的齿片间跳动，即称为跳链，这是由于变速不准导致的。这时需要调整微调旋钮，如果变速之后，后变速器并没有将链条推到相应的挡位上，那么可以把微调旋钮旋松（即把变速线拉紧）来调节，每次旋松 1/8 圈，再试一下变速是否准确，一直调到准确为止。

前变速器扭曲或变形

前变速器扭曲后会导致变速不准，使得骑行途中断链的几率大幅提高。前变速器如果只是轻度扭曲，是可以继续骑行的。但如为较严重的扭曲变形，就应该立即借助外力将其掰回原状，等有条件时立即更换。

后变速器卡进辐条

当后变速器卡进后轮辐条，若是造成后变速器变形或者后钩爪变形，应当先调到能稳定骑行的挡位，然后尽量不要再变速，否则变速断链的几率会很高。若造成后变速器损坏，或后钩爪断裂，而导致无法骑行，这时可以将车子改成单速，截断链条，卸下后变速器，然后把链条挂在适合当前骑行情况的挡位，链条截到相对应的长度，然后继续骑行。

后变速器导轮掉落

后变速器导轮在螺钉未拧紧的情况下，容易出现骑行中途掉落的问题。这时最好不要再继续骑，应该尽快修补处理。如果非骑不可，可以看看上下导轮是否通用，确保上导轮可正常使用，下导轮位置可以用金属棒穿过安装导轮时使用的螺孔，以此来拉紧链条，但是这样做只能应付短距离骑行，不建议长时间使用。另外，亦可考虑将车子临时改成单速骑行。

曲柄脱落

曲柄脱落是由于固定曲柄的螺钉松脱导致的，在快速骑行状态下的曲柄脱落可能造成非常严重的安全事故。

如果曲柄脱落后还能找回螺钉，那么重新将螺钉拧紧固定即可。如果螺钉找不回来则不应该继续骑行，以避免曲柄损坏报废，甚至引起严重事故。

脚踏脱落

脚踏脱落后，应该检查曲柄上连接脚踏的螺纹是否完整，如果完好无损则重新将脚踏安装回去，拧紧螺钉即可；如果安装脚踏的螺纹已经损坏，则无法继续骑行，只能更换曲柄。

变速线断裂

变速线断裂之后，有修补件更换当然最好，如果没有修补件，那么可以通过调节变速器上的限位螺钉，将挡位调整至一定范围内。

对于前变速器，可以旋紧标有"L"的螺钉，尝试将前变速器定在中盘；对于后变速器，可以旋转标有"H"的螺钉，将后变速器定在任意一个较小飞轮上。

刹车线断裂

刹车线断裂后，最好立即更换，如果没有携带备用刹车线，也可以用备用变速线临时替换使用，待有条件时更换刹车线。只可使用一个刹车时需要控制好骑行速度，谨慎慢骑。

刹车把断裂

刹车把若是断裂，在还能使用的情况下，一定要对裂口进行打磨，以免刹车时划伤手部。如果刹车把已经无法使用，就需要尽快更换。只可使用一个刹车时一定要保持低速、谨慎慢骑，两边刹车把均已断裂，应立即停止骑行。

前叉变形

必须仔细检查前叉变形程度，若发现漆面有裂痕或金属材质出现"皱纹"，应停止骑行，尽快更换前叉。如前叉变形不太严重、还不会刮蹭到车架的话，可以继续骑行，但是因为前叉与车架的角度发生了变化，必然会影响操控，所以车手不能骑太快，转弯时要特别小心。

坐垫变形

坐垫变形一般是坐弓变形导致，如果当时无法更换，可以尝试先借助外力将坐弓调整回原来的形状，或者松开座管螺钉，尝试将坐垫调节到正常的角度。若骑行时产生强烈的不适感，应尽量少坐在坐垫上。

严重的摔车或者撞车事故，可能导致车把断裂

2 如何清洁你的爱车

要使自行车始终保持良好的运作状态，定期的清洁、维护与保养是必不可少的，尤其在雨天或泥泞环境下骑行后，一定要尽快进行清洁和保养。山地车的使用环境相对恶劣，定期或不定期的清洁保养更显得重要。

如果车身并不是非常脏，可选用沾湿的软抹布擦干净，或是用软毛刷子刷干净。如果车身很脏，可先用水淋湿车子，使表面脏污变得易于清洗，然后使用刷子以及洗涤剂将污物去除，再用清水冲洗，最后用布擦干。洗车后要记得擦干链条，并为其重新上油。

选择合适的清洁剂与工具

对于自行车的清洁保养，首先要做的是选好清洁剂及工具。自行车的清洁剂有很多种类，可以选择到附近的车店针对性地购买。如果买不到专用的清洁剂，可用洗洁精或其他低腐蚀性的清洁溶剂代替。注意不要使用洗衣粉之类具有较强腐蚀性的产品，它会导致螺钉生锈。柴油、汽油等有机溶剂也不可用，它们会将轴承上的润滑脂（俗称黄油）一起清洗掉。

清洁工具主要包括刷子、软布、海绵和洗链器。刷子可以是不同大小、不同软硬程度的，大而硬的毛刷主要用于清洁轮胎，小而软的刷子则用于清洁一些细小的角落部位；软布和海绵主要用于清洗车

架，可以降低刮花车架的几率；洗链器能更方便及全面地清洁链条。

车身及链条清洁剂　　　海绵

软布　　　刷子　　　洗链器

> ⚠ 刹车皮、轮圈侧边、轮胎表面等部位是决不可以沾染润滑剂或有机溶剂的，一旦沾上，必须使用清洁剂抹除。

传动系统需及时清洁

传动系统是自行车的核心部分，其性能直接影响自行车的踩踏效率及骑行表现。若要保证传动系统的性能，就需要对它进行及时清洁及适当添加润滑剂。

我们不能等到传动系统出了故障再去清洁，而是平时就要仔细留意它的运作状况，防患于未然。在正常骑行一段时间后，链条、牙盘、飞轮以及变速器上均会附着一些灰尘、泥土或沙子等杂质，进而影响变速的灵敏度，并加速链条与牙盘、飞轮接触面的磨损。因此，一旦发现变速器上黏附较多脏污时就应及时清洁。

一般来说，常在市区道路骑行的清洁频率要比

常在越野环境骑行的频率低。雨天骑行或在泥泞路面骑行过后，必须对传动系统进行一定的维护，至少要将链条、牙盘和飞轮擦拭干净，并添加润滑油，防止传动部件生锈。

 山地车的脚踏、飞轮、牙盘和碟刹系统最容易卷入草叶或泥土，需要特别留意清洁。

整车全面清洗步骤

自行车上有许多轴承部件，清洗时应尽量避免用高压水枪来清除车身上的污泥，尤其是不要让水柱冲击到轴承位置。这是因为高压水枪可能会将泥沙或污水冲入轴承中，造成轴承的损坏。此外车子清洁过程中不可避免地会接触到刹车机构，因此务必要注意细节和前后步骤。

（1）洗链条。自行车清洁中，洗链条是非常重要的一步（详见本书第6章第5节"链条的日常保养"）。因为清洁链条时必然会弄脏其他部位，所以必须将之作为清洁工作的第一步骤。链条清洗完毕后无需擦干（清洁车身时仍会被淋湿），只需将其表面的清洁剂残留清理干净即可。清洗链条时，为防止污染刹车或轮圈，可将车轮拆下。

（2）清洁牙盘与飞轮。如牙盘或飞轮上有污物，应先将污物清除干净，然后用硬毛刷清洁齿盘、飞轮。先给刷子沾上清洗液，抵在齿盘和飞轮上，然后逆时针转动曲柄，让齿盘和飞轮上的每一个齿片都被刷子刷过，最后再用水冲洗干净齿盘与飞轮。（亦可使用软布沾上清洁液，直接擦拭。）

使用一些腐蚀性较强的喷雾式清洁剂时，应注意避免让清洁剂喷到车架上，最好是先将清洁剂喷到软布上，或者将车架用报纸或破布包裹起来。

 用水清洗牙盘和飞轮时，应让车身向右侧稍微倾斜，以防止水流浸入中轴或后花鼓塔基内部。

（3）清洁刹车。清洁刹车系统时，无论是公路车上的轮圈、刹车夹器，还是山地车上的V刹车圈和刹车块，或是碟刹的碟片及卡钳，均应使用未经油脂污染的洗涤剂和海绵，用海绵沾上清洁剂来擦拭刹车系统。

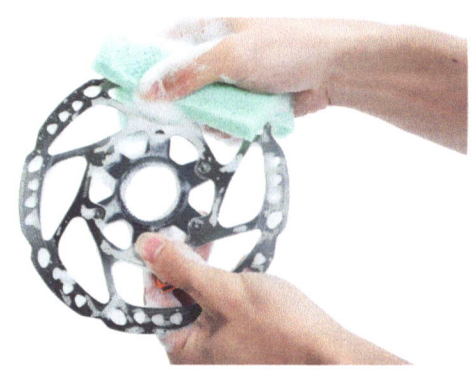

（4）清洁车架。把整车淋湿后，用沾上清洁剂的海绵擦拭车把、前叉、车架、坐垫、座管、变速器、车圈、辐条、曲柄、脚踏、线管等的表面，然后用水冲洗干净。对于前后变速器的角落及缝隙，应用长毛刷子沾上清洗液清洁。

（6）冲洗擦干。待车身所有零部件都清洁完毕后，最后最好用清水浇灌全车，清除残留的清洁剂。注意避免用高压水柱冲击轴承位置，以防止内部进水生锈。用干布擦干车身后，可将前轮抬起，使整车与地面几乎竖直，从而把流入车架内部的水倒出来。

（5）清洁轮胎。对于轮胎表面的清洁，应使用硬刷子沾上清洗液刷洗，最后再冲洗干净。山地车或越野公路车轮胎花纹中夹塞的泥土、石块等污物需要仔细清除。

3 自行车油类的选择和使用

任何需要转动的机械零部件，都要使用油类来润滑。自行车上用到的油类主要有链条油、避震油、黄油、刹车油和除锈剂等。

链条油

1. 链条油的作用

润滑链条转轴及保护链条和飞轮，减少相互间摩擦导致的损耗。

2. 链条油的种类

主要分为湿性链条油、蜡性链条油以及干性链条油，另有少数含特殊添加物的链条油。

湿性链条油 特点是黏度最高，防水性和抗压性能最强，但是也最容易黏附灰尘。适用于重度越野骑行前后的链条保养。

蜡性链条油 加入了石蜡作为保护剂，在溶剂挥发之后留下一层石蜡与润滑油的混合涂层来保护链条。防水性和黏灰度都介于干性和湿性链条油之间。适用于轻度越野的骑行环境。

干性链条油 大多以硅为基础油，少数例外，另通常会搭配抗挤压剂使用。因为硅的附着性佳，干性链条油化学性质稳定，但油膜抗压性较弱。同时它的防水性也最弱，但是最不容易粘灰，所以如果你喜欢链条常保洁净，并且经常在铺装路面骑行的话，干性链条油会是最好的选择。

其他类型的链条油 除了上述几种基本的链条油之外，许多厂商还会在链条油中加入特氟龙（Teflon，又译为"铁氟龙"）、陶瓷微粒等特殊添加物来改善其性能。例如 Finish Line 的金装润滑油，加入了陶瓷微粒，赛领的铁氟龙润滑油则加入了特氟龙粒子，均是为了改善链条油的润滑度和抗磨性能。

大家可以根据自己的骑行环境和个人喜好来选择链条油，但是对自行车传动系统最好的保养，依然是定期清洗链条并重新上油。如果长期不清洁，链条上的润滑油会吸附大量的颗粒物，在骑行中不断地与传动系统的其他各个部件摩擦，反而会造成传动系统的加速磨损。所以，无论使用何种链条油，定期对链条进行清洗、擦拭和重新上油都是非常有必要的。

黄 油

我们常说的黄油，有个正式名称叫润滑脂（Lubricating Grease），是一种半固体物质，主要由矿物油（或合成润滑油）和稠化剂调制而成。根据稠化剂的不同，分为钠基润滑脂、钙基润滑脂、钙钠基润滑脂以及锂基润滑脂。其中锂基润滑脂拥有最出色的工作特性——它抗水性能佳，适用温度范围广。

虽然锂基润滑脂相对来说比较贵，但是就自行车的使用量而言，依然是非常便宜的，例如500g装的锂基润滑脂售价仅为十几元。所以自行车上所使用的黄油都是锂基润滑脂，而本节接下来所提到的黄油也均指锂基润滑脂。

普通黄油

黄油的使用范围

有些车友喜欢将黄油涂到飞轮和链条上，但实际上，黄油是一种黏度极高的润滑剂，将黄油加到链条上会显著增加传动系统的黏滞阻力，同时吸附大量的灰尘，这对于暴露在外面的传动系统是非常不利的。

真正应该使用黄油的地方，应是转速较低，但经常发生摩擦，同时需要防水的部位。主要包括：中轴轴承、花鼓、碗组等轴承部位，起到润滑、防水、防锈的作用。五通或其他螺纹处，以防止机械摩擦引起耗损，同时方便维修保养时进行拆卸。

避震油

避震油是专门针对避震器而推出的油类产品，主要由硅制成。避震油的常用指标为"wt"，它代表避震油的浓度，wt值越高则表示浓度越高，避震效果越强，轮胎抓地力好。wt值低则表示避震油浓度低，避震效果较弱，轮胎抓地力差。

常见的避震油有2.5wt、5wt、10wt、15wt等型号。其中2.5wt、5wt避震油浓度低，一般作为阻尼油；10wt和15wt浓度高，气密性也更好，一般用作气室侧润滑油。

刹车油

刹车油是用于油压刹车上作为制动力传输的液体介质，常见于中高端山地车的油压碟刹，但近年也开始有公路车采用油压刹车。现代自行车上的刹车油主要有两类：矿物油（Mineral Oil）和DOT油（Dot-approved），通常在刹车把油泵上会标注英文，表明该车使用的是何种刹车油。

矿物油 是从矿物质提炼出来的油体，其特性是不吸水、性质温和、没有腐蚀性，即使长期使用或高温状态下使用，也不会造成制动力损失（即刹车失效）。

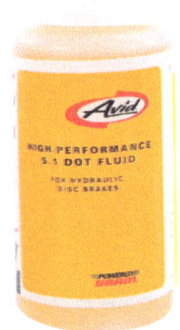

矿物刹车油

DOT 油 DOT 油是合成刹车油，具有防热胀冷缩的特性，但是 DOT 刹车油容易吸水，并且吸水后性能会下降，所以使用 DOT 油的碟刹保养周期相对短一些，一般建议一年更换一次刹车油。自行车上常见的 DOT 油有 DOT 3、DOT 4 以及 DOT 5.1（数值越大表明等级越高，性能越好）。

DOT 油同时也被用作汽车的刹车油，普通汽车店中只有 DOT 3 和 DOT 4 两种最常用的型号。但自行车会用到 DOT5.1。DOT 5.1 是赛车及军用刹车油，相比 DOT 3 和 DOT 4 不仅沸点更高，而且相对不易吸水，所以无论是刹车手感还是保养周期都要优于 DOT3 和 DOT 4。

> 矿物油和 DOT 油都有专用的密封圈，无论在 DOT 油系统中使用矿物油，还是在矿物油系统中使用 DOT 油，都会腐蚀密封圈。所以在添加或更换刹车油时，千万不可将二者混淆，原本使用 DOT 油的，就只能添加或更换 DOT 油，原本使用矿物油的，也只能添加或更换矿物油。

DOT 刹车油

除锈油品

用于金属除锈的油品有多种型号，但自行车上常见的除锈油品主要是 WD-40。

自行车上有钢制零件的部位难免生锈，如何去除表面锈迹曾经一直是个大问题。但是在 1953 年，化学家诺姆·拉森（Norm Larson）发明了 WD-40 除锈油，使得保养、润滑、清洁、除湿、轻度去锈这些工作变得非常简单。这样

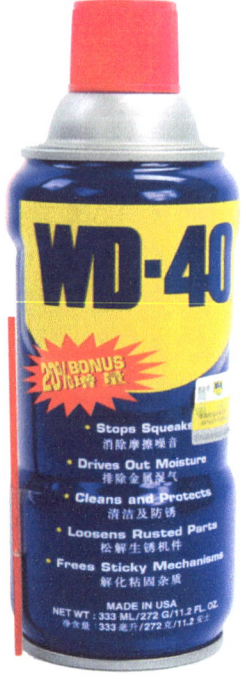

看来，WD-40 似乎拥有非常完美的特性，而事实上 WD-40 并不完美，它也有弱点，而且如果使用不当的话还会损害到自行车上的某些零件。

1.WD-40 的特性

吸水性　WD-40 的吸水性对于雨后的链条保养来说非常有利。在雨天结束骑行之后，建议用干燥的抹布将链条擦干，然后喷上 WD-40，可以在最大程度上防止链条生锈。

轻质　WD-40 是一种浓度极低的轻质油品，所以仅使用 WD-40 作为链条和飞轮的保护油品是很不合理的。轻质的特性使得 WD-40 无法满足自行车传动系统的抗压保护要求。

挥发性　WD-40 极易挥发，喷在金属表面后的残留量并不多，因而并不适合作为自行车传动系统的润滑剂。

渗透性　WD-40 的渗透性非常强，而且对金属的吸附能力也非常强，如果碰到高黏度机油，WD-40 甚至会取代它们和金属部件结合，这就会影响零部件的抗挤压性能，也是 WD-40 可能对某些自行车部件造成损害的最大原因。例如对牙盘使用 WD-40 进行清洁的时候，很可能喷到中轴部位，如果 WD-40 渗透到其中的培林滚珠，就会引起滚珠抗压和抗磨损性能的下降，加速培林的损坏。

2. 如何使用 WD-40？

由于上述特性，WD-40 比较合适用在链条飞轮、牙盘的清洁上。但是清洁的时候务必小心，例如清洁链条时，注意不要把 WD-40 喷到有轴承的部位，并且在完成清洁后，务必给链条加上专用链条油。

Part

III

骑行装备、安全与技巧

骑车是一项健康和充满乐趣的运动。也许你现在只是在上下班时骑车，或是只有周末才有时间骑骑车，但假如你希望骑得更快、更远，就需要学会利用骑行装备来保护自己；而了解更多骑行技巧、饮食与能量补给知识乃至求生技能等，才能让骑行更加舒适和安全。无论你参与自行车运动是为了参加比赛，还是为了减肥，抑或只是为了强身健体，本篇章都能帮你达成目标。

第 9 章
骑行装备

骑行装备，是指参加自行车骑行运动时，除了自行车之外，还需另行配置的一些骑行设备。合适的骑行装备可以为我们带来更佳的舒适性，以及提供更多的安全和健康保障。骑行装备的种类繁多，它们都有什么用途？具体该如何选择？本章将详细讲解。

1 骑行头盔

世界著名标准设立公司 Snell 基金会曾指出，在 2006 年因自行车运动意外死亡的事故中，有 95% 的死者没有佩戴骑行头盔。而根据美国纽约市的统计，1996~2005 年，佩戴头盔的车手死亡率下降明显。这说明，佩戴头盔可以保护骑行者的生命。

骑行头盔的种类

根据使用者年龄的不同，骑行头盔分为：儿童头盔、青少年头盔、成人头盔。

根据用途的不同，骑行头盔又分为：山地车头盔、公路车头盔、城市车头盔、BMX 头盔、计时车头盔（又称 TT 头盔）、速降车头盔。

骑行头盔的材质与配件剖析

骑行头盔方面的专有名词很多，常常令人眼花缭乱，下面为大家一一介绍。

材 质

目前制造自行车骑行头盔的材质主要有两种：发泡聚苯乙烯（EPS）和发泡聚氨酯（EPU），两者间的性能指标差异可参考下页上表。

山地车头盔	城市车头盔
计时车头盔	BMX 头盔
公路车头盔	速降车头盔

目前，多数头盔厂商仍以 EPS 为主要制造材质，主要是考虑当前的轻量化热潮，以重量轻、强度高、造型多样化为主要诉求，当然价位与重量成反比，重量越轻价格就越高，此外 EPS 也不太符合环保要求。

而 EPU 则为平价头盔主流使用，是新手及学生群体首选。其优点是简单、便宜、耐用、可回收，但其重量及普通的外形往往让爱炫、爱比较的狂热自行车运动爱好者及追求轻量化的赛车手们无法接受。

不同材质头盔的性能指标差异

性能指标 \ 材质	发泡聚苯乙烯（EPS）	发泡聚氨酯（EPU）
重量	约 300g	约 500g
造型	较具变化、流线感	外观较无变化
价位	较高	较平价
耐用性	较差	佳
安全性	佳	佳

头盔中不同结构/配件的使用特点

结构 & 配件	主要特点
in-mold 技术	传统帽体与外壳为分开制造，于完工后给予贴合，但帽体经撞击后，无法从外壳明确判断帽体内部是否受损；in-mold 技术是于制造阶段、将材质与内外壳一同发泡融入接合，不但使造型更美观，撞击后也可明显分辨帽体是否已受损而不能继续使用
C 型骨结构	于内部设置 C 型骨结构为近年来较新颖的技术，通过此结构能减少 EPS 使用量，使头盔达到轻量化，但强度不变（甚至更强）；结构材质方面除了聚氨酯外，亦有采用碳纤维等轻量化高强度材质
通风孔	通风孔能让冷空气进入帽体，将骑行过程中产生的热气排出，孔数越多对帽体强度越不利；设计优良的头盔能兼顾透气性及强度
帽檐	主要功能为山地车遮阳及起到装饰作用；公路车视线较低，因此不建议采用帽檐款式。若是可拆式帽檐，使用者可依骑乘车种选择是否装设
锁固系统	由美国知名厂商 Giro 于 1993 年发明，锁固系统能随时调整头围，以适合不同头型使用；于颠簸路面使用时，能确保帽体不致前后移位而影响视线。目前技术已相当成熟，平价头盔亦大量采用；建议选购时将此系统列为重点考虑标准之一
帽带	受撞击时能确保头盔与头部结合不致分离，是锁固系统发明前唯一固定头部的方式；目前帽带材质已更为柔软、服帖，耐拉力更强
帽扣	帽扣设计需耐拉、不易因撞击而损坏，扣具使用需趁手、易穿脱
耳下环扣	帽带配件，于耳朵下方固定使用，能避免帽体移动
吸汗内衬	贴于帽体内部，吸汗且快干，使佩戴更舒适

包装用缓冲材料之特性比较表

特性 材料	缓冲吸震性	缓冲复原性	缓冲静压缩	耐候性	耐油性	吸水性	加工性	普及性	回收性
瓦楞纸板	60%	20%	15%	差	差	30%	好	多	100%
纸浆成型	70%	30%	15%	差	差	30%	尚可	少	100%
发泡聚苯乙烯（EPS）	90%	60%	8%	好	差	10%	好	多	100%
发泡聚乙烯（EPE）	95%	85%	5%	好	好	8%	尚可	少	50%
发泡聚丙烯（EPP）	95%	80%	5%	好	好	8%	尚可	少	50%
发泡聚氨酯（EPU）	85%	50%	15%	好	好	8%	尚可	少	50%
气泡胶膜	60%	60%	25%	尚可	差	20%	好	多	50%
泡棉（SPONGE）	80%	95%	20%	尚可	差	50%	好	多	20%
真空成型胶膜	40%	60%	0%	好	好	0%	尚可	多	50%

如何选购适合的骑行头盔？

在购买一款骑行头盔前，我们首先要考虑到使用者的年龄和头盔的用途，除此之外，还必须注意头盔质量、头围尺寸和佩戴的舒适性，按照以上标准来选择一顶最适合的头盔。

1. 头盔质量

合格的头盔产品需要通过安规标准CE NE1078（欧盟标准）。

2. 头盔尺寸选择

不同的头盔厂商所制定的头盔尺寸规格不尽相同，但按照常规来说，骑行头盔的尺寸主要分为以下三种。

L 码：58~62cm
M 码：55~58cm
S 码：51~55cm

因此，我们要先了解自己的头围尺寸，再相应地选择头盔。

头围测量方式：

（1）用软尺沿着眉毛、耳朵上沿量一圈，量两次，取平均值。

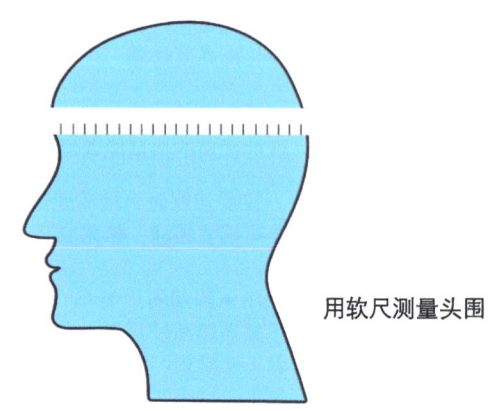

用软尺测量头围

（2）头宽测试方法。用直尺测量头的宽度，即双眼下视时，两耳之间直线最宽的距离。

（3）头长测试方法。用直尺测量头的长度，即双眼下视时，前后脑之间直线最长的距离。

第 9 章 | 骑行装备

> a. 为了更好地保护使用者,请正确佩戴头盔;经运动碰撞后的头盔,请勿再使用,要立即销毁和更换!
>
> b. 如果你佩戴头盔的同时还有戴近视眼镜或骑行眼镜,切记要先戴头盔、再戴眼镜,镜腿不应当插在帽带和脸颊之间。否则,一旦骑车时摔倒,被帽带夹住了的眼镜会给眼睛造成二次伤害。

3. 正确佩戴头盔的要领

(1)戴头盔。水平戴在头上,尽量对齐眉毛或与之平行。

(2)松紧度。嘴巴张开时觉得紧,闭嘴时觉得松。

(3)锁扣。应被放在下颚的位置,不能摆在腮骨的位置,否则会有致命危险!

(4)帽带扣。有两个,位置应在耳垂正下方一指宽位置,而不能离耳垂太远,否则容易在意外发生的时候使头盔脱落。

4. 帽带和帽扣的调节方法

帽扣即位于帽带上、可以上下移动的压扣装置,左右各有一个。

常见帽扣的移动方式,如图示(A)。

帽扣的位置应在耳朵下沿,如图示(B)。

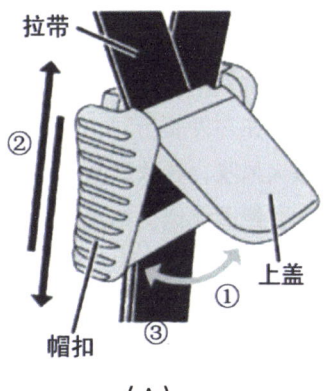

(A)

① 掀起上盖。
② 调节帽扣上下方向至合适位置。
③ 压合上盖,扣紧。

佩戴方法图示

(B)

> 过松的帽带易导致帽体从头部滑落。出于安全起见,请在调节帽带后将帽扣盖片闭合。

2 骑行眼镜

在户外骑行,除了头盔之外,另一个非常重要的装备就是骑行眼镜,它可以针对性地为车手的眼睛提供有效防护。

很多人都觉得骑车时戴太阳镜就可以了,但实际上,骑行眼镜和太阳镜有天壤之别。因为骑行眼镜除了能够阻挡紫外线和强光照射之外,还具有防风的作用。我们在户外骑行时,常有沙尘等异物进入眼睛或是被大风吹,导致眼睛流泪不止甚至刺痛难忍,严重的可能因此患上结膜炎。而防风功能就可以大大降低眼睛得结膜炎的几率。

骑行眼镜较常用的镜片是 PC 偏心片,除了具备防紫外线等基本功能之外,PC 片还很轻,且耐高温、不变形,抗冲击性很好,即使用锤子敲打也不会破裂。用 PC 片制作的骑行眼镜保护性极强,不会因为摔车时镜片破裂而伤到眼睛。

一副制作精细的骑行眼镜,是可以调节镜架和鼻垫、快速更换不同颜色镜片的

骑行眼镜的选购

市场上,骑行眼镜的价格有高有低,便宜的几十元,贵的可达数千元。好的骑行眼镜之所以贵,一般贵在合理的设计、优质的材料及精细的做工,另具备以下特性。

佩戴舒适 对眼睛的包覆较全面,能防止外界光线干扰视线,让眼睛感觉不到强风吹袭。

稳固可调 好的眼镜镜脚和鼻垫可以进行调整,以适应不同的脸型和鼻梁高度,将颠簸路面的影响降到最低。

更轻盈 轻盈的镜架及镜片可以增加佩戴的舒适度,缓解鼻梁和耳朵的承重压力。

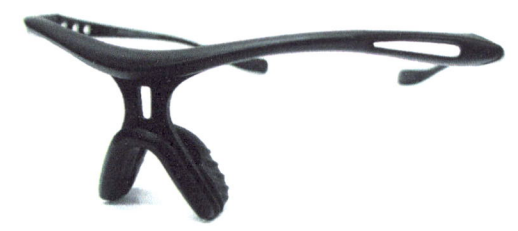

材质好的眼镜架弹性好,抗冲击能力也强

抗冲击力强 在遭受撞击时,镜架与镜片不易折断或破碎,不会对眼睛造成伤害。

表面光滑 摔车时,光滑的表面与皮肤接触,不易刮伤皮肤。

高温耐受力强 在一定时间内可以抵抗高达 300℃以上的温度,也不容易熔解。

针对不同的户外环境,骑行眼镜的镜片又有多种颜色可选。其中最常使用的是黄、蓝、黑、透明、镀铬反光五种颜色。这五种镜片各有特点,选择正确的颜色才能让骑行眼镜发挥其最大的功效。

黄色镜片 适合傍晚使用,通过增加对比度来提高视觉清晰度。

蓝色镜片 在雾天或能见度不高的天气使用。

黑色镜片 一般适用于阳光强烈的中午。

透明镜片 主要用于挡风,大幅减少眼睛患结膜炎的几率。

镀铬反光镜片 专用于雪地或高原地区,可防强光、强紫外线照射。

变色镜片 镜片会根据环境色温自动改变颜色,以适应不同环境的使用。

3 骑行服饰

参与自行车运动,不仅需要注意速度、耐力及技巧的平衡掌握,更不可缺少一身好的骑行服装来保护自己。

从专业的角度来说,骑行服饰大致分为骑行服、骑行裤、骑行外套、骑行配件等四大类,不仅从款式的确定到色彩的搭配都要经过精心考量,而且功能性面料的选择与开发更是设计的关键。

骑行服

跟平时穿的休闲服饰不同,骑行服有如下优点:

(1)鲜艳耀眼的颜色可以有效提高引起机动车驾驶员注意的几率,增强骑行的安全系数。

(2)穿着外表不同寻常的骑行服出现在道路上时,马上就会成为"主角",更能凸显自己的个性。

(3)骑行服符合人体工程学的立体剪裁流线贴身,可以有效减少风阻,让使用者更能体会到骑行运动带来的乐趣。

目前骑行服的技术发展方向主要集中在空气动力学方面,面料优化,进一步强调3D剪裁,加强弹力设计,都可以减少骑行中的衣服抖动,降低风阻,提升空气动力学效果。

根据外观的不同,骑行服分为四种:无袖骑行服、短袖骑行服、长袖骑行服和长袖抓绒骑行服。车友们可以根据自己的喜好和天气情况来选择不同种类的骑行服。

骑行服的外形特点

(1)骑行服的后襟明显比前襟长很多,这是考虑到骑车的前扑姿势与正常行走时的直立姿势不同。一般的衣服也有这样的设计,但是在骑行服装上尤其明显和突出。

（2）一般骑行服的后背或侧面都有一些小口袋，可以存放食物、手机、钱包等随身携带的小物品，让车友在骑行时也能够很方便地伸手取物。

（3）考虑到骑行的姿势正是胳膊伸到最长的状态，所以长袖骑行服的袖子一般都比同尺寸的衣服要长一些，这样可以保证骑车的时候，衣袖仍然能够覆盖手腕等部位。

骑行经验丰富的车友还喜欢穿着骑行内衣来搭配骑行服。骑行内衣的面料触感更舒适，具有高超的排汗导湿功能和一定的保暖功能，从而保持身体在运动过程中的干爽状态，配合骑行服穿着的速干效果更加出色。

骑行裤

如果你是一位刚刚加入自行车运动的朋友，那么你至少要有一条骑行裤。

骑行裤的种类分为：1/2 骑行裤（短裤）、3/4 骑行裤（七分）、4/4 骑行裤（全长）。

骑行裤多为莱卡面料，其高效的延展性和回弹性可充分缓解运动疲劳，而且莱卡面料光滑的表面减少了腿部与骑行裤之间的摩擦，可以起到一定的保护作用。

背带骑行裤

有些人认为背带骑行裤穿脱不便，所以敬而远之。但实际上，背带骑行裤更符合自行车运动的特点，可以有效缓解腰部疲劳，使骑行更加省力，也是专业运动员的不二选择。

背带骑行裤

骑行外套

根据功能的不同，骑行外套分为骑行夹克、骑行风衣、骑行坎肩和骑行雨衣等。

骑行夹克是保暖系数最高的骑行装备，可配合骑行服穿着。其面料多为三层复合结构：里层起绒保暖、中间夹层透气薄膜、外层防风防水面料，解决了冬季骑行的排汗和保暖问题。

骑行风衣的面料轻薄，带有防风涂层，穿着在骑行服外面可以有效挡风、起到保暖作用，一般适合较凉爽天气或者骑车下山时穿着。

骑行坎肩穿着在骑行服外面，可以有效挡风，起到保暖作用；相对于骑行风衣而言，透气效果更佳，更能减少风阻。

骑行雨衣是骑车旅行的必备品，好一点的骑行雨衣既能有效防水，又不失透气功能。其防水涂层面料柔软轻薄，不需要穿着时可以折叠装入小袋，保管方便。

骑行配件

骑行配件具体包括：骑行帽、面罩、头巾、护耳、护臂、护腿、护膝、鞋套、绑腿带、骑行手套、骑

选购骑行裤时，首先要注意垫裆部位。垫裆的海绵并非越厚越好，关键在于海绵的恢复性和透气性，海绵厚薄要适中，过厚不利于骑行，过薄则不适感明显。

行袜。在本书中,骑行手套和骑行袜将会在本章第4、5节详细介绍,接下来主要介绍前面几种骑行配件。

骑行帽 主要特点是排汗、透气、速干、抑菌。好的骑行帽一般使用COOLMAX等优秀面料制作,在冬天结合头盔佩戴的话,还能起到保暖作用。另外,保暖头套和保暖小帽也属于骑行帽范畴,主要用于冬天骑行时御寒保暖。

TIPS! 什么是COOLMAX？

COOLMAX是一种吸湿排汗的纤维材料,为美国杜邦公司所研制。与普通纤维不同,COOLMAX纤维的横切面拥有更多孔道,可以将水分子迅速导离皮肤表面,让汗水更快蒸发,使皮肤保持干爽舒适。

头巾 又称百变头巾，有多种佩戴方法。当空气质量比较差时，可以将头巾戴在脸上以避免尘土吸入呼吸道或弄脏面部，还有一定的保暖功能。有些头部易出汗的车友也可以将头巾戴到头顶再佩戴头盔，就可以配合排汗，也便于清洗。

护耳 主要用途是防风保暖，适合在冬天气温低的环境使用，保护耳朵不被冻伤。

护臂/护腿 具有防晒和保暖的功能。一般女性车友比较钟爱用护臂和护腿搭配短袖骑行服和骑行短裤穿着，当阳光较强烈时可以充分保护皮肤不被晒黑、晒伤，不需要时可取下放入骑行服后兜，穿脱方便。另外，护臂和护腿也可以在早晚天气较凉时骑行穿戴，可以有效保暖。

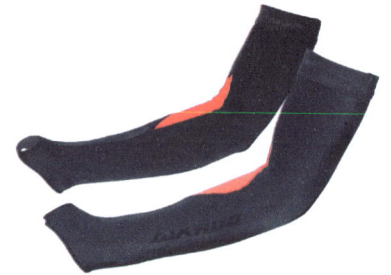

护膝 保护膝盖，避免因骑行导致膝盖受损。

鞋套 套在骑行鞋外面使用，通常有两种用途，一是利用光滑的表面降低鞋子风阻，常见于公路车职业赛；二是防风、防水及保暖，兼具透气性。

夏天的常规骑行着装是短袖骑行服＋骑行短裤＋护臂＋骑行袜＋头巾，因为天气炎热，护腿和骑行内衣可视情况决定是否穿着

绑腿带 用于束住裤脚，避免风吹裤脚、卷入牙盘。绑腿带上也有反光涂装，能起到一定的保护作用。

骑行服饰的搭配穿着

在选择骑行装备的时候，男性和女性的骑行服是有所区别的。除了图案设计的风格不同，由于男女在身材体型上的区别，所以骑行服的版型也会分为男版和女版。如女士骑行服上身版型会比男士的稍瘦小，腰部稍微收紧。男士骑行裤的垫裆前端则稍长一些。

由于骑行服为运动时贴身穿着，对面料的舒适性要求很高，所以在不同的季节里，骑行服的选购搭配也是有讲究的。天气较寒冷时，通常选用保暖、透气、热绝缘性好、背面起绒的功能性面料。天气较热时，排汗、透气、易洗快干的轻质面料就成为首选。

不同季节的骑行服搭配建议

春夏季节
- 无袖骑行服 + 骑行短裤 + 骑行袜
- 短袖骑行服 + 骑行短裤 + 骑行内衣 + 护腿 + 护臂 + 骑行袜 + 头巾
- 长袖骑行服（薄）+ 4/4 骑行长裤（薄）+ 骑行内衣

秋冬季节
- 骑行坎肩 + 长袖骑行服（薄）+ 骑行内衣 + 4/4 骑行长裤（薄）+ 骑行袜 + 头巾 + 鞋套
- 骑行风衣 + 长袖骑行服（薄）+ 骑行内衣 + 4/4 骑行长裤（薄）+ 骑行袜 + 头巾 + 鞋套
- 骑行夹克 + 长袖骑行服（起绒）+ 骑行内衣 + 4/4 骑行长裤（起绒）+ 头巾 + 鞋套

4 骑行手套

现阶段，自行车骑行手套在中国的普及情形和一百年前美国篮球鞋从运动鞋的概念里清晰细分出来的历史颇为相似。正是由于最近几年来自行车运动在中国的高速发展，对于骑行装备的专业化提出了更高的要求，使得骑行手套越来越受到车友们的重视。

骑行手套的种类

骑行手套本身是自行车运动的衍生品，所以它的种类是根据不同类型自行车的运动特点及要求来划分的。根据自行车运动特点的不同，骑行手套分为山地车骑行手套、公路车骑行手套、表演车骑行手套等。

另外还有一种比较粗略的划分方法，是按照季节特点而分为夏季手套、春秋季手套和冬季手套。

如何选购一副好的骑行手套？

选购骑行手套时，必须仔细了解这款手套的具体功能。

保护功能 自行车运动充满魅力也伴随意外，如遇跌倒，人的第一反应是以手支撑身体，戴手套和不戴手套的差别就很大了。

避震功能 掌心的避震结构很重要，选购时，建议先试戴手套，握车把体验一下手感。

防滑功能 掌心是直接接触和控制自行车的身体部位，对于自行车骑行手套而言，通过掌心面料滴胶等方式提升手套的良好防滑性，是非常必要的。

拭汗功能 在手套大拇指处有一块毛茸茸的部分，一般称之为毛巾布，在骑行中的主要功能就是擦拭汗水。

提醒功能 越来越多的骑行手套增加了反光片、反光涂层，主要目的是在夜间骑行时增加安全系数。

防晒功能 除了以上功能，骑行手套还有一些功能是小部分群体所主要考虑的，比如说防晒功能，许多女性车友在夏天因为害怕皮肤晒黑，还会选择使用长指骑行手套。

夏季半指手套　　　　冬季长指手套

5 骑行鞋袜

骑行鞋种类繁多，根据结构的不同，主要分为锁鞋与非锁鞋。根据骑行环境的不同，骑行鞋还可分为公路骑行鞋、山地骑行鞋、全地形骑行鞋、城市骑行鞋、速降骑行鞋、铁人三项赛骑行鞋等。不同于普通的运动鞋，骑行鞋的鞋底偏硬，可满足提高踩踏效率的要求，此外骑行锁鞋还装设有锁片，可配合自锁脚踏使用。在国内外的各大自行车职业竞技赛事中，骑行锁鞋是参赛选手的标准装备之一。

骑行锁鞋的优点

骑行锁鞋需要和锁踏搭配使用，主要具有以下优点：

（1）让踩踏更省力、更有效率。穿上锁鞋后，通过"踩、拉、提、推"的动作，可以节省至少25%的踩踏力量。此外，锁鞋鞋底比较硬，可以将脚部踩踏力量很好地传导到脚踏上，而不会造成泄力。

（2）颠簸路面通过性高，提高踩踏频率。尤其在公路高速骑行或颠簸山地路面的骑行环境下，如果没有穿锁鞋，双脚一旦踩踏不稳，就很容易和脚踏分离，这是非常危险的。但穿上锁鞋之后，双脚可稳定地踩在踏板上而不必担心脱脚、踩空。

（3）由于锁鞋对脚的固定作用，可以帮助纠正错误的骑行姿势，避免膝盖因双腿外八等错误姿势而损伤。

不过，骑行锁鞋需要熟练使用才能真正发挥出它的优点，如果没有掌握好解锁的时机，在遇到突发状况时很容易连人带车一起摔倒。因此，建议车友们平时应多练习穿锁鞋骑车。

骑行鞋的分类

不同类型的骑行鞋有着不同的性能特点，下面就重点介绍公路骑行鞋、山地骑行鞋、全地形骑行鞋与城市骑行鞋等四种常见的骑行鞋类型。

1.公路骑行鞋

公路骑行鞋讲究轻质化，并且为了保证脚和踏板之间的最小距离以及最佳的透气性，鞋底也是越薄越好。但是为了骑手能更有效率地把踩踏力量传至脚踏，鞋底的硬度是越硬越好。所以，所有的公路骑行鞋都是在往重量越轻、鞋底越硬的技术方向发展。好的骑行鞋底，不仅重量轻、硬度好，而且能与市面上的主流脚踏兼容，更能帮助专业车手提升踩踏效率。

对于普通公路车运动爱好者来说，并不需要特别追求鞋底的硬度与重量，最重要的还是骑行途中的舒适度。

在骑行过程中，脚部会随着运动神经的扩张而肿胀、流汗，因此需要随时调节骑行鞋的松紧程度。下图这款骑行鞋上设有快扣装置，骑手不需要下车，直接按快扣装置的按钮，调节松紧都只会进退一格，不仅便利，还十分人性化。

公路骑行鞋与鞋底构造

2. 山地骑行鞋

选择山地骑行鞋时,不仅要关注鞋底对艰苦场地的抓地力,更要关注鞋底的硬挺度。现在有一些厂商已经将碳纤维材料运用在鞋底上,这样既能提高硬挺性,也可以满足轻便性要求。

好的骑行鞋,会在鞋面增加很多透气孔来保证脚部的良好透气性。鞋面的两侧和前段还可以采用PU全熔接材料黏合巩固技术,来保护脚部不被石头或树枝的刮伤,同时还能保证鞋子更轻、穿着更舒适。

山地骑行鞋与鞋底构造

3. 全地形骑行鞋

全地形骑行鞋综合了公路骑行鞋与山地骑行鞋的优点,不仅要保证鞋底的硬度,而且要保证鞋面的透气性。优良的全地形骑行鞋通常采用GORE-TEX材料,它的网孔比汗珠分子大700倍,鞋子上的气孔体积是水滴的两万分之一,因此能保证完美的防水性和透气性,从而满足各种地形环境的骑行需要。

除了鞋面采用GORE-TEX材料,好的骑行鞋还会采用VIBRAM材料制作鞋底,保证在任何地形下都能提升30%的抓地力,而寿命比传统橡胶材料长20%。

总之,在选择全地形骑行鞋时,应着重考虑透气性、防水性以及鞋底的抓地力。

4. 城市骑行鞋

近些年,随着低碳生活方式的推广,以及日常必需的城市流动性,让人们意识到骑自行车才是走遍城市最快的方法。越来越多的人开始骑自行车上班,周末则骑车到城市周边郊游,讲究穿着舒适度和靓丽外形的城市休闲骑行鞋应运而生,是城市骑行的最佳装备。

5. 骑行袜

在骑行过程中,骑行袜扮演着十分重要的支援角色。就算骑行鞋再好,如果穿的是普通袜子,那也无法完全发挥出鞋子本身的功用。尤其在进行长时间的骑行后,普通的袜子会由于不排汗、不吸湿等原因导致脚部不适。而骑行袜的主要功能就是排汗、吸湿和耐磨,它能保证脚部排出的汗水被迅速蒸发,从而为体表降温,让脚部皮肤保持干爽舒适。

一双合格的骑行袜,应当是在任何温度下,都能够保持脚底的干爽舒适。

此外,在骑行过程中,脚底要始终与踏板保持

全地形骑行鞋

城市骑行鞋

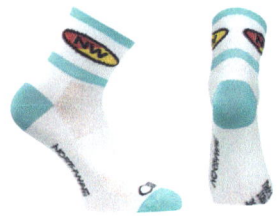
骑行袜

接触，因此骑行袜一般都会在脚后跟和脚尖处增加弹性，从而缓解肌肉疲劳，使之能够运动更长时间。

好的骑行袜往往价格不菲，贵的甚至要上百元一双。这是因为它使用了 COOLMAX 面料，更能保证吸湿、排汗效果。

骑行锁鞋是各大自行车职业竞技赛事中的标准装备

6 骑行包袋

骑车的时候，我们常常需要携带一些维修工具、备用零件，以备不时之需。有时可能还会携带其他个人物品，如水袋、食物、相机等。因此作为盛放物品的装备，骑行包袋的作用不容小视。

骑行包袋的种类

按照外形与功能的不同，骑行包袋主要分为：腰包、驮包、座管包、车架包、背包等。

TIPS!

百公里以上骑行不背包

一般超过100km的骑行，是不建议背包的。因为长时间的背负会造成肩颈肌肉过度拉伸，导致关节酸痛、头痛等问题。本章节提及的"长途背包"，"长途"特指20~100km的骑行距离。

1. 腰 包

由于轻便、随身的特点，腰包是重要的骑行辅助包具，容量一般在 4L 以内。有的腰包甚至可以在必要时调节成为小背包。

2. 驮 包

驮包因需要固定在自行车货架上驮负而得名。为了保持车架平衡，驮包一般以两个为一对，左右对称安装，适用于多日长途骑行，容量大，多在 60~70L 之间。

根据固定位置的不同，驮包又分为：前驮包，后驮包。

3. 座管包

座管包是固定在座管上的，可用于存放自行车内胎、基本维修工具、钥匙等。容量通常在 2L 以内，主要利用两种方式来固定：魔术贴固定环、卡位固定器。

4. 车架包

固定在自行车车架上的包袋，通常用来放置个人零碎物品或小型维修工具等。按照固定位置的不同，分为：前三角包、后三角包、手把包、车首包。

5. 背 包

这是骑行包袋中的最主要类型，用于放置骑行过程中必备物品，适合100km以下骑行使用，容量一般不超过30L。

根据自行车运动种类的不同，骑行背包分为速降背包、越野背包、竞赛背包、穿越背包、山地背包、长途背包等。

骑行背包结构分解

背包是唯一要由人身背负的骑行包具，因此对其综合性能的要求最高。一款好的骑行背包，应该拥有良好的通风系统、科学的背负系统、优越的防水功能、合理的容量与袋仓设置。此外背包面料、水袋系统、头盔挂袋、安全识别性能、卡扣配件等也是评断背包质量的重要参考。

现在国内市场上中高端骑行背包品牌包括ARC`TERYX、OSPREY、GREGORY、VAUDE、DEUTER等。相较于二十多年前户外运动热刚兴起的时候，如今的骑行背包制造技术可以说是突飞猛进，不仅功能方面越来越人性化、多样化，而且背负系统设计也更加科学。

骑行背包的主流背负系统分为两种：

网架背负系统 多为轻金属框架结构，利用悬浮网孔给背包和使用者背部之间留出较大空间，很好地提升了背部的透气性。

智能背负系统 外形可伸展的内置铝结构为使

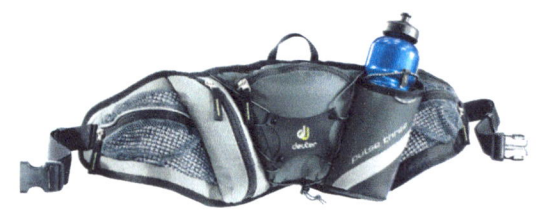

腰包

驮包

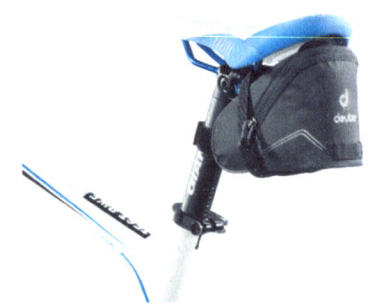

使用魔术贴固定的座管包

使用卡位固定器固定的座管包

用者背部的弯曲和伸长提供支持，同时大幅减少背包与背部接触面，起到很好的透气效果。

除了上述两种之外，还有部分品牌专为女性车友研发出女性背负系统，例如 DEUTER 的"SL-Women's Fit"。

骑行背包的肩带设计也出现了两种趋势：

泡棉肩带 柔软舒适，具有缓冲吸震作用，适合负重较多时使用。

网孔状肩带 延展性佳，灵活可调，适合短途骑行时使用。

如何选购合适的骑行包袋

如何选购一款最适合自己的骑行包袋？主要应从以下两方面进行考虑。

运动类别 你是只打算骑车上下班，还是想要进行长途旅行？自行车运动的类别首先决定了何种包袋适合你。

包袋选择建议

日常骑行：背包 / 腰包 / 座管包 / 车架包

单日骑行：背包 / 腰包 / 座管包 / 车架包

多日骑行：驮包 / 车架包

就骑行背包而言，还有速降背包、越野背包、穿越背包、山地背包等多种款型，其背负系统、容量大小、功能细节各有不同，你可以结合自己所要进行的运动类型来考虑选择。

性 别 男性和女性在身体素质、身形特点方面有较大区别，因此在选购包袋尤其是骑行背包时，要注意商品有无区分男款 / 女款，同时一定要当场试用一下，看型号是否合适。

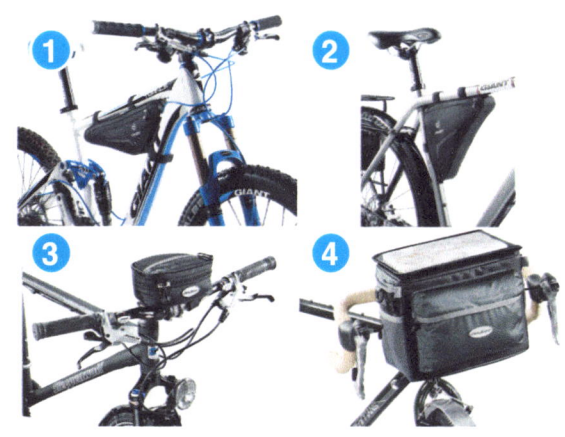

① 前三角包　② 后三角包
③ 车把包　　④ 车首包

越野骑行背包

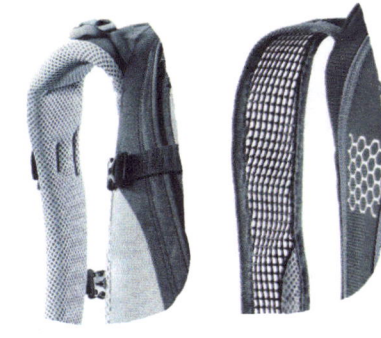

泡棉肩带　　　网孔状肩带

7 骑行水壶 / 水壶架 / 水袋

骑行水壶

水是生命之源，骑行水壶则是骑行途中必不可少的装备之一，它主要分为两大类：塑胶水壶和金属水壶。

1. 塑胶水壶

塑胶水壶包括软胶水壶和硬胶水壶。它们的最大区别，在于软胶水壶用手捏则内凹，硬胶水壶则不会。

塑胶水壶的优点：可以单手开启，不必下车就能喝水。

缺点：易产生异味；不耐受低温和高温；易被尖锐物体戳破。

选购塑胶水壶时要先查看水壶底部，正规生产的水壶底部都会有一个带箭头的三角形标志，三角形内的数字编号从"1"到"7"，代表了塑胶水壶所使用的不同材质和适用环境。

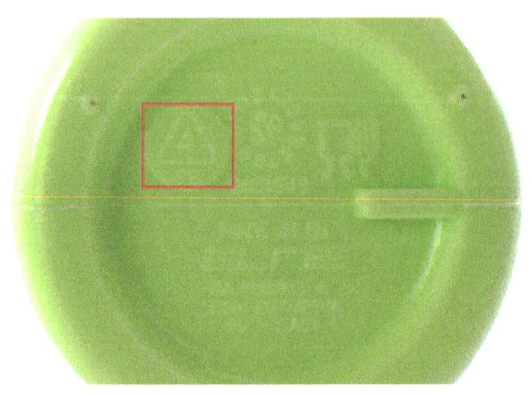

通常水壶的瓶身使用2号或4号。

2号高密度聚乙烯材质可耐110℃高温，但不易清洗，可能滋生细菌。

4号低密度聚乙烯材质可耐100℃高温，是运动水壶的常规材质，但通常建议水温不超过80℃，否则易使瓶身变软，且有异味。

好的塑胶水壶，瓶盖一般为5号聚丙烯材质，可耐130℃高温，另外有的水壶瓶盖会搭配防尘盖，以免灰尘污染饮水口。

2. 金属水壶

金属水壶一般分为两大类：铝制水壶和不锈钢水壶。

铝制水壶的主要特点是：轻便；耐摔；易携带；密封性好；内部涂层能确保水壶有效防霉、保鲜、防腐。

铝制水壶的缺点：易因磕碰而凹陷变形；导热性强，盛放热水则烫手；不能盛放碳酸果汁等软饮料，否则可能损坏内部涂层。

不锈钢骑行水壶可分单层和双层两种。它们的最大缺点在于比较重，但一般磕碰不易变形，双层不锈钢水壶还具有保温作用。

铝制水壶　　不锈钢水壶　　塑料水壶

水壶架

水壶架是与骑行水壶配套使用的自行车装备，同样分为塑料、金属等不同材质，通常装载于自行车上，装载固定位置包括：车架下管；立管；座管；前叉两侧；车头。

需要提醒的是，水壶架与水壶均有不同型号可选，选购时要注意二者大小是否相一致，避免出现水壶架太小、装不下水壶，或是太大导致水壶左右摇晃磕碰的情况。

水 袋

水袋一般需要与骑行背包搭配使用，装载固定于背包的水袋仓内，并通过独立出水口伸出吸管，骑行者只要偏过头咬住吸管即可喝水，十分方便。

水袋的容量一般在 1~3L 之间，适合短途骑行使用。如果要进行多日长途旅行，则还是建议使用水壶为佳，不仅补水方便，而且不会因长时间背负而致肩膀酸痛。

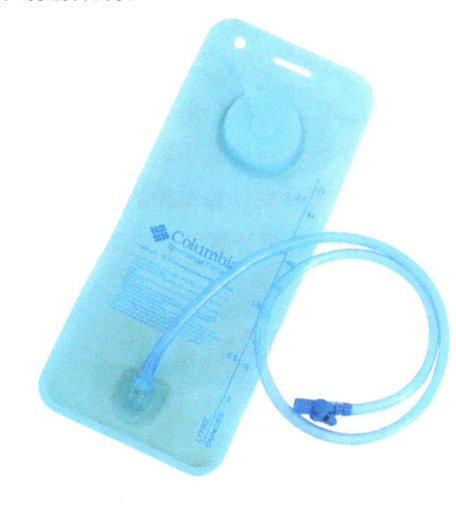

水袋

8 自行车码表

码表在自行车运动中的角色

码表和自行车运动有着紧密的联系。想想我们骑自行车时，除了自我身体的感觉外，如果缺少了码表上的数值显示，你将如何了解当前的骑行状态呢？

大多数人对自行车车架/轮组与变速器等主件的关心程度，更甚于关注码表。究其原因，主要在于人们对码表的理解，还局限在传统的速度显示上，因此认为码表不是必备的骑行装备，而有所忽视。

其实，骑车时使用码表跟佩戴头盔一样重要，它们都是必要的安全性产品，毕竟在一些路况复杂的地段或下坡时，需要靠码表的显示来合理控制骑行速度，避免产生意外。

此外，自行车码表就像是人的眼睛，不仅码表上的数据显示会告诉你当前的身体状态，你也能借助码表上的数据显示来做体能分配上的科学调整，以便发挥身体最大的输出能力。现今采用码表与运动科学分析搭配的整合系统，已是自行车运动中需要了解的正确科学观念，也是专业自行车手在有限时间内提高体能所必备的装备。

所以，除了单纯的速度显示外，码表还具有新的作用：提供"科学化的分析与分享"以及"训练课程"等多重化的网络功能，通过简便易懂的数据，提升车友的运动强度与能力。在越来越多的自行科学设备中，码表将透过显示屏来扮演骑行运动中信息整合与传导的主角。

码表的类型

目前市面上的码表主要有两大类。一种是传统的有线或无线自行车码表，以知名品牌 Sigma、Cateye 为代表。其工作原理是通过手动设定车轮的周长（含外胎），利用固定于前叉位置的感应器及固定于辐条上的磁铁来计算车轮的转动频率，码表内置芯片根据以上数据计算并显示即时速率。

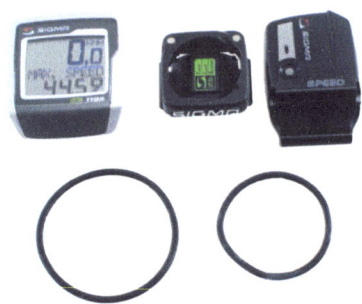

无线码表，配有安装基座和传感器

另一种是 GPS 码表，以 Bryton 百锐腾、Garmin 佳明两大品牌为代表。除了包括传统码表的速度测量功能，还能提供更多的专业运动数据，通常通过卫星定位进行测速，利用气压计进行高度测量。GPS 码表信号易受地形干扰，在山地骑行中易出现信号中断的情形。高端 GPS 码表亦会配置 ANT+ 协议的感应器和磁铁等传统测量配件，测量数据更精确，并可减少信号干扰对数据收集的影响。

传统有线或无线码表的功能是在显示器上单独显示速度等数据，但不带有任何运动分析系统；而 GPS 码表则除了方便通过 GPS 取得速度资料的优点之外，有些还同时具有云端运动数据分析的特色功能。

上述两类码表各有优缺点，专业的 GPS 码表能提供运动时所需要的数据分析服务，虽然价格略高于传统普通码表，但是因为带有专业分析的功能，因而主攻专业市场。传统的计速功能码表由于采用简单的单晶片，耗能低且价格低廉，为中低端市场主流产品。

如何挑选适合的码表

挑选码表，首先要了解自己的需求。你是喜爱公路竞赛的速度感？还是为了分析山地爬坡的能力？抑或是为了一般健身或是城市内的日常骑行需求呢？唯有先了解骑车的目的或个人喜好，才能正确地选择码表。

如果骑车的目的是竞赛或健身，那么码表就要能记录运动时的身体状况、提供运动数据分析服务，以便作为下次骑行的调整参考。因此建议考虑带有云服务的 GPS 码表，这样才能透过它采集运动数据来进行分析与归纳。专业的运动分析可以避免车手由于运动强度与总量的不足，导致体能无法提升；同时也可以避免过度运动所产生的伤害。

如果你只是将骑车作为一般的运动，那么买个简单好用、显示清晰的普通码表，用来了解目前的骑行速度就可以了。

正确认识 GPS 码表

购买 GPS 码表除了要注意是否有 GPS 测速外，还要看它有没有专业的体能数据分析服务，以及这些分析服务的专业程度如何。

GPS 码表如果没有搭配云端分析的系统服务，那么就和普通码表差不多，只是取得速度等数据的方法不同而已。这类没有云端数据分析的 GPS 码表，就仅仅是有 GPS 测速的码表而已，却无法提供专业度高的运动数据分析服务以及图形化的图表，让用户更容易地分析了解每次运动的强度与总量。

9 打气筒

打气筒是使用单向阀原理对车胎内空气进行补充的一种工具，为所有自行车运动中必不可少的装备之一。按照外观来区分的话，打气筒可分为手动式、脚踏式、便携式，此外还有电动打气泵等。有的打气筒上还带有胎压计，可以更精确地计算车胎内空气压力。

配有转接头、兼容法式气嘴的便携打气筒

打气筒的另一种划分方法，是根据车胎气嘴的不同而分为英嘴气筒、美嘴气筒、法嘴气筒。

适用于英式气嘴的打气筒

英式气嘴（英嘴）多使用于休闲自行车，而变速自行车很少用到。其主要特点：英嘴内胎价格低廉；气密性差，经常需要充气，但可在街边任意一家普通车店里充气；橡皮管容易老化，金属气嘴易生锈，不易保养。

适用于英嘴的打气筒通常配备有专门的气嘴夹，但这类打气筒多比较低端。而高端的打气筒或便携式气筒都无法兼容英式气嘴。

适用于美式气嘴的打气筒

美式气嘴（美嘴）是目前的主流气嘴，又称摩托嘴，使用率最高。其主要特点是：耐高压，气压不够时漏气更快；气嘴直径大，广泛应用于气体容

积较大的内胎，兼容性好，平时充气方便。

目前市面上销售的打气筒基本上都适用于美式气嘴。

适用于法式气嘴的打气筒

法式气嘴（法嘴）目前主要使用在中高端运动自行车上，具有如下优点：耐高压，气嘴细而轻，气密性好，可以使用在极细的内胎或公路车刀圈上。

但法嘴的兼容性较差，不是所有的打气筒都适用，而且价格较贵，因此普及率较低，很多传统车店无法提供充气服务，而只能到专门的运动自行车店寻求帮助。如果你的自行车胎使用的是法嘴，那么就要配备专用的法嘴打气筒，或买一个带有美/法嘴转接头的美嘴打气筒。

 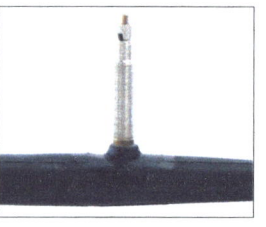

美式气嘴　　　　　　法式气嘴

在运动自行车领域，除了常见的美嘴、法嘴轮胎外，还有德式气嘴、意式气嘴等等，但在国内相当少见，因此本书不多赘述。我们在购买打气筒时，应根据自己的实际需求来购买，例如选购轻便的便携式气筒进行自行车旅行。另外建议配备带胎压计的打气筒，可以让你根据不同路况来调整爱车胎压，使得骑乘更舒适安全。

10 自行车照明设备

随着自行车运动的发展，如何提高自行车夜间道路骑行的安全成为了一个重要话题。传统的自行车灯饰主要为反光设备，依靠其他光源的照射而反射发出警示信号，但现在自行车车身自带主动照明设备已经成为主流，而且还从起初的单纯注重警示作用，发展到了兼顾美观、个性、时尚等，照明设备的种类也更加丰富了。

根据安装部位的不同，常见的自行车照明设备有以下几种：前灯、尾灯、辐条灯、刹车灯、气嘴灯、转向灯和把塞灯。

前 灯

自行车前灯通常固定在自行车把上，帮助骑行者看清前方路况，是夜间骑行的重要安全照明设备。

自行车前灯通常以采用LED（半导体发光二极管）固定照明的手电筒为主，但它又不同于普通的手电筒。其主要特点：① 灯泡寿命长，亮度高，低辐射，低功耗；② 实用方便，配备多种照明模式（如常亮、快闪、慢闪等），可以应对不同的骑行环境。

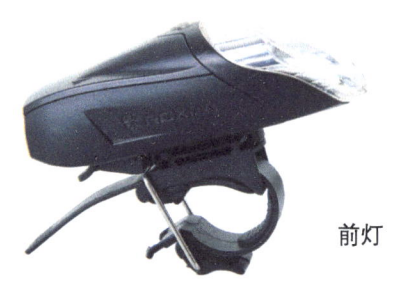

前灯

尾 灯

自行车尾灯通常固定在坐垫下方或是座管上,多发出红色光,同样有常亮、快闪、慢闪等照明模式,可起到明显的警示作用,避免被其他车辆追尾。

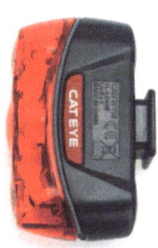

辐条灯

固定在辐条上的灯具,可以任意安装多个,随着车轮的转动,不同形状组合的辐条灯能形成图案各异、光彩夺目的流动光线,不仅醒目,而且美轮美奂。

转向灯

安装位置与尾灯相同,同时在车头安装手动开关或者手动拨盘,当自行车转向时开启转向灯,从而起到警示作用。

刹车灯

类似于机动车辆强制刹车灯,在自行车骑行过程中,通过计算加速度的变化感知刹车动作、连接车灯发亮,在减速刹车时可以更加安全地警示后方车辆。

刹车灯具体可分为人工线控型和无线自动感应型,二者在价格方面相差较大。有的刹车灯还兼具转向灯、尾灯等功能(如下图)。

气嘴灯

安装在自行车的气嘴上,通常为单感应震动型,随着车轮的转动而发光,从而产生类似风火轮的效果。要注意的是,有些气嘴灯不适用于法式气嘴,安装时需要另行配备转接头。

把塞灯

把塞灯是安装在自行车把塞位置的灯,安装时要先把自行车原有的把塞拔掉。

选购这些照明设备时，还应注意以下事项。

照明时间　自行车的照明设备通常使用电池供能，常用的电池有铅酸电池、镍氢电池和锂电池，此外也有使用太阳能供电的，你可以根据个人需求进行选购。例如前灯用电量较大，因而在野外骑行或者长途旅行中还必须配备有良好续航能力的高性能电池。从整体性能来看，锂电池最佳，镍氢电池次之，铅酸电池最后。

照明亮度　因为骑车不同于步行，如要保证安全，就需要留给车手足够的反应时间，3秒是一个大部分人都能接受的预警时间，由此来看，就要求实际照明亮度能够达到30m的视距。不过，车前灯并非越亮越好，它还需要提供足够的横向视野，而一般的聚光手电虽然主光斑很亮，但是并不能够满足3~5倍以上安全宽度，所以选购的时候既要注意亮度也要注意照明视野。

固定安装　自行车照明设备是固定在自行车上的，一定要注意是否固定牢靠，避免因路面颠簸造成松动，以致影响正常骑行。

例如安装车前灯时，就要购买适合自己车把管型的固定基座。同样，其他警示灯的固定安装也应该以不影响正常骑行为前提。

11　其他装备

除了以上常见的自行车装备之外，还有一些具有特殊功用的骑行装备，下面为大家简单介绍一下。

车载娱乐设备

车载音响。在骑行中尤其是长途骑行中难免会出现视觉疲劳、身心疲惫，使用车载音响可以放松心情、振奋士气，为车手带来坚持骑行的动力，而且相对于耳机而言，车载音响更安全。

带音乐播放功能的骑行眼镜。这样的骑行眼镜主要是靠蓝牙设备与音乐播放器来实现音乐播放与收听，价格从几十元到上千元不等，视乎具体配置而定。

车载摄像机

目前市面上有可以固定在自行车上或者是头盔等部位的自行车车载摄像机，比如GOPRO等，可

带音乐播放功能的骑行眼镜

以直接拍摄特殊角度（第一视角，后轮视角）的高清图片或者视频，特别是运用于极限自行车运动中，与常规高清摄像机拍摄的素材剪成合辑，可以提供强大的视觉冲击力。

另一方面，骑行时可以使用摄像机将自己的整个骑行过程记录下来，骑行结束后查看摄像机视频

回放,可以借此及时纠正错误的骑行姿势或调整拍摄角度,十分方便。

如今,车载摄像装备日益受到车友的重视,应用范围也越来越广泛。

保护装备

保护装备即用以保障骑行顺利、保护骑行者人身安全的各式装备,可能使用在自行车上或是骑行者身体部位,也可能与其他骑行装备配合使用。例如:反光镜,保护器(如后拨保护器、变速器保护器等),前叉护链贴,反光贴纸。

其他户外骑行装备

此外,还有很多与骑行相关的装备,包罗万象,如防雨布、装车包、挡泥板、脚撑、帐篷、睡袋、铃铛、喇叭、防潮垫、车锁、车篮、手机架、前叉套、车绑带和货架等等。骑行者可以根据实际需求进行配置。

安装在头盔上的
自行车车载摄像机

第 10 章
骑行安全

骑行途中的意外事故总是发生在没有做足准备的人身上。骑行之前,了解最基本的道路交通安全规则,以及道路上常见的不安全因素,可以帮助我们在发生事故之前就及时采取正确的预防措施。学会读懂和使用骑行手语,可以让骑行更安全和轻松。而夜间、雨雪天、高海拔地区等特殊环境下的骑行,都需要谨慎应对。

1 道路骑行安全准则

国内每年因交通事故而受伤甚至死亡的案例数不胜数,只有了解更多道路骑行安全准则,才能让安全常伴随行。无论是为了他人还是为了自己,都应将安全守则牢记在心,防患于未然。

单人骑行要注意的交通安全准则

基本装备要齐 骑自行车尤其是距离较长的骑行过程中,一定要戴上骑行头盔、戴上骑行手套。这是最基本的安全保护措施。如果风尘较大,最好戴上骑行眼镜。

遵守通行规则 在非机动车道上行驶,如果没有非机动车道,须靠道路右侧骑行;人行道上要推行;不上高速公路骑行。

闹市区小心慢行 闹市区交通较拥挤,骑行时速保持在 15~16km 为宜。尤其在人流较多的路段,要眼观六路,耳听八方,注意远离无大人监护、四处跑动玩耍的孩童,以及行动缓慢的老人,以防止意外发生。

横过机动车道时同样要谨慎,先看看左右,注意两方来车。经过路口/巷口要减速慢行,以防有人、车突然冲出相撞。

集中注意力,避免潜在危险 留意前方逆行车辆,尤其是许多城市没有专用自行车道,那么当你跟在一辆汽车后面骑行、视线受阻时,要特别注意会不会有自行车突然从前方汽车的侧旁逆行出现。如果刹车不及时,往往会酿成事故。

与其他车辆保持安全距离 从停止的车辆旁边经过时,需与其保持 1m 以上的安全距离,以免车门忽然打开或有人下车而与自行车相撞。如果道路较窄、无法保持安全距离,那么至少要慢速通过。

与其他车辆保持安全距离

在路上不能做的事 这些都是容易被人忽略的小事，却暗藏危险，应牢记避免：急刹车、随意变线；超速骑行、竞速飙车；戴耳机听音乐；闯红灯；载人、醉驾、并行、边骑车边通话或撑伞；双手离把、攀扶其他车辆。

团队骑行的安全准则

设领骑和收队 领骑始终骑在团队最前，需要熟知骑行路线，负责控制整个队伍的骑行速度、节奏，途中遇到异常情况要通过手语、铃语、言语等方式及时通知后方队员，休息时要选好安全地段。

收队始终骑在团队最尾，若发现有队员身体不适或掉队、车辆故障等异常情况，要及时通知领骑。

轮换领骑 领骑消耗的体力最多，可由队友轮流担任。

改变队列 领骑可根据道路情况，决定单列骑行还是双列骑行。单列变双列时，单数队员保持方向匀速向前，双数队员向内侧分离成列。双列变单列时，外侧队员保持匀速向前，内侧队员减速后向外侧插入队列。

保持车距 前后自行车应保持 2m 以上距离，如果是双列骑行，应保持 1.5m 以上的左右车距。上坡时，允许自由骑行，在上坡后进行短时休整。下坡时，宜采用单列队形，领骑需将时速控制在 30km/h 之内，后方队员不能随意超车，更不能超过领队。

团队骑行时不能做的事 除了单人骑行不能做的事，团队骑行还要注意避免以下事项：队内超车；嬉戏聊天；离开队列。

道路上的交通标识

这里所说的道路，主要指国家干线公路（国道）、省级干线公路（省道）和县级干线公路（县道）。其中，国道是跨省区公路，以 G 开头编号命名，路况较好，但车流量也大，且自行车道与机动车道之间通常没有隔离设施，所以尤其需要注意安全，不能随意改变骑行路线或突然转身。

省道是跨县市道路，以 S 开头编号命名。

县道以 X 开头编号命名，是县境内的跨乡镇道路，相对而言车少路窄。

不同于城市中的马路，国道、省道和县道通常不设路灯，应尽量避免夜骑。

此外，我们也需要了解道路上的各种交通安全标识，以便及早采取减速慢行或刹车等措施。

国道编号

省道编号

X18

县道编号

中国道路交通警告标志

 十字交叉路口
 T形交叉路口
 Y形交叉路口
 环形交叉
 向左急弯路
 向右急弯路

 反向弯路
 连续弯路
 上陡坡
 下陡坡
 两侧变窄
 右侧变窄

 左侧变窄
 窄 桥
 双向交通
 注意行人
 注意儿童
 注意牲畜

 注意信号
 注意落石
 注意横风
 易 滑
 堤坝路
 傍山险路

 施 工
 村 庄
 隧 道
 路面不平
 渡 口
 过水路面

 事故易发地段
 驼峰桥
 慢 行
 有人看守铁路道口
 无人看守铁路道口
 注意危险

左右绕行　　左侧绕行　　右侧绕行

中国道路交通禁令标志

禁止通行　　禁止驶入　　禁止非机动车通行　　禁止骑自行车上坡

禁止行人通行　　禁止骑自行车下坡

中国道路交通指示标志

机动车行驶　　机动车车道　　公交专用车道　　允许非机动车行驶

人行横道　　非机动车车道　　只供步行

在其他国家或地区骑行

不同国家或地区的交通规则不尽相同。例如在英国，自行车与机动车一样，必须靠左行驶。有的国家或地区还规定自行车必须安装照明、反光装置。

所以，如果想要在中国大陆以外的地区或国家骑自行车，应事先通过互联网搜索或通过使领馆查询等途径了解当地的交通规则，以避免不必要的麻烦。

一些国家对自行车骑士的装备有严格规定

2 道路上常见的不安全因素

了解道路上常见的不安全因素，可以帮助我们在发生事故之前就及时采取正确的预防措施。

急刹前刹抱死 出现前刹抱死，大多是由于操控不当、刹车用力过猛导致，严重的可能使骑行者整个人飞身向前摔出。

车轮打滑 湿滑地面骑行时车速过快、紧急刹车都容易导致车轮打滑、摔倒。

追尾 与前、后方车辆保持2m以上安全距离，提防前车忽然急刹，自己也要保持匀速骑行，避免被后车追尾。在路况不佳或视线不良的情况下应适当增大安全车距。

空气状况不佳 在灰尘漫天的路段骑行或遭遇雾霾天气，最直接的后果是刺激呼吸系统，引发喉咙疼痛，严重的可能使灰尘进入肺部。

前方有障碍物 公路车骑行时应尽量避让障碍物，而山地车骑行时，则需要根据路面状况，尽快做出减速还是加速碾过的决定。如果障碍物是相对固定的山地石块，那么就可以加速通过；但如果是不固定的小石块、水管等，山地车同样可能由于撞到偏角而摔倒。

对向车灯晃眼 夜骑时对面来车的远光灯可能影响骑行者视线，从而看不清前方道路。此时应减速慢行。

车辆逆行　快速骑行中的自行车与逆行车辆相撞的后果足以致命。

突然出现的行人　在经过巷口、十字路口时，很难提前确认巷内或侧旁道路上的行人意图，需要减速，避免行人突然冲出、与自行车相撞。

车速过快失控　高速骑行时，一点点微小的擦碰都可能导致车把改变方向而失控摔车。

突然进入湿滑或沙子路面　在快速骑行的时候突然从平坦路面驶入湿滑路面或沙地，由于车轮与地面摩擦力的改变，易致摔倒。提前减速可预防意外发生。

急转弯　在急弯路面，骑行者很难看清前方路况，一旦在转弯时超越行车线而与来车碰撞，就会造成严重事故。所以遇到急弯必须减速，尽量靠道路右侧骑行。

急下坡翻车　骑行时突遇坡度大的下坡，可能由于重心太高且前倾，而造成向前摔车。

落差大的路坎　特别是在越野骑行时，当前方出现落差大的路坎，若不及时调整姿势，极易导致向前倾翻。

脚踏离脚　高速骑行时，脚踏离脚是非常危险的，极可能导致车身失控、摔倒。平路骑行或下坡时，路面震动剧烈、鞋底湿滑等情形都可能导致脚踏离脚，使用骑行锁鞋则可以避免这种情况。

3 骑行手语人人会

骑行手语主要应用于团队骑行。由于前车遮挡，后方队员无法完全看清路面，领骑或前方队员就有必要通过手语来提醒后队。学会读懂和使用骑行手语，可以让骑行更安全和轻松。

转向
左手向身体左侧水平伸出，掌心向前，表示准备向左转向。伸出右手则表示要向右转向。

前进
单臂举起并前倾60°，掌心向内。

加速前进
单臂举起并前倾60°，掌心向内，上下摆动。

减速慢行
手臂高举，掌心向前，表示前面有障碍，需要减速。

停止前进
单手高举并握拳，表示需要立刻停止前进。

注意障碍
右手手掌向地面斜伸出，表示右边路面有障碍，或需要注意人/车。伸左手则表示左边路面有障碍。

第 10 章 | 骑行安全

路面颠簸
单手斜伸向地面，上下摆动做拍球状，示意路面比较颠簸，提醒后方队友减速注意。

避让大型障碍
右手伸向身后右侧，往左大幅横向摆动，示意路面右侧有逆行车辆等大型障碍，队伍要向左侧靠拢避让。伸左手反之。

避让障碍
右手食指斜伸出，指向右侧地面某一处，表示该处有玻璃碴或坑洼等障碍，提醒后方队员注意避让。若障碍在左侧则伸左手。

提醒来车
通过路口时，向来车方向水平伸出手，掌心朝向来车，提醒对方注意让行。

单列行进
单手食指高举，表示要单列骑行。

双列行进
单手两指高举成 V 形，表示要双列骑行。

骑行安全

221

  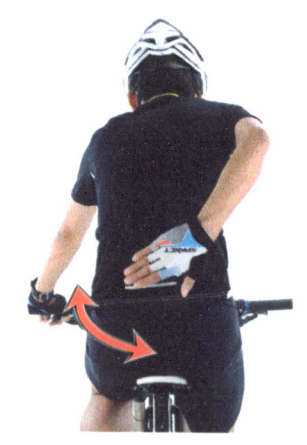

更换领骑
右手在身侧，掌心向前快速前后摆动，提示要换人领骑。原领骑随后从队伍左侧退至队伍最后面，跟骑队员要迅速补上。

请后方超车
单臂向下斜伸出，掌心朝前，前后摆动几下，示意后方队员超车。伸左手即示意从左边超车，右手反之。

保持队形
单手伸至身后，斜向下左右摆动，提示后方队员保持队形、跟骑在后。

4 遇到交通意外怎么办

一旦发生交通事故，从伤势处理到现场保护、责任归属等环节都大有讲究，疏忽不得。

如果只是小小的碰撞，人与车均无大碍，通常双方协商互谅即可。但假如出现人员受伤或车子受损等严重事故，则可采取以下流程。

自己受伤的应对处理

（1）在行动无碍的前提下，利用障碍物设置临时警戒线，避免同一地点再次发生事故。

（2）将现场拍照取证。注意尽量不要移动自行车等物体，并标示其位置。

（3）检查自身伤势，视情况采取恰当的自救措施。

（4）打110电话报警（或请他人协助报警处理），告知详细的事故发生地点，简述事故经过、伤员情况、需要请警方处理的事宜，若有必要可请警方代为呼叫救护车提供及时救治。

（5）如果事先已购买保险，则致电保险公司，处理理赔事宜。

（6）告知家人，请家人放心。

（7）如果伤情较严重，应该先寻求救治，再和事故另一方前往交通管理部门认定责任归属、寻求赔偿。

利用障碍物设置临时警戒线，避免同一地点再次发生事故

应先打电话报警，并记得及时向家人报平安

他人受伤的应对处理

在骑行途中若遇他人受伤，大致处理流程与前文相似，但需要注意以下几点。

（1）要迅速判断伤者是否具有意识，呼吸是否顺畅，有无外伤、出血，肢体是否变形肿胀等。

（2）要确保现场伤者安全，如受伤较严重，切记不可轻易移动伤者身体，以避免二次伤害。

单车圣经 | Bible of Biking

迅速判断伤者是否还有意识，以及呼吸是否顺畅等

不可轻易移动伤者身体，以免造成二次伤害

（3）密切关注伤者的伤情变化，为他鼓劲、打气，提供心理支持。如果缺乏专业救助知识，不建议自行对伤者实施急救。

（4）若伤者还未清醒，需向赶到的救护人员详述伤者情况，以及自己采取了哪些急救措施，以供参考。

（5）如果不能提供任何协助，应尽快离开事故现场，避免影响现场秩序或妨碍交通。

事故责任判定

与机动车相撞 通常与机动车相撞，判定机动车驾驶者负全责，但如果证据表明骑行者违反交通法规在先，那么机动车驾驶员的责任会相对减轻。

第 10 章 | 骑行安全

平时多了解一些急救知识,关键时刻就能派上用场

与自行车相撞 如果你的自行车被对方的自行车追尾或侧撞,那么对方要负全责。若是两车对撞,则需按交通法规判定责任。

与行人相撞 自行车与行人相撞,自行车主需要负全责。但如果有证据表明行人违反了交通法规,那么行人也需要承担一定责任。

随身携带应急救生卡

户外骑行时,最好随身携带应急救生卡,记录你的血型、年龄、既往病史、紧急联系人及联系方式等信息,并将救生卡妥善放置,以防万一。

应急救生卡
emergency card

网名 Nickname _____ 姓名 Name _____
性别 Gender _____ 血型 Blood Type _____
身高 Height _____ 体重 Weigh _____
身份证号 ID No. _____
紧急联系人 Emergency Contact _____
紧急联系电话 Emergency Phone No. _____
保险公司 Insurance Company _____
保单号 Insurance Policy No. _____
个人病史(含药物反应、过敏史)
Personal Medical Case History (including the record of Pharmacodynamic & Allergic Reaction)

应急救生卡模板

骑行安全

5 野外骑行的自救与求救

野外迷路后怎么办？

在非铺装路面的郊野山道、林道骑行时迷路，往往是因为走错了岔路，或是道路痕迹消失、迷失方向所致。一旦察觉自己可能迷路，首先要做的就是保持情绪镇定，不能慌乱。

接下来，你应该停止前进，不要盲目乱窜，然后静下心来，回忆之前骑过的路，想一想自己可能是从哪个路段开始走错了。最好的办法，是从原路返回。

如果你确定自己没有办法骑回原路上，且无法与外界取得联系，那么应利用手头工具和周边可利用的一切物品进行自救与求救，必要时，可弃车。

（1）登高望远，有助看清路线。应沿着山脊走，忌沿水沟下行。因为溪谷沿岸土质松软，并不稳固，且夏天雨水多发，易有山洪危险。

（2）如果路面比较硬实，但你的上半身常被枝条刮擦，那么这很可能是野兽常常踩踏行走的路，应趁早远离。

（3）远离洼地、湿滑草地，那里也许是块沼泽。

（4）制作求救信号。如果天气晴朗，可以利用手头可以反光的任何物体，例如镜子、金属水壶表面等，对着阳光折射出光线，以便尽快被搜救人员发现。

如果是阴天，可以选择在高处燃火放烟，利用烟雾引起搜救人员的注意。不过点火时一定要注意小心操作，控制好火头。

此外，入夜后，应尽量避免无谓的体力消耗，做好防寒保暖的准备。

野外辨别方向的简易方法

观察岩石 苔藓一般生长在潮湿、背阴的环境中。在北半球，岩石布满青苔的一面为北，光秃干燥的一面为南，在南半球则相反，（实际情况可能更复杂，例如在密林中，有可能岩石四面都布满青苔，因此还需结合其他方法来判断。）

观察屋宇 北半球房屋的门一般朝南开，南半球反之。

利用手表 适用于有太阳照射的时候，使用时需平置表盘，且符合当地时间。

在北半球，将时针对准太阳，12点刻度与时针夹角的中线所指方向为南；在南半球，将12点刻度对准太阳，12点刻度与时针夹角的中线所指方向为南。

利用指北针 使用指北针时要注意：指针表盘需水平放置；指北针要远离磁石、金属等，以免失效。

夜间观测星体 在星空下，北极星永远位于正北方向，我们通常可以根据北斗七星（大熊星座）或W星（仙后星座）来确定北极星的位置。

春夏季节可以看到北斗星，它的形状像一把勺子，将勺头两颗星连线并往勺子开口方向延伸约5倍处，便是北极星。

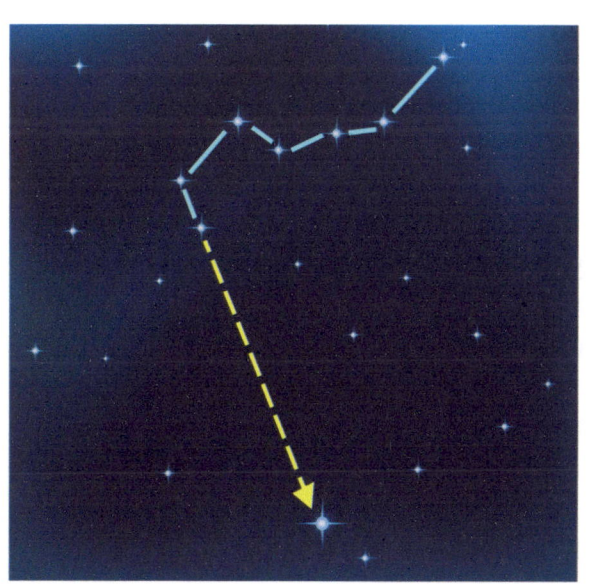

秋冬季节，可根据W星——仙后星座来寻找北极星。仙后星座由五颗星组成，形似字母"W"，字母的开口方向约开口宽度的两倍距离处，便是北极星。

采用此方法的前提是五颗星都能清楚看到，缺了任何一颗都无法判定方位，所以还需要多加练习。

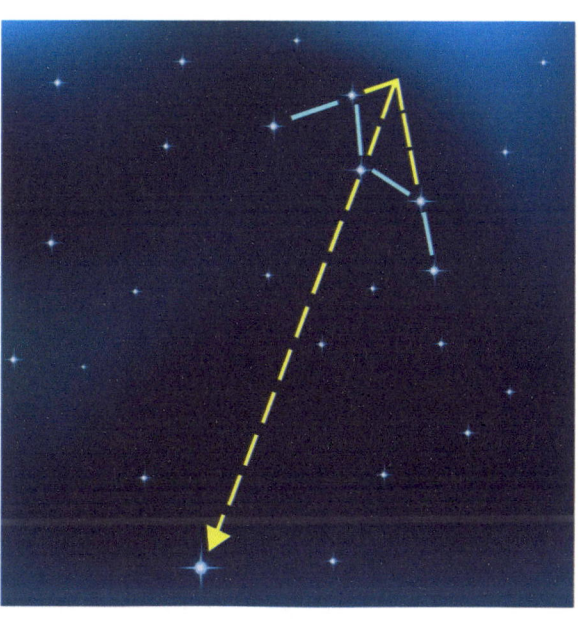

遇到意外的自救与求救

1. 意外伤害

爱好骑行的朋友都有必要学习了解一些基础、专业的户外急救知识，便可自如应对骑行途中的意外伤害。

（1）受伤后，应先检查伤势。倘若受伤严重，请立刻拨打求救电话，同时由同行者协助处理、包扎伤口。

（2）小伤口使用创可贴止血即可，如果伤及浅表层静脉，一般情况下只需做简单的包扎处理，很快就会止血。但若伤及动脉，其出血是喷射状的，就需要用绷带或止血带施压止血。

（3）如果伤者是独自骑行，且没有能力联系外界，应尽量将自己挪移到醒目且安全的地带，等待救援。但请切记，在伤势不明的情况下，不要贸然移动身体，以免造成二次伤害。

2. 车辆故障

野外骑行的常见车辆故障是扎胎和断链。修理前，应先将自行车移至路旁安全地带。如果自己无法修理且身旁没有他人协助，可考虑推车返回、请人修理，或是弃车离开，先确保人的安全，改日再携带工具返回修理。

3. 遭遇劫匪

尤其对于长途骑行的车友来说，路上遭遇劫匪的可能性是有的。大多数劫匪的抢劫目标仅是财物，所以比较安全的应对方式是：满足劫匪索取财物的要求，避免与之正面对抗，同时悄悄记住劫匪的相貌特征，待其离开、确认自身安全后立即报警。

随身携带急救包

也许你十分注意骑行安全，也掌握了高超的骑行技巧，从来没有遇到过任何意外，但还是要建议你在外出骑行（尤其是中长途骑行）时带上医疗急救包。户外出行有风险，急救包中的药物和医疗器械可以在关键时刻救人性命。

急救包里包括但不限于以下物品：

弹性网状包扎绷带　适合身体各部位的快速/常规包扎。

酒精棉片　含有70%酒精成分，可用于伤口包扎前的清洁杀菌。

止血带　一般绑在比伤口更接近心脏的身体部位，可降低出血量，适用于大量出血的创伤，建议由专业急救人员操作使用。

夹子　用于夹取棉球/棉片，避免手与伤口直接接触造成感染。

剪刀　可用于剪断纱布、止血带、绷带等。

包扎固定用胶带　用于固定绷带。

固定用安全别针　用于固定各种类型的卷式绷带。

自粘创口敷料贴布　无菌包装，可以剪成适合伤口大小的形状，用于保护伤口。

三角巾　多用无纺布制成，可以当做绷带或吊带使用，对全身各部位进行止血和包扎操作。

包扎绷带　卷式包扎绷带可用以支撑关节、固定敷料，防止患处肿胀。

医用护创纱布　用于伤口隔离及止血包扎，直接用于伤口处，需要用胶布或绷带固定。

创可贴　用于较小的创面或伤口包扎。

医用手套　避免施救时双手直接接触伤口而造成交叉感染。

急救毯　可用于为伤员保暖、预防休克，或是用于搬运伤员，也可作反光示警用途。

6 夜间骑行安全

不同于日间骑行，夜间骑行的环境通常更舒适一些，使人更容易放松心情。但夜间骑行也存在不少安全隐患，需要特别注意。

夜间骑行的道路交通特点

马路相对更空阔 夜间马路上的行人与机动车数量都比白天有所减少，所以马路会相对空阔、宽敞一些。

机动车行驶速度慢 夜间开车时，由于视线不佳，驾驶员往往更谨慎，车速会比白天慢。

可见度降低 即使有路灯照射，夜间的路面可视度也依然不如白天那般清晰，而且骑行者的视线也变弱了，可能无法及时注意到水井盖、碎石等路面障碍。

另一方面，虽然骑行者会使用尾灯、反光条等装备来引起机动车驾驶员注意，但在更明亮的车灯照射下，从快速移动的机动车驾驶员的视角出发，自行车上的照明/反光设备可能只是一个小亮点，很难被注意到。这一点在没有路灯照明的情况下尤为明显。

大型车辆增多 在许多城市，白天市区不允许大型、重型车辆通行，造成许多施工单位的大型工程车辆只能在晚上进入市区施工现场，成为夜间交通事故的一大肇因。

选择合理的骑行路线

选择交通不太繁忙的地段 避开车流量与人流量较大的中心城区地带，让夜骑更安心。

远离城建施工点较多的区域 施工地段的路面往往不平整，可能会带有许多泥沙、铁钉、碎木等杂物，给骑行带来重大安全隐患。

远离治安较差地段 避开偷抢事故频发的地段，保障人身安全。

制订长度适中的路线 结合个人骑行时速与计划时长，合理安排路程，避免疲劳骑行。

夜骑装备

夜骑有一定危险性，所需骑行装备也比日间骑行多。除了最基本的头盔、手套必备之外，还要携带照明设备与反光识别配件。

车前灯 倾斜角度宜下调45°，辨别前方路况更清晰，同时注意避免直射对面来人的眼睛。

车尾灯 调至频闪状态，以警示后方来车。

反光贴 仅凭骑行服、手套、背包等装备的反光装置，还不足以提升夜间的反光识别度。可以多买一些反光贴，贴在背包上、衣服上、车尾部、车子侧面，尽可能让后方或侧方来车注意到自己。

救生哨：骑乘途中若遇抢劫等突发状况，可视情况紧急吹哨求救。

夜间骑行注意事项

不能戴耳机 边骑车边戴上耳机听音乐时，很难听到其他车辆行进的声音，或是行人的说话声。若等发现其他人或车靠近时再做出反应，为时已晚。

不走陌生路 陌生路段路况不明，加之夜间视线不清，增加了骑行难度和不安全因素。

控制车速 骑行时速控制在27km以内为宜。速度过快时，突遇路面障碍或逆行车辆的话，骑行者往往来不及做出反应。

保持警觉 夜骑更需要注意交通安全，骑行者必须全程保持警觉，注意路况，主动避让机动车辆。

有备无患 冬天夜骑需注意防寒保暖，夏天则最好携带防蚊虫药物，预防蚊虫侵袭。

告知行踪 无论是独自外出骑行，还是结伴骑行，都应该让家人或朋友了解你的行踪。

骑行服上的反光条设计
能让夜骑更安全一些

7 雨雪天骑行安全事项

我们并不建议大家在大雨天或雪天等恶劣天气骑行，因为不仅不安全，而且容易损伤自行车零部件。但如果必须在雨雪天气骑行，就需要注意以下几个方面。

保持距离，控制车速

雨雪天气交通事故多发，骑车时要集中注意力，与前后车保持3m以上距离，车速必须减慢，随时准备应对突发状况。

雪天骑行，谨记保持车距

下雪时骑车，应尽量跟着前方车辙走，避免误跌雪坑。

下雪之前必有大雾相随，起雾之后，视线会变差，更需要小心翼翼地骑行，同时要记得使用车前灯、车尾灯来照明及引起注意。

控制胎压，适量放气

车胎充气不可太足，宜保持平时充气量的

2/3，通过增加轮胎与地面接触面积来增加摩擦力，使车子不容易打滑。

检查车闸，避免急刹

行前一定要检查刹车系统是否处于良好状态，路上尽量避免急刹车，否则湿滑路面会使车轮打滑、人车俱摔。

此外，雪天骑行过程中，最好采用低挡速，避免链条紧绷，一旦结冰就容易断裂。

遮雨挡雪，装备要齐

雨天骑行，最好的遮雨装备是专门的骑行雨衣。冬天还可以穿冲锋衣、冲锋裤。

也可以穿普通雨衣挡雨，但其主要缺陷在于，在风力较大时，雨衣后摆可能被风吹得向前翻卷，以致挡住骑行者视线。尤其在下坡或者车流量较大的地段，这样是非常危险的。

雪天骑行时，可穿上鞋套，避免雪水穿入鞋子。

如果有条件，最好能带上热水，当后变速器结冰不能运作时，浇上热水即可融冰。

骑行回来，注意保养

骑行回来后要及时对车子进行清洁保养，去除卷入的泥沙和杂草等。重点是前后变速器、链条、牙盘、飞轮部位要进行特别清理。

8 高原骑行安全事项

本篇所指的高原地区，是指海拔 1000m 以上、地势平缓、起伏较小、面积不大的地区，也称高海拔地区。

我国四大著名高原是青藏高原、内蒙古高原、黄土高原、云贵高原。长期生活在低海拔地区的人进入海拔 3000m 以上的高原地区后，很容易在 24 小时内因为一时难以适应低氧环境而产生头晕头痛、食欲不振、恶心呕吐、胸闷气短等轻重程度不同的生理反应，也就是我们常说的高原反应。

因此，我们必须携带合适的装备，了解更多安全知识，才可能顺利地进行高原骑行。

更多安全装备

高原地区骑行，除了照明及警示用灯具是必备物品外，还可以带上例如胡椒喷雾器等用具，紧急时可用于防身。

此外还需要特别注意的是：提前食用一些抗高原反应药物，携带足够电量的通信设备，准备好骑行头盔等安全护具。

留意身体状况

出行应以安全第一为原则，出发之前，要了解自己的身体状况，知道自身能力极限，切勿逞能、拼命。

初次开始高原骑行之前，应进行严格的身体检查，如果发现心、肺、脑、肝、肾的病变，或是患有严重贫血或高血压疾病，请勿盲目进入高原。

保持匀速骑行，避免剧烈运动

只要保持自己习惯及舒适的踏频，就可以达到最佳的续航速度。切忌猛烈加速，因为剧烈运动会急速消耗体能，增加机体耗氧量，最终可能会造成脑部供氧不足，引起高原反应症状。

注意及时休息和补充能量

随时注意补充水分及糖分，根据出汗量，每15~30min 喝一小口水（约 50ml~100ml），小量多次最佳，不要坚持到口渴才大量饮水。在高原地区很可能不能及时就餐，准备能量棒或巧克力、压缩饼干等应急干粮是不错的选择。

遇到高原反应怎么办？

如果只是感觉心跳加快、头晕头痛、食欲不振或行动迟缓等，这属于轻度高原反应，需要注意休息，严禁饮酒和暴饮暴食，1~2 天内即可适应，适应能力弱的则需 3~7 天。如果身在高原藏区，适量饮用酥油茶也能缓解高原反应。

如果反应较严重，伴以腹胀、呕吐、面色发紫、面部水肿等情形，就要尽快前往低海拔地区，视情况就医治疗。

第 11 章
骑行知识与技巧

想要让骑行更加顺畅和安全，就需要掌握正确的踩踏方法与频率。此外，诸如上坡、下坡、过弯、过障碍、刹车等技巧，以及针对碎石路、砂石路、草地等不同路况的骑行技巧，也是车手们必须要了解的。在野外骑行时，不少车手还都有过被狗追的经历，本章也将详细介绍户外遇狗的不同对策。

1 正确的踏蹬方法与踏蹬频率

踏蹬频率指的是每分钟的踩踏圆周数,也就是每分钟牙盘旋转的圈数。有些新手习惯于在平直或下坡路段骑得飞快,一到上坡路段就如泄气的皮球。之所以如此,踏蹬方式与频率不对是一个重要原因。只有掌握正确的踏蹬方法与频率,才能以更省力的踩踏方式实现更顺畅的骑行,同时避免对腿部关节造成伤害。

踏蹬的动作范围

如下图所示,踏蹬是以中轴为中心,以曲柄为半径,由 A 点到 D 点、重复进行的双侧对称圆周运动,并可划分为四个阶段。

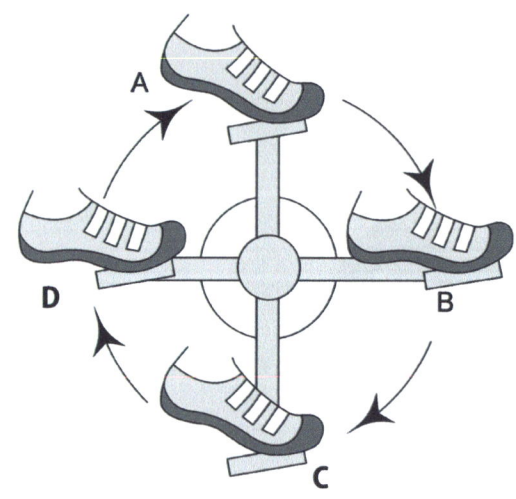

A 阶段:上死点
B 阶段:发力
C 阶段:下死点
D 阶段:回转

当左脚处于 A 阶段时,右脚必然处于 C 阶段,左脚在 B 阶段时,右脚则在 D 阶段。踏蹬到 A、C 死点区域时,应让肌肉放松,同时尽快通过该区域。当左脚处在 B 区发力阶段踏蹬时,将产生促使自行车前进的主要动力,此时右脚恰好处于 D 区回转阶段,右大腿要主动上抬,让肌肉暂时放松一下。反之亦然。

三种踏蹬动作

在介绍三种具体的踏蹬动作之前,我们首先要了解踏蹬的力量是如何产生的。这就涉及另一个概念:自行车的传动。

自行车的传动是由曲柄围绕中轴产生的动力,并通过链条、牙盘、飞轮和后轮的运转所产生的。自行车向前的动力来源于车手踏蹬时产生的作用于后轮的推动力。

在骑行过程中,车手通过踏蹬,使肌肉收缩,这样产生的蹬力才可以得到充分的发挥。车手身体的整个重心应放在中轴轴心的正上方,其身体重量

自由式踏蹬方式

有比例地分布在坐垫和车把之间。

自由式踏蹬 当脚蹬至 A 点时，脚跟下垂 8°~10°，踏蹬力朝向上前方。到达 B 点时，踏蹬力量达到最大，脚掌处于水平位置。在 B 点与 C 点之间的区域，踏蹬力量会逐渐减弱。随着脚掌逐渐下落，脚跟渐渐上提，到达 C 点时上提 15°~20°。

采用这样不断变换角度的踏蹬动作，可以比较轻松地通过 A/C 死点，提高踏蹬效率。

脚尖朝下踏蹬 在踏蹬过程中，脚尖始终朝下，与脚跟构成 8°~10° 俯角。从最高点 A 踩蹬到水平点 B 点时，脚尖朝下的幅度可提高至 15°~18°。

这种踏蹬方式应用较广泛，但是在长距离骑行中，容易使车手感到肌肉疲劳，甚至产生痉挛现象，建议作为辅助性的踏蹬方式。

脚跟朝下踏蹬 在踏蹬过程中，脚跟始终稍稍朝下，与脚尖构成 8°~10° 仰角。

这种方式不利于提升踏蹬效率，但偶尔使用可以让脚部肌肉得到暂时放松，通常被用作辅助的踏蹬方式。

TIPS! 骑变速车应提高踏频，而非增加踩踏力度

在以休闲、锻炼为主要目的的骑行过程中，需要对踩踏的力度和频率进行适当的控制，才能达到锻炼身体、愉悦身心的目的。

理论上，最佳的踩踏应该是使双脚在踩踏过程中，保证腿部接收到一定的力量反馈，但不能太多，长时间过大的踩踏力度，会逐渐造成腿部关节的损伤。

如为平路骑行，应保证踩踏频率处于相对稳定值，切勿养成"平路就狂飙，上坡就泄气"的骑行习惯。而且这样也不利于提高平均骑行速度。

如为骑行上坡路段，应利用变速器，将挡位调至使踩踏力度接近在平路踩踏的力度，采用增加踩踏频率的方式来保持骑行速度。

如何提升踩踏频率

想要骑得更快的话，踏蹬的频率（以下简称踏频）无疑非常关键。因此，在骑行过程中就要使踏蹬动作更加合理、圆滑、协调，这样才能有效提升踏频。

1. 踏蹬要圆滑顺畅

车的前进速度来源于车手踏蹬力的大小和踏频，在齿比相同的前提下，踏频的快与慢也就决定了车的前进速度。

但在骑行踏蹬的过程中，容易出现"死点"的问题，严重影响了踏频，所以在踏蹬过程中要有下压、提拉、推的动作。提拉就是将大腿向上抬，主动做提拉动作，抬腿的时候脚踝要有很好的稳定性，将力量集中。

要注意的是，提拉与下压的用力要均衡，这样踏蹬才会圆滑顺畅。

如果踏蹬不顺畅的话，骑行中就会出现身体上下弹跳、晃动的情况，好像坐在弹簧上边一样。常

言道"站如松,坐如钟",车手坐在车上就要稳如泰山,上半身保持纹丝不动的姿势,但这对于初级车手来说比较困难。这里有个小办法:将坐垫高度降低 3~4mm,可以减少在高转速时身体产生的弹跳倾向。经过长时间的练习,你就可以将坐垫逐渐调回到合适的高度。

2. 利用变速器控制踏频

在骑行过程中,变速器的使用也很重要。齿比的运用会直接影响到踏频,如果齿比太大,就造成踩踏力度增加,从而影响踏频的提高,达不到目标速度;齿比太小,则踏频太快,会加重心肺功能负担。

例如在公路骑行中,正常平路的踏频应该在 90~105r/min(转/分钟),但在起伏不平的公路上骑行时,由于地形的不断变化,我们也要通过不断变换齿比来调整踏频。在上坡过程中,踏频最少不要少于 50r/min。

除了可以通过踏蹬的圆滑顺畅、运用适合的齿比来提升踏频以外,车手平时也需要多加练习。

3. 利用心率表进行踏频训练

对于职业车手来说,训练过程中最好佩戴显示踏频数据的心率表,这样可以随时控制自己的踏频,也可以监控到个人的心率。

如果你想朝职业车手的方向发展,那么可在此基础上结合骑行台进行训练,并选择带心率计和踏频功能的码表,佩戴心率表,同时在自行车上安装踏频器以监测训练数据,根据训练情况来选择适合自己的踏频。

建议车手在训练过程中对踏频进行有针对性的训练,例如在开始训时,车手可以选择比较平坦的路面骑行,将踏频保持在 70~90r/min,如此骑行 1 小时,通过一段时间的训练后,就可以将踏频提高至 80~100r/min 并骑行 1 小时。

如果是为了竞赛而训练,那么不仅需要长距离的有氧训练——将心率控制在 75%~85% 的最大心率区间内,而且还需要进行 80%~90% 最大心率下的无氧训练。你可以用一个简单的公式来估算:最大心率=220-年龄。例如 20 岁的年轻人,最大心率就是 220-20=200 次/分钟。如果只是为了健身或减肥,将心率控制在最大心率的 60%~70% 之间即可。

在频率训练当中,踏频减慢时,要注意调整齿比。经过了一段时间的训练之后,如果你觉得自己的踏频有所改善,就可以在踏频保持很好的情况下加大齿比,这样你的速度才会更快。

在踏频训练过程中除了频率训练以外,还要加以一定的力量训练,这样才能长时间保持你的踏频。

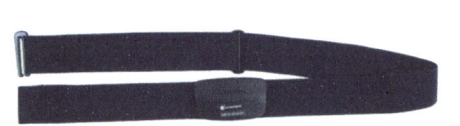

2 不同路面的骑行技巧

针对不同的路面状况，掌握不同的骑行技巧，可以让骑行更轻松省力，同时也有助于预防一些突发状况。

骑行前的注意事项

（1）不论任何情况下，都请戴好骑行头盔，同时建议佩戴骑行眼镜和戴上手套。

（2）仔细检查你的自行车。首先要检查刹车系统、传动系统和轮胎；山地车避震器的气压和轮胎气压设定因各品牌、车手体重以及路面、天气状况的不同而异，具体请见本书第4章及第7章详细介绍。

（3）设置好码表。骑行过程中，要在确保路况安全的条件下操作码表。

在与自行车接触的5个点（双手、双脚以及臀部）中，骑行时应在保证安全的情况下进行适当放松，例如改变双手握车把的姿势和位置、改变坐在坐垫上的位置、立骑等。

平坦公路骑行

骑姿尽量做到放松自然，身体重心位于坐垫下方、自行车的中部，控制好踩踏频率，加速时尽量减少空气阻力的影响，将身体下趴，重心前移，尽量减少上半身的晃动和不必要的动作，而是利用髋部以下的部位发力蹬踏。

沙地骑行

所谓沙地，是指地面含沙量大，例如沙滩等，具有柔软松动的特点，骑行通过的时候车轮容易下陷，前进阻力增大，抓地力明显下降，所以在沙地上骑行就要尽量使用较小的齿比，并且使用颗粒较大的宽轮胎去获取更大的抓地力和减缓轮胎的下陷程度。

注意一定要控制好前轮前进的方向，不要紧张，

TIPS！ 小心"路面陷阱"

有些路面可能并无障碍物，但却暗藏"陷阱"，需要特别注意在通过时，不要做刹车动作，否则极易打滑、摔倒。

路边的湿滑落叶 碾过落叶或许很浪漫，但其中还可能夹杂着碎石粒、玻璃碴，小心为上。

地面交通标识线 使用特殊涂料的路面限速标识、交通线等，尤其下过雨后会变得湿滑不堪，骑行者最好避而远之。

马路上的水沟盖 水沟盖若有缝隙，可能会使公路车的细胎深陷其中。而一块平整的水沟盖经过雨水浸润后，也会变得十分湿滑。

避免朝湿润或松软的沙面骑行，并保持均衡一致的踩踏节奏。转弯时，应尽量保持车身直立，并控制转弯半径，车身倾斜或转弯半径过小均容易造车侧滑摔车。此外，如果沙地上有其他车辆行进的车辙，那么循着这些已经被前车碾压结实的车辙骑行也会省力许多。

然那些容易松动的碎石会令你感觉车很难控制，但只要紧握车把，朝着看上去比较"结实"的路面行进，那么哪怕车轮碰到了会动的石头，下坡的惯性也会令轮子滚过它们。

不过，碎石路下坡时也需要注意控制好车速，车速过快会令你来不及转向而导致危险。

碎石路骑行

在碎石路上骑行，不论上坡或下坡，都一定要注意前进线路的选择，这时候要抓牢车把，将视线投注在车前方 5~10m 之间的距离以判定路线，同时重心往下压。也许较大的松动石块令人相当恼火，但完全可以利用车辆前进的惯性越过它们。当然，如果可以的话，最好绕道过去。

在碎石路上爬坡，除了要注意选择前进的线路，还要注意控制重心，让车子的前后轮都有足够的牵引力（抓地力）。持续有力保持踏蹬的节奏也是关键，能坚持继续骑的话，就尽量不下车，因为在碎石路面上爬坡时，一旦下车便很难重新起动，或是会使你的骑行节奏被打乱。

碎石路上下坡时需要镇定，不要踩踏加速，应令脚踏保持水平，防止碰到石块；采用站姿，重心后移，身体压低，让双腿微弯，后脚脚跟下压。虽

砂石路骑行

在砂石路上骑行，最好选择胎纹较密、胎齿较细的山地车胎（一般外胎宽度在 5~5.6cm 之间）。通常来说，骑行在砂石路上的速度会比其他山地路况更快，因为砂石路面一般比较硬，因而更容易操控自行车，加速与减速的效果也更明显。

草地骑行

假设是在距离不太长的草地上骑行，其技巧与沙滩上骑行类似，而区别就在于，草地上的轮胎抓地力更好。但要注意的是，如果草地比较湿润的话，转向和刹车效果会大打折扣。同时，还要留心草皮中可能隐藏的各种障碍和安全隐患，应以较放松自然的姿势骑行。

穿越积水

直接骑车趟过积水路面的话，卷起的积水、石粒和水下沉积的沙泥可能会损坏自行车的变速系统，所以最好是减速慢骑经过，或是直接扛车步行过去。除非你非常熟悉这段积水路面，认定并无危险，那就冲过去吧。

3 骑车上下坡技巧

山地车的上坡技巧

就骑行的技巧来说，重心与发力点的控制，刹车与变速系统的利用，都是一个有机整体，掌握这些技巧会令你的山地车骑行技术更上一个台阶。

1. 长缓坡的爬升技巧

在爬升坡度较缓的长坡时，不宜突然用力加速，应目视前方 5m 以内的路面，在上坡之前就预先调整好变速，使用"前小后大"的小齿轮比（例如前 3 后 7，下同），并且不轻易改变骑行路线。同时要尽量坐在坐垫上踩踏，而不是站立骑行，否则会无谓地浪费体力。

爬坡踩踏时，应该是只有下肢用力，上半身则保持轻松，包括双手也仅需稍扶车把来把控方向。这样肩膀和手臂也都不会酸痛。当然，我们也要根据具体情况来看，而不能刻意不让手臂用力。

此外，膝盖应尽量向内靠近上管，将大腿和股外肌的力量充分利用起来，让骑行更省力些。

注意，需要在踩踏时手臂同时用力的情况一般有以下三种：需要通过障碍的山地技巧性爬坡；公路车爬坡、准备冲刺或超越前车；坡度较陡。

在长坡的上升过程中，建议不要轻易下车，否则重新起动会比较困难。

2. 短坡的爬升技巧

上坡时，上身要稍微俯向车把，使重心前移，以防止前轮翘起。最好利用前进的惯性直接冲上坡，在快要到达坡顶时可适当加速，或是使用站姿骑行，但要注意适时调整重心至后轮前上方位置，避免后轮出现打滑。

3. 陡坡的爬升技巧

试图利用车的惯性来迅速爬上陡坡是很难的，应该保持快速而规律的踩踏，同时注意将上半身压

爬升长缓坡时，上半身应保持放松，膝盖内收，让骑行更省力

当坡度非常陡时，可采用站姿骑行，同时注意上半身向前压低

低、向前,以控制好前后车轮的重心平衡,臀部可以稍微向前,但还是要挨着坐垫,使身体重心垂直于后轮接触地面稍前的位置。在坡度太陡时,需要使臀部离开坐垫、以站姿骑行。

爬陡坡时,上半身靠前的位置很有讲究。上半身若过于向前靠近把手,则重心偏前,会使后轮下压力降低,导致摩擦力不足,造成后轮打滑;上半身若远离把手,重心偏后,则前轮容易翘起,甚至向后翻车。因此在骑行过程中,我们需要时刻保持警觉,做好随时调整身体重心的准备。

在陡坡上若遇紧急情况需要刹车时,应注意拉前刹而非后刹,否则易使前轮翘起,造成车子后翻。

山地车下坡技巧

1. 身体放松

下坡的时候,主要利用车子的惯性向前滑行,这时要将身体放轻松。手脚过度紧绷的话,你很快就会感觉到酸痛,且不利于遇到特殊情况时的灵活应变。

2. 重心后移

不论坡度大小,骑行下坡时都一定要注意后移身体重心。坐垫可以适当放低,臀部应该稍微离开坐垫、后移,与之保持2~3cm的距离。手臂和膝盖微弯,上半身放低,确保整体重心在踏板上方取得平衡,这样不仅可以压住车体、减震缓冲,还能减少风阻。但要注意重心不能太偏后,否则会造成操控不灵活。

3. 变换姿势

当坡段较长时,如果一直采用站姿,你很快就会感到腿脚疲惫发抖,所以还是有必要偶尔换用坐姿。但不可坐得太踏实,最好是稍微挨着坐垫后部坐下,保证可以随时起身。

下陡坡时,一顶要注意将身体重心后移

这是因为,如果下长坡时结结实实坐在坐垫上,那么在车轮碾过石块等障碍物时,臀部会间接感受到地面的撞击,导致身体晃动、重心偏移,甚至造成摔倒。

4. 保持警觉

下坡时,眼睛也要看向前方的预定骑行路线,留意路面的一切障碍,而不要分神看向别处。此外,应该分别用左右手的一两根手指来操控刹车杆,以便可以随时控制速度。

5. 踩踏稳健

下短坡的时候,要特别注意双脚踩踏须稳健,双手可做出向前推车把的动作,借此巩固上半身的平衡。

对于非常陡的下坡路段,应先提前减速,在接近下坡时提前让臀部完全离开坐垫,并后移、下压,双腿微弯,直到坐垫位于大腿内侧之间,同时弯曲手臂,让上半身尽量贴近车架(注意不要使身体过于接近坐垫)。如没有把握,建议直接下车推行。

6. 少拉刹车

无论面对的是长坡还是陡坡，下坡时都应尽量避免突然刹车，直接利用车子的惯性前进，若是迫不得已必须刹车的话，应拉后刹。坡度很陡时，则先将重心后移，然后拉前刹再拉后刹，这样才能稳住车体。

如果在快速下坡过程中直接拉前刹，可能导致连人带车向前倾翻。

如何在陡坡上重新起动？

上坡时，应选择摩擦力较大且相对平坦的地面，利用小齿轮比，身体向前倾，手臂稍弯，胸部下压，一条腿蹬动自行车前进的同时，另一条腿紧跟着踩动踏板、用力加速，骑到预定车道上。周围没有行人或其他车辆时，还可以选择横向起动，再骑到预定车道。

下坡时，首先要轻捏前、后刹车杆，一条腿踩动脚踏的同时，迅速坐上坐垫，然后适当放开刹车。与此同时，另一条腿紧接着踩上踏板，向前踩动。在起动的时候，身体重心要立即压低、后移，保持平衡，避免向前翻车。

公路车的上下坡技巧

公路车的上下坡技巧和山地车大同小异，但存在细微区别，以下几点就需要特别提醒。

（1）公路车爬坡时，双手最好抓着双控手柄，而不是下把，否则较难施力。但在爬升陡坡时，由于角度的改变，抓下把更方便发力和把控身体重心。

（2）下长坡时，公路车手可以采取低头、弓背的骑姿，适当地将双腿、双手内收，尽可能减少风阻。

此外，切记无论上坡还是下坡，都需要和前车保持恰当距离，避免发生碰撞。

采用低头、弓背的姿势下长坡，可以尽可能地减少风阻

TIPS!

何时变换站姿最好？

a. 坡度变陡时，用站姿骑行可加速通过。
b. 想要超越前方车辆时，可用站姿加速前进。
c. 上坡路漫长，需要变换站姿来放松肌肉。

TIPS!

何时变速最好？

上坡时，要提前在平坦路面变速，改用"前小后大"的齿轮，这样不仅可以保护自行车变速系统，也可以为自己储存体力。

如果必须变速，应在车子仍有一定前进速度的时候进行。如果直到骑不动、车速非常慢了才开始变速的话，就很容易造成掉链，及损伤变速器、牙盘和飞轮，而且会导致体力的过度消耗。

4 过弯技巧

自行车过弯，尤其下坡和平路过弯，首先需要掌握两个时机：① 何时刹车；② 何时松开刹车。这两个时间点若掌握不好，就无法顺利通过弯道。

（1）进弯前提前减速。刹车时，要同时轻按前后刹，并保证两边施力均衡，以调节前后轮负荷，避免车身失控、转向偏移等情况。

（2）进弯后要及时松开刹车，以免后轮打滑。

通常就下坡及平地路段来说，有三种过弯方式。

正向过弯法

正向过弯法适用于地面平整，且具有足够摩擦力的大角度过弯。如果地面较光滑、带有泥沙或比较潮湿，采用这种方式容易因摩擦力不足而造成侧滑、摔车。

（1）人与车处在一个平面上，保持相同的倾斜角度，向弯内略倾斜。

（2）到达弯道顶点时，内侧膝盖稍向上抬，外侧腿伸直，用力踩住踏板，同时外侧手腕稍稍提拉车把，内侧手腕则下压车把。

（3）如果是路面较宽的大角度过弯，那么也可以不减速、直接踩踏通过。但要注意内侧脚踏别碰撞地面。

反向过弯法

使用反向过弯法比较安全，而且有助于流畅、高速地过弯。过弯时，车子可以做到尽可能地向弯内倾斜，而身子则能保持相对直立，使整体重心靠近轮胎与地面接触点，保证提供足够的摩擦力。

（1）将外侧踏板踩至下死点并踩稳，仿佛你的体重都靠这块踏板支撑一样，以此降低重心。同时外侧大腿略压住坐垫，和施加在外侧踏板上的力道相制衡，从而稳住车身。

快速过弯技巧是自行车竞技选手必须掌握的技能之一

正向过弯法

反向过弯法

垂直过弯法

（2）臀部后移至坐垫后部，上身下弯，凭自己的感觉对前后轮施加均衡压力。

（3）用内侧手腕轻推车把，或是用外侧手腕轻压车把。这样做同样可以提高对车的操控性。

采用反向过弯法还有个好处，是在遇到水坑、石块等障碍而需要改变路线时，可以迅速扳正车身、躲开障碍。即使遭遇侧滑失控，也可以迅速脱离自行车，降低受损的几率。

垂直过弯法

垂直过弯法主要靠前轮转向来控制前进方向，行进速度较慢，但是更安全，适用于湿滑铺装路面、砂石路和沙土路。

（1）过弯时，车身不倾斜，与水平面垂直，重心位于前后轮中间位置，主要靠车手上半身的摆动幅度来调节平衡。

（2）下坡过弯时，身体需放轻松，坐在坐垫偏后方位置，这样车身不容易晃动。而出弯后必须适当调整骑姿，继续密切留意前方路况。

（3）上坡过弯时，通常采取站姿更容易些，而且并不一定要侧倾身体，只是要注意保持后轮抓地力。

总而言之，究竟应该采用怎样的方式过弯，其实并没有绝对的标准。以上介绍的三种方法，应当针对具体情况灵活采用。

TIPS! 如何通过倾斜路面？

骑行通过倾斜路面与过弯相似，最好稍微倾侧身体，但车身保持垂直。尽量不要在倾斜路面上加速，以免改变重力平衡、导致摔车。如果需要踩踏通过的话，也应该平顺施力。另外，如果倾斜路面为内侧高、外侧低，那么骑在中间线位置才是安全的。

5 如何通过障碍物

本节所说的障碍物,主要指石头、木块等路面凸起物体。通常面对眼前的障碍物,有五种应对方式。

碾过去

山地车在崎岖、颠簸的路面骑行,且目测障碍物不会松动、体积不太大的时候,就可以直接加速碾过去,同时记得轻捏刹车或是直接放开刹车。这是因为障碍物已经会对车轮产生一定的冲击力,这时再捏刹车就很难控车了。

有时障碍物虽然不大,正对着车轮的棱角却很尖锐,你就要小心,这时候碾过去不一定明智。

速拉提把横,同时重心移至坐垫后部,将前轮提至障碍物上(注意此时前后脚踏要保持水平位置);② 立即调整重心、前移至把横处,将后轮提起,避免曲柄剐蹭到障碍物表面;③ 向前踩踏,前轮碾过障碍物(如圆木);④ 继续踩踏,让后轮接着碾过障碍物。注意前轮越过障碍时要保持笔直向前,着地时,后轮应当处在障碍的顶端,或是正准备越障落地。

跨越障碍物说来容易做起来难,具体动作还要视车子状况、路面情况、障碍物大小的不同而有所调整,需要花多点时间去练习并适应。

要特别注意的是如果操控失当,障碍物顶部可能蹭到牙盘。

对于山道上的小障碍,可以直接碾过去

跳过去

如果障碍物比较大(例如粗大的圆木横在路面,或是有较大的上坎落差),你还可以选择直接跳过去,即采用"越障跳"技巧。主要步骤为:① 匀速前进,在距障碍物大约一个轮径的距离(实际距离需考虑当时车速)时,前移重心压住车身,接着迅

可以利用台阶或是大小合适的石块来练习越障跳技巧

绕 道

当前方障碍物不确定是否松动，或者已经大到无法跨越或直接碾过去时，可以考虑绕道而骑。但前提是，你有足够的时间做出快速反应，立即确定安全的绕行路线并改道。

公路车在铺装路面（如水泥路、柏油路）上骑行时，路面一般是平整干净的，但偶尔也会有石块等，快速前进的车轮一旦剐蹭到，必然会导致车身晃荡甚至摔倒。比较稳妥的应对方式就是绕行，或者直接刹停。

 准备绕行时，不要盯着障碍物看，而要专注于自己的计划前进路线。因为车子会随着你的视线而移动。

刹 停

面对挡在路上的"庞然大物"，绕行已经来不及，但你还有时间紧急刹车。我们会在下一节详细介绍刹车技巧，你需要记住的就是，尽量保持镇定。

撞上去

当事发突然（例如突然有棵树出现在眼前，可你刚才居然没看见），已经来不及刹车，那就只有悲壮地撞上去了。

当然，撞上障碍物也有技巧可循。以撞树为例，你甚至可以有意识地用前轮去顶树干，同时尽量后移身体重心，避免因惯性作用而使头部撞到树上。通常最先撞上障碍物的是前轮，并由此抵消了一部分冲击力，起到较好的缓冲作用。车手所要努力做的，就是不要让自己的身体因惯性而重重撞上去。

通过障碍物三注意

a. 骑行山道、碎石坡等崎岖路段时，放低身子，给予手臂和腿更大的收缩空间，使之成为避震系统的一部分。

b. 视线一定看向前方约 3~5m 之外的前进路线，而不要去看路线之外的任何物体。要随时保持警觉，留神倾听周遭的一切动静，但眼睛必须专心望向自己的前进方向，提前做好应对计划。

c. 切记不能犹豫。因此，平时就要多加练习，充分了解自己的控车能力，学会在最短时间内判断自己应该笔直地碾过去，还是立即刹停，或是做出别的反应。

6 刹车技巧

前面在介绍自行车的上下坡及过弯时,已经提到了相应的刹车技巧。这一节,系统地说说关于刹车的更多知识。

使用前刹,紧急刹停

骑行过程中,使用前刹可以将自行车迅速停住,是最快速、最有效的刹车方法。而后刹一般作为减速之用,使用后刹之后,自行车在惯性作用下,还会继续滑行一段,不可能紧急刹停。

这是因为捏前刹后,受到此前蹬踏产生的驱动力作用,人和车还具有向前的惯性,因而重心前倾,使前轮获得了比后轮更大的地面摩擦力。所以,想要紧急刹停的话,捏前刹是最可靠的。但必须注意的是,大部分的运动自行车刹车足以抱死车轮,刹车时要把握力度。

此外,在使用前刹的时候,车子的重心前移,后轮会有些微翘起、离开地面,这时捏后刹就没有太大作用了。

使用前刹时重心后移

有些人不敢使用前刹,是因为担心自己会从车把上方"飞"出去。但实际上,只要你学会了正确方法,就不必担心这一点。

为了避免向前摔出,捏前刹时上半身要尽量后移、下沉,借此来调整重心,使之不会完全落在前轮上。

同时,双臂做出"推"车把的动作,这是为了抗衡身体仍然向前的惯性。但要注意,此时身体一定要放松,手臂不可伸直,应该保持有弹性的弯曲,从而可根据实际情况进行身体位置的二次调整。

另外,无论你骑的是公路车还是山地车,如果刹车足够灵敏,那么只要用一两根手指放在刹把上,就足以操控刹车了。而在十万火急、要大力刹车的关头,请相信你的身体,它会自然而然地做出反应,用三指来操控刹把。

下坡时如要紧急刹车,可在重心后移的同时,一起使用前后刹车,能提供更安全的制动力

慎重使用后刹

在车子慢速行进、与地面摩擦力小等情况下,使用后刹来减速停车并没有错。

但是在高速行进时,前刹能提供最安全而快速的急停效果。使用后刹车极易导致后轮抱死,造成甩尾或侧滑,车尾摇摆幅度可能超过90°;而在下坡道上,后轮打滑的可能性更高,因此后刹要慎重使用。

而当你遇到如下几种情况时，就应该充分利用后刹功能了。

（1）在山道等崎岖路面骑行时，先用后刹。例如在颠簸不平的碎石路上骑行，前轮腾空的机会比较大，这时候使用前刹会导致前轮在离地时就停转，直接后果就是摔车。

（2）在湿滑路面骑行时，先用后刹。湿滑路面刹车容易打滑，但打滑后的后轮比前轮更容易控制。松开刹车后，后轮就能恢复转动状态。

（3）前轮/前刹出现故障时，使用后刹。例如当前轮爆胎，或是前刹受损时，就需要使用后刹来停车。

巧妙分配前后刹力道

过弯时，过度使用前刹会导致前倾翻，后刹用力过猛也容易造成侧滑。所以我们要根据实际路况和车子的状况，来把握捏前后刹的力道分配。通常平地过弯的合理刹车方式是，以30%力道轻捏前刹车，以70%力道捏后刹车。

V刹与碟刹的使用区别

本书已在第5章"制动系统"详细介绍自行车的不同刹车系统，这里仅针对刹车效果，简述碟刹与V刹的区别。

（1）即使在雨天、泥路等恶劣环境下骑行，碟刹也能够良好运作，性能相对优于V刹。

（2）理论上，碟刹不容易抱死，但实际上油压碟刹的刹车力道可以达到机械式刹车的数倍乃至十几倍，也比较容易出现抱死。

（3）在下坡长时间刹车过程中，碟刹的制动力递减要比V刹慢很多，但也会随着碟片和来令片

温度的升高而降低制动效果。

（4）应注意V刹及油压碟刹刹车杆的按捏力度，防止抱死造成轮胎打滑。V刹还需要注意避免长时间连续刹车，造成刹车性能急速下降甚至失效，非常危险。如发现刹车制动效果下降，应马上停车，待刹车系统冷却，恢复刹车性能后，再继续骑行。

（5）在雨天使用V刹，骑行经过泥泞路面之后，如轮圈沾有泥土，应适当清洁轮圈，用力捏刹车数次，使刹车恢复制动力，避免继续前行需要制动时刹车不灵。

有些车手会为自己的爱车同时配备V刹和碟刹

控制车速，灵活使用刹车

虽然碟刹耐热性优于V刹，但长时间捏住不放也会产生高温，影响刹车效果。例如油压碟刹在高温状态下可能造成夹器锁死碟片的后果，导致无法骑行。

因此，我们还可以学习使用"点刹技巧"——重复"捏、放、捏、放"的刹车动作，从而达到减速、刹停的效果。

长距离或超长距离下坡时，应灵活使用刹车，在保证控制速度的前提下，轮流放松前、后刹车，使刹车冷却，保障刹车制动效果。一般不建议用突然刹车的方式减速，同时也不要一直让前后刹车均保持摩擦状态。

如果事态紧急而必须紧急刹停的话，切记身体重心一定要后移并向下，并且以90%~95%的力道捏前刹车，以5%左右的力道捏后刹车，必要时可弃车。

练习刹车

你可以从最简单的路段开始练习，由易至难，逐步熟悉刹车的技巧。平坦的铺装路面（水泥路、柏油路）是最容易练习和最安全的，其次是硬质土路、松土路、泥泞路面、砂石路面。其中砂石路面是最具难度的，尤其在高速行进时，砂石路面刹车极易打滑。

建议在这些路段反复练习刹车技巧，将目标设定为熟悉不同路况下的刹车力道，能够在最短距离内刹住车，且不使车轮打滑。

7 户外遇狗的对策

了解狗的习性

在户外骑行，遇狗的几率很高，许多骑行者都有过被狗追甚至被咬伤的经历。那么狗为什么会追骑自行车的人呢？我们先简单了解一下狗的习性。

（1）狗有比较强烈的领地意识，决不允许其他生物进入它所认定的领地范围。如果发现有外来者进入自己的地盘，它就会大声吠叫甚至发起攻击。尤其是当地居民放养的狗，领地意识非常重。但当地的狗不会穷追猛打，一般只是狂吠着，直到把你逼出领地范围为止。

（2）狗喜欢追逐快速移动的物体，仿佛追捕猎物一般。当它眼中的"猎物"放慢速度，反而会令它失去兴趣。

（3）有些狗虽然不叫，却可能随时张口咬人。例如有孕在身的母狗，或是刚刚产仔的母狗，骑行者都应当避而远之。

（4）若是在藏区骑行，最危险的当属藏獒，但它们往往会被主人拴起来，切勿故意前去招惹。此外，驻防部队的军犬也是需要格外注意的，一旦它们追过来，跑为上策。

（5）藏区还有一种狗，是佛教信众放生的狗，一般徘徊于庙宇、街巷附近，"杀伤力"不大。

遇狗的对策

无视 有些家养的狗只是想体验追逐猎物的快感，这时你只要放慢骑行速度，并对其保持无视，狗感觉无趣便不会再追。

逃跑 加速骑行，尽快跑出狗的领地范围，或是就近寻找掩体、爬树，等待狗的主人出现。另外，家养的狗如果发起攻击，一般只会咬人的手脚，而不是像野兽一样直接咬住致命部位。

在自行车负重的情况下,狗的奔跑速度其实比车更快,而它之所以会狂吠,只是不希望外来者侵犯它的领地,如果车子远去,它也不会再追上来。

对峙 可大声喝止,或发出凶恶的吼声,或亮出棍棒等防身武器,也许能把它吓跑。不过,在面对野外无人驯养的野狗时,人与狗的关系仿佛是对等的两个物种,对峙的结局不外乎强者胜、败者逃。如果你没有把握在对峙中吓退它,那还是尽快逃跑吧。

来不及逃跑时,应当如何进行自我防卫?很多人建议说蹲下来,假装要捡石头砸它,有的狗会因此退缩。但在野外遇到恶犬时,这个办法基本上没有用。一般而言,除非狗发动攻击,否则轻易不要主动采取措施。

(1)利用自行车作掩护,将狗和人隔开。

(2)利用打气筒等身边随手可取的任何物品吓阻恶犬。

(3)随身携带"打狗棒"。通常朝狗挥舞棒子,就足以令它们退避三舍。建议携带可伸缩的登山杖。

(4)携带辣椒水(防狼喷雾器)。辣椒水的杀伤力不小,恐会激起狗的反抗,所以非到紧急关头,不建议使用。

户外骑行时,难免会有恶犬来追需要小心防范

被狗咬伤后如何处理伤口？

如果真的发生不幸，被狗咬伤，在户外条件下首先要用清水清洗伤口，记得不要包扎伤口，应让其暴露在外。有条件的话还可先用20%比例的肥皂水清洗伤口，然后再用清水冲洗。

冲洗完毕后，用75%的酒精或碘酒擦拭伤口，起消毒作用。随后立即到当地医院、防疫站或疾控中心寻求救治。

如果担心户外骑行被狗咬后不能得到及时救治，那么可以在出行前事先注射狂犬疫苗。一般在注射后一年内被健康犬只咬伤的话，可以不用再注射疫苗。但如果被狂犬或疑似狂犬咬伤的话，还是要尽快到医院补打疫苗。

 在注射狂犬疫苗期间，忌辛辣食物、烟、酒、浓茶、咖啡，且要避免剧烈运动。

第 12 章
骑行的体能锻炼与健康

骑行是一项需要智慧的运动。无论你是为了减肥还是为了竞赛,抑或只是出于喜爱而骑行,若想要收获健康与快乐,就必须了解更多骑行技巧之外的知识。本章将告诉你,如何进行正确的骑行训练,如何应对骑行引起的疼痛与抽筋,并介绍十分重要的骑行饮食与能量补给知识。

1 如何进行正确的骑行训练

在开始骑行训练之前，首先需要评估自己的身体状况和训练目标，并据此制订合适的训练计划。需要考虑的因素主要包括：

年龄 随着年龄的增长，人体的恢复能力会逐渐下降，所能维持的训练强度也是不一样的。

既往病史 如果是心脏或者其他脏器的慢性疾病患者，或是有家族病史，那么应先咨询医师意见，严格控制训练强度，或者在痊愈之后再开始进行自行车锻炼。

是否有体育锻炼的习惯 如果在开始骑行训练之前就有进行其他耐力类运动的习惯，就可以略微提升训练强度，以进一步提高身体素质。

训练的目的是什么 如果你是以减肥为训练目的，就应当把重点放在"骑行距离"上。

很多人都说没时间训练，可实际上时间也是"挤"出来的。例如坚持骑车上下班，就是不错的方式。

如果无法骑车上下班，则建议早起1~2小时或者晚饭后进行适量的练习。如果住处离可骑行场所过远，则可以考虑使用公路车和骑行台在家练习。

如果训练是为了减肥

不论你现在身处怎样的训练等级，遵循正确的骑行技巧和循序渐进的训练方式都是非常重要的。

如果你的训练是为了减肥，那么可以经常在中等速度下进行小齿比（即比较轻松的挡位）的短距

如果住处离可骑行场所过远，则可以考虑使用公路车和骑行台在家练习

跑步也是锻炼基础耐力的一种有效方式

离骑行，比如 10~20km 路程的中等速度骑行对于减肥来说就是非常有益的。

很多车友期望以大运动量来消耗体内脂肪，而实际上高强度的运动主要消耗体内的糖分、血糖和肝糖原，消耗的脂肪较少，反倒是比较轻松的运动状态更容易消耗体内的脂肪。

如果训练是为了提高身体素质

如果你的训练是为了提高身体素质，那你将需要更加全面和有计划的训练。

1. 锻炼基础耐力

假设你是一个没有多少运动经验的人，就需要先锻炼自己的基础耐力。建议从一次 30km 中速骑行开始，每周 2~3 次，然后慢慢增加单次里程到 60km、100km。

这样 1~2 个月后，基础的耐力训练就基本完成了。如果此前有参加过跑步、游泳等耐力型运动，则基础耐力的培养时间可适当缩短。

2. 培养基础力量

接下来要开始培养基础力量。如果肌肉力量不到位，膝盖关节就容易受伤，例如长途骑行中的膝盖疼痛，大多是因为股内侧肌不够发达或耐力不足而引发的。

在这个阶段，需要在之前的强度基础上，加入一定量的大齿比爬坡练习，每次选择比最舒适齿比大 1~2 个挡位的齿比，进行 15~30min 的爬坡练习，有助于加强肌肉力量。

条件允许的话，还可以去健身房进行一定量的器械训练。不过切忌急功近利，过度训练容易造成膝盖损伤。这个阶段的训练频率同样是每周 2~3 次，持续 1~2 个月。

3. 注意骑行技巧

良好的骑行技巧不仅可以保护车手的身体，更能显著提升运动成绩。

首先，合理的坐垫高度很重要（详见第 2 章第 2、3 节），正确的骑行高度能有效增加骑行时的力量输出（因为大腿肌肉在接近充分伸展的时候，能输出最大力量）。

其次，要注意骑行过程中的踏频。同样的速度下，踏频越高意味着需要的踩踏力量越小。较高的踏频能显著降低膝盖关节的受力，起到保护关节的作用，而且小的踩踏力量能防止肌肉中的乳酸堆积，使得肌肉拥有更持久的耐力。

不过踏频并不是越高越好，太高的踏频同样不利于肌肉的乳酸排除。根据国外针对顶尖车手的一项调查，平路最优踏频应该是在 90~110r/min 之间，爬坡的最优踏频约在 75~95r/min 之间。

心肺功能的高阶提升

前文所提供的训练强度对于心肺功能的提升来说，只能算是基础，要想更加充分、明显地提升整体的身体素质，就需要进行强度更高的训练。

在训练之前，我们要先了解心率的概念。心率一般以 bpm（Bit Per Minute，次/分钟）为计量单位，而估算自己的最大心率的简单计算公式是 HRmax（最大心率）=220- 年龄。例如 20 岁的年轻人，最大心率就是 220-20=200 次/分钟。而我们运动时的心率可以分为五个区间。

一区进行的运动通常是热身运动，强度最低，也最轻松。

二区进行的运动则是有氧运动，能最有效地"燃烧"脂肪。

三区为混合区，身体会同时消耗糖分和脂肪。

四区为无氧区，身体在这个区间主要消耗糖分，同时会伴随大量的乳酸产生，呼吸非常急促。

五区是极限区，如果身体素质不佳，在这个区间的骑行有可能造成猝死，所以一般不建议车手冲击该区间。通常精英车手在需要进一步提升自己的无氧能力时，才会进入这个区间。

综上所述，加强四区的训练是非常必要的，建议有需要的人购买一款心率表来精确地辅助训练。如果没有心率表，根据各个区间的生理感受，也能基本控制训练强度。

在这一阶段，训练的频率和强度都要略有加强，推荐每星期进行 3~6 次的骑行训练。其中，星期一至星期五采取中短途训练，但是强度需要提升，最好以 15 分钟四区骑行和 30 分钟的三区骑行为一组，每次进行 2~3 组的训练。

在周末时间充裕的情况下，可进行长距离的二区骑行，以培养基础耐力。不过我们的身体也需要恢复时间，所以应注意保持充足的睡眠和每星期至

心率的五个区间

心率区间	一区	二区	三区	四区	五区
心率占 HRmax 的百分比	50%~60%	60%~70%	70%~80%	80%~90%	90%~100%

不同心率区间的生理反应

心率区间	生理反应
一区	极为轻松
二区	比较轻松，用鼻腔呼吸也能支持训练
三区	开始感觉到强度的提升，单纯靠鼻腔呼吸已渐渐感到吃力，但是仍然可以连贯地说话
四区	必须借助口腔大口呼吸，略有些难受，且无法连贯说话。同时因为缺氧，对车的操控力开始下降
五区	在四区的基础上，视觉、注意力及操控力均出现一定程度的下降，并且心脏强烈跳动，呼吸极为难受

少一天的休息，尤其在刚开始训练时，甚至可以给自己每星期 2~3 天的休息时间。

右表是一份推荐训练计划，强度适中，适合普通车友进行强化训练，你还可以根据个人情况适当提高或降低训练强度。

推荐训练计划	
训练时间	训练强度
星期一	20min 二区→ 10min 四区→ 20min 三区→ 10min 四区→ 20min 三区→ 10min 二区
星期二	30min 二区→ 60min 三区→ 30min 二区
星期三	休息
星期四	20min 二区→ 15min 四区→ 30min 三区→ 15min 四区→ 30min 三区→ 10min 二区
星期五	30min 二区→ 60min 三区→ 30min 二区
星期六	5h 二区
星期日	休息

2 使用心率带和功率计进行训练

每个职业自行车手都不是一开始参加比赛就可以拿奖牌，而是需要通过有规划的运动课程，逐步提升身体素质与能力，才能取得优异的竞赛成绩，这就是训练的目的。

我们可以配合 GPS 码表的使用，利用心率带和功率计来进行训练。掌握了这种训练的要领，不仅能在有限时间内获得身体体能的提升，同时也能发挥自行车与码表装备的最大效果。

下面为大家介绍两种自行车常用的基本训练方式：① 心率训练；② 功率训练。

心率训练

心率训练是目前最基本、最经济的自行车训练方式，为入门或职业车手所经常采用，而且心率带的市场价格还比较合理。

首先必须要了解以下几个概念，就能快速简单地进行基本心率训练。

乳酸阈值心率 乳酸阈值心率简称 LTHR（Lactate Threshold Heart Rate），这是体现身体强度的指标之一。运动会产生乳酸，强度不大时，身体能代谢乳酸，消除疲劳；而 LTHR 则是指当你的运动强度达到身体无法代谢乳酸，开始产生疲劳感时的心率。

各个训练区间 （详见本章第 1 节介绍）

本次训练哪个区间 应确定各区间所需的时间长度及组数（如 3 组，6min 三区强度训练 +2min 二区强度训练）。

训练要循序渐进，特别是考量身体状况，不要让自己长时间处在一区或二区，也不要勉强自己在四区或五区做长时间训练。须知，训练要讲究科学的方法，如果有条件，可以请专业的教练为你设计规划课程以及使用科学的训练设备。

自行车手只有通过有规划的训练来提升身体素质，才有能力应对需要消耗大量体能的自行车比赛

功率训练

近年来，随着 SRM（自行车功率监测系统的发明者）专利的到期和 Powertap、Quarq、Power2Max 等品牌功率计进入市场，功率计的高昂价格逐渐开始下降，使功率计慢慢进入业余自行车运动爱好者的视野。那么，功率计和传统的心率计相比，到底有哪些好处呢？是否值得投资购买？我们可以通过以下对比来了解一下。

测量工具

心率计测量的是心率，即人体受到外界刺激后，心脏的反应。

功率计则可直接测量车手能够产生的用来驱动自行车前进的能量。

准确性 由于心率体现的是人体对外界刺激的反应，故其不仅受到运动强度的影响，同时也会受到环境温度、心情等因素的影响，可变因素较多。

功率计则能直接测得人体所能产生的力量，故非常直接和准确。

数据量化 心率数据由于上述准确性的制约，从长期来说较难将其量化，因为一年四季温度环境的变化、生活工作压力、心情等因素，都会使数据准确性大打折扣。

功率数据非常容易量化和进行长期跟踪规划，除百锐腾、佳明等自带软件的功率数据归纳外，还有如 Training Peaks WKO+，PerfPRO 等专业的第三方功率分析软件，能提供大量科学训练分析功能。

易用性 使用心率计训练，车手需测得自己的乳酸阈值心率，并以此划分强度区间。同时车手也需具备一定的经验，懂得将 RPE（Rating of Perceived Exertion Scales，即主观感觉疲劳程度）一起结合参照。

使用功率计训练时，车手同样需测得自己的乳酸阈功率，并以此划分强度区间。但实际训练中使用功率计非常简单，只需将功率（骑行强度）控制在目标强度区间即可，如配合心率计一同使用，更可对自己的身体状态一目了然。

综上所述，相较于传统心率计，功率计是一种更为直观、准确的训练工具，对于使用者来说也更加方便。更重要的是,功率数据从长期来说更有参考比较价值,是规划训练的重要依据。

右图为某车手某年 2 月 27 日至 4 月 26 日的功率训练数据汇总。红线代表训练强度,蓝线代表训练后身体产生的进步(即运动能力),黄色柱体代表比赛状态(越高代表比赛状态越好)。通过此图可以清楚地看到,该车手在此段时间内进行了两个阶段的高强度训练(标示为绿圈),蓝线即运动能力在这两个阶段内有明显的上升趋势。在第二阶段后,该车手降低了训练强度,让身体充分恢复(黄色柱体大幅升高),以准备迎接后面的比赛。

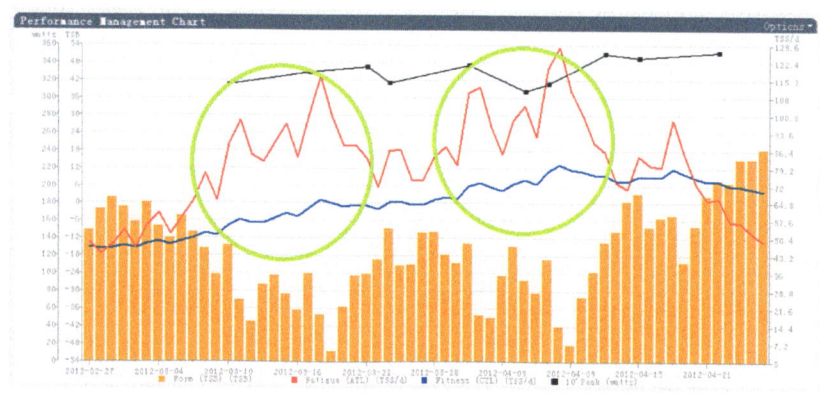

3 了解自行车的空气动力学

作为流体力学研究的一个分支,空气动力学主要研究物体在气体中穿行时产生的各种力。空气动力学研究在自行车运动领域的应用,通常体现在场地车骑行、公路车骑行等方面。

在公路车上,人的身体占据了约 70% 的风阻,人体的风阻对骑行速度的影响可见一斑。因而符合空气动力学的着装以及姿势,可以明显提升车手的骑行速度。

首先在装备方面,一套合身的骑行服不仅能为你带来舒适的骑行感受,而且相对普通运动服来说,更能大幅降低空气阻力。而所有的计时车头盔,以及大部分公路车头盔在设计之初都会考虑到减小风阻、使之满足空气动力学上的要求。

其次,在骑行时,如果上身压得更低,必将减少身体的迎风面,从而获得更好的空气动力学效果(这一点通常在计时赛上表现得很明显)。

但是新手往往不能适应这种姿势,会感到非常难受,其主要原因有两个:一是身体柔韧性欠佳,这就需要坚持进行压韧带练习,以改善身体的柔韧度;二是因为弯腰俯身的姿势压迫了腹部,影响到呼吸的节奏,这就需要多加练习,以适应腹部的压迫感。

再者,团队骑行中的跟车技巧,也体现了空气动力学的优点。当车手跟在其他人后面骑行时,就可以借助前方车手冲破空气阻力所产生的涡流,推动车子前进,从而减少自身体力的消耗。

骑计时车时，戴上TT头盔、将上半身压低，双手、双腿内收，可以有效减少风阻

除了着装与骑行技巧，还可以在很多方面巧妙运用空气动力学原理。例如：车把采用下弯把设计，配合弯腰俯身的骑行姿势来减少风阻；使用窄而细的轮胎、封闭轮，可在高速行进时减少正前方空气阻力。

如今随着科技的发展，空气动力学在运动自行车零部件制造方面的应用已经越来越广泛，因篇幅所限，本书仅作简单介绍。

4 应对身体的疼痛

骑行过程中或结束后，常会出现肩膀疼、腰疼、屁股疼、膝盖疼等各种疼痛，令一些朋友对骑行运动敬而远之。但实际上，大部分身体的疼痛都是可以避免的。

注意骑姿，调整设定

长时间使用同一种姿势骑行，或是持续无休息的骑行，都可能导致肌肉紧张，造成手掌、肘部、肩膀、颈部疼痛。只要调整好坐姿，注意休息，疼痛感就会减轻。

路面颠簸会造成腰部疼痛，通常停止骑行后，痛感会很快消失。如果隔天还会疼，尤其是膝盖部位、脚内侧、腰部等，就要检查自行车装配是否有问题。

坐垫位置错误、骑行鞋鞋底的金属片前后位置未调整等情形，都可能导致踩踏时加重肌肉、骨骼等部位负担，引起暂时性疼痛。尤其是伴随着刺痛的膝盖疼痛，严重时还需要冰敷处理。

解决办法：及时改善骑行姿势；如果确认姿势正确，还要严格检查自行车的装配。

一般肌肉疲劳引起的疼痛，不是什么大问题，停止骑行后会很快恢复。但如果引起了痉挛，或是因为中暑而引起严重头痛，就必须立刻停车休息。

你还可以利用休息的时间，做一些简单的动作，来缓解颈部的疼痛。

感到疼痛时，要先从自己身上找原因，试着改善骑行姿势、提升骑行技巧，例如骑乘公路车时多使用下手把骑行，途中多做休息。如果改善技巧后依然感到疼痛，就该考虑自行车设定是否有误了。

臀部疼痛怎么办？

臀部疼痛可能有以下一些原因：坐垫不合适，比如太软或太硬，太宽或太窄；错误的骑行姿势，比如车座的高度或角度不对也会导致臀部疼痛；骑行裤的质量和做工可能很差。

想要解决这些问题，可以观察有经验的车手是如何骑车的，并向他们征求关于骑行姿势或坐垫的建议。

不过，并不是所有的疼痛问题都很容易解决。如果饱受长途骑行带来的疼痛之苦，那么可以尝试一些药膏（市场上有几种防摩擦药膏）。你也可以买一瓶经济实用的凡士林。

如果疼痛依旧，可尝试换个坐垫或骑行裤。每个人的臀部都不一样，好在市场上有上百种坐垫可供选择。

连续几个小时坐着骑行之后，疼痛是不可避免的。你必须利用自己的常识来判断这种疼痛是可能造成长期伤害的，还是可以忍受、离开车座几秒钟就明显减轻痛感的。

比赛中的疼痛与应对方法

俗话说"没有痛苦就没有收获"。如果你参加比赛并想赢得胜利，就得忍受疼痛。速度越快，就会越疼。

不过还是有一些方法可以帮助克服疼痛。比赛过程中，需要把注意力集中到美好的事情上，比如想象胜利的情景，想想自己是多么健康，完成比赛是多么自豪。

骑行前如果没有调整好鞋底的锁片前后位置，可能会引起身体疼痛

想一些积极的事情，疼痛便会减轻。你可以设想这场比赛会很艰难，要承受很大的疼痛。而当比赛如火如荼地进行时，就会发现比赛并没有预想的那样艰难痛苦。

在新西兰的北岛上有一个划船俱乐部，俱乐部里有一条标语："痛苦是暂时的，荣耀是永远的。"这种话可以帮人克服身体上的疼痛。这时，你就不只是在利用自己的强壮和快速来进行高水平发挥，而是意味着你可以将身体素质和意志以及技术相结合。如果意志坚强，就可以轻松克服疼痛。

应该使用止痛药吗？

本书并不赞成随意使用止痛药物。它们只能暂时缓解疼痛，但同时会引起严重的胃部问题，并对胃黏膜组织造成永久的伤害，还可能引起其他健康问题，经常使用止痛药更可能使人产生药物依赖。

疼痛其实是来自于我们身体的警示信号，是在提醒我们该放慢速度或停下来。因此，建议只有在不得已的紧急情况下才使用止痛药物。

5 解决抽筋问题

抽筋是一段肌肉或肌肉群不受控制地收缩并引起疼痛的现象。抽筋的最主要原因是在炎热环境中骑行，由于人体大量出汗，流失大量的水分和矿物质，导致电解质失衡而引起的。

电解质是指帮助细胞正常运作的矿物质，例如钠、镁、钙、钾等。当我们体内任何一种电解质过多或过少时就会造成电解质失衡。

人脱水的常见原因是没有定时饮用足够的水，也没有在骑行中或骑行后饮用充足的水。感到口渴的时候，其实你已经脱水了。在一定海拔高度或是极端天气条件下骑行，都会加速水分的流失。当体内没有足够的水分就会导致某一种电解质的失衡，引发肌肉痉挛，也就是常说的抽筋。

另一个造成抽筋的原因是缺乏训练或在骑行中身体突然超负荷。

突然变换不同运动类型时，也有可能抽筋。比如跑步或骑行之后去划皮划艇，坐着划船时，腿部肌肉突然间不运动了，就会引发抽筋。抽筋最频繁的部位通常是小腿，不过大腿、脚或其他任何肌肉也都有可能抽筋。

人工治疗抽筋

过度运动导致的小腿或脚抽筋 处理方式是轻轻地按摩抽筋部位，然后缓慢伸展肌肉，伸展力度以不感觉疼为前提。

你可以借助墙壁进行伸展动作。离墙 1m 左右站立，膝盖绷直，脚后跟贴地，身体向墙的方向倾靠，用手撑住身体（如右图）。此时你应该能感觉到小腿肌肉的舒展。坚持 60s 还原，重复动作直到疼痛减轻。

膝盖绷直，脚后跟贴地，用手撑住身体。
这个动作有助于舒展小腿肌肉

骑行过程中背部抽筋 臀部抬起，离开车座，将骨盆和胸部靠近把立的区域（同时注意安全）。适当重复几次这个动作。

如果背部疼得厉害，就应该下车，舒展肌肉。例如，躺在地上，将身体尽量伸长；让你的手指和脚趾都能感觉到这种伸展。也可以手和膝盖着地，抬高身体成拱形。

请重复几次上述动作，直到疼痛减轻。

利用补品和流体治疗抽筋

用水服下维生素 C 可以预防肌肉抽筋。推荐使用长效缓释性维生素 C 胶囊,每小时补充 1000mg 为宜。

不过,对付脱水的最普遍方法是使用粉末状或药片形式的电解质。这些含有特殊配方的电解质有助于帮助人体血液吸收更多水分。同时请切记,一定要依照产品标签上的说明来服用。

市面上许多品牌均有销售电解质泡腾片,其中"Nuun"这个品牌最受车手们的推崇,它对于预防抽筋比较有效,在户外运动领域的应用相当广泛,但价格也比较贵。此外,有兴趣的朋友还可以上网了解更多补水方法。

偶尔离开车座,以站姿俯身骑行,将骨盆和胸部靠近把立的区域,有助于放松背部

6 骑行前后的拉伸动作

下面介绍五种简单易做的拉伸动作，适合作为骑行前的热身动作，以及骑行结束后的放松动作。需要提醒的是，在开始拉伸之前散步几分钟，会让你的动作更轻松自如。

1. 拉伸髋部与骨盆

动作要领：前腿弯曲，脚踝要在膝盖的正下方或稍微往前位置（如果膝盖位置在脚踝之前，可能会损伤膝关节）；后脚前脚掌撑地，这样可以让后腿伸得更直一些；一只手扶住车把以保持平衡，另一只手轻放腰部。保持这个姿势10~20s，然后用同样的动作拉伸另一侧肢体。

这个动作可以增强髋部（大腿最上端的关节部位）与骨盆的柔韧性。

2. 拉伸小腿肚

动作要领：一手扶车把，另一只手臂枕在坐垫上，上半身微弯45°左右，前腿微弯，脚尖向前，后腿伸直，慢慢地将髋部向前移。注意拉伸时腰部不要弯曲，后脚脚跟不能离地，后脚脚尖可指向前方或稍向内。保持这个姿势10~15s，然后换另一条腿拉伸。

这个动作可以拉伸小腿肚，让小腿更加灵活有力，同时促进腿部血液循环。

3. 拉伸股四头肌和膝盖

动作要领：右手扶住车把以保持平衡，左手握住右脚前部，将右脚脚跟轻轻拉向臀部，此时膝盖会自然弯曲。保持这个姿势10~20s，然后换另一条腿，拉伸力度以不感到疼痛为宜。

这个动作可以拉伸大腿前部的股四头肌，预防大腿抽筋，同时提高膝盖柔韧性。拉伸时，大腿前

侧有酸胀感是正常的。

4. 拉伸腰部

动作要领：双手扶住车架以保持平衡，身体从站姿开始完全下蹲，双脚脚跟应相隔 10~30cm。保持这个姿势 5~30s，然后慢慢站起。

这个动作可以放松腰部，缓解腰部的紧张感，同时有利于拉伸膝盖、背部、脚踝、跟腱等部位。

不是每个人都能轻松下蹲，如果你的膝盖已经有伤或正在治疗，做这个动作时要小心。

5. 拉伸背部与肩膀

动作要领：双手分别扶住车头与坐垫，双腿张开，脚尖指向前方，将上半身缓缓下移，同时膝盖应微微弯曲。保持这个姿势 5~20s。

这个动作可以拉伸上半身，在骑行结束后做则可以缓解背部与肩膀的酸痛。

7 能量补给要跟上

我们在运动时，主要以消耗卡路里的形式燃烧能量，而能量又主要以糖原的形式存在于人体的肌肉和肝中。骑行时，需要不断补充能量，最简单的方法就是摄入碳水化合物，从而转化成身体所需要的糖原。但如果骑行强度过高，我们的肌肉将受到损伤，这就需要补充蛋白质来恢复。

碳水化合物和蛋白质都可以从我们的日常饮食中轻松获取，本节将重点介绍生活中简单、常见的一些食物或者补剂，可作为自行车旅行和竞赛中强有力的能量补充。

碳水化合物与蛋白质

碳水化合物一般以两种形式出现：单糖和多糖。

单糖有甜味，包含于果酱、蛋糕之类的甜食或软饮料中，极易被人体吸收，可引起 GI 值（GI：

Glycemic Index，即血糖生成指数，反映某食物引起人体血糖升高程度的指标）迅速上升，但是当能量消耗之后，血糖水平会回复正常值。单糖适合作为日常骑行中的能量补充来源。

多糖无甜味，主要分布在淀粉类物质中，例如谷物、种子、豆类蔬菜和部分水果。摄入多糖可以给人体血液循环系统持续提供糖分能量，且不会引起 GI 值上升，适合作为竞速型车手的能量来源。

蛋白质 所包含的氨基酸是人体用于肌肉生长和恢复的物质，容易让人产生饱腹感，可以在长距离骑行中为车手提供能量。

我们日常食用的肉类、蛋类和奶制品食品中都包含有丰富的蛋白质，也可以通过食用青豆、扁豆、坚果等食品来摄入。

提高体内肝糖原储量

肝糖原储存于人体肝脏中，是一种多糖，又称"肝淀粉"，是重要的能量来源。

我们在进行低强度骑行时，身体主要通过燃烧脂肪来提供能量，此时乳酸的分解速度和产生速度相同，身体不会产生乳酸堆积，所以并不会感到肌肉酸胀。

但如果运动强度增大，身体会开始进行无氧呼吸，直接分解体内的碳水化合物，此时就会产生大量的乳酸，加速肌肉的疲劳。

人体内储存最多的碳水化合物是肝糖原，在运动强度增大时，肝糖原能迅速水解形成葡萄糖，从而为身体补充能量。但是在运动比较激烈时，通常车手体内的肝糖原在一小时左右就会消耗殆尽。

当肝糖原耗尽，身体只能又回归到脂肪供能，但是无氧分解脂肪产生乳酸的速度将非常快，远超过身体分解乳酸的速度，所以此时你会很快就感到疲劳，无法维持之前的运动强度。由此可见，肝糖原对补充能量的作用是显而易见的。

那么，该如何提高体内肝糖原的储量呢？

树木被砍了一道口子之后，那道口子会长成一个痂，这个痂不仅会突出来，而且会比其他普通树干硬得多，这是因为生物体拥有一种能力，能在受到创伤或者经过高强度运动后，进行自我的超量恢复，提高肝糖原储量也是基于这种原理。

首先，进行100km以上的大强度骑行，回来后多吃米饭、面条之类的食物，快速补充葡萄糖，多余的葡萄糖就会被身体合成肝糖原存储起来。

其次，在接下来的2~4天内都不要进行任何运动，同时多吃糖类食物。这样就能让肝糖原超量恢复，进而提高运动成绩，也是提高长途旅行耐力的妙法。

将此办法稍作调整，就可以在竞赛之前把自己调整到最佳状态：

（1）先进行3~7天的高强度训练，最后一天的强度可以更大，时间可以更长，但是千万注意别拉伤肌肉。

（2）接下来每天多吃糖类食物，大概2~4天后就能让身体达到最佳的竞技状态。因为此时肌肉在前期的大强度训练之后会变得更强大，同时肝糖原储量也处在较高的水平。

长途旅行中的营养元素补充

国内业余自行车赛事的行程大都比较短，喝点运动饮料补充营养即可。但是在长途旅行过程中，最重要也最容易忽略的补给品，其实是盐。更准确地说，是钠离子(Na+)！

在酷热的夏天，人体出汗量增大，体内的水分和与盐分都在快速流失，如果只注意补充水分而没有摄入足够的纳，就会引起低渗性脱水，也就是大家常说的"低钠症状"。

根据缺钠程度不同，临床医学将低渗性脱水症状分为三种：

轻度缺钠 患者有疲乏感，头晕、手足麻木、口渴不明显。血清钠在135mmol/L（毫摩尔/升）以下，尿液中的钠含量减少。

中度缺钠 血清钠在130mmol/L以下时，除上述症状外，还伴有恶心、呕吐，脉搏细速，血压不稳定，视力模糊，尿量少。

运动期间食用能量胶、能量棒等也可有效补充肝糖原，在需要的时候发挥重要作用

重度缺钠 血清钠在 120mmol/L 以下，病人神志不清、肌腱反射减弱或消失，出现木僵，甚至昏迷或休克。

所以尤其在夏天，如果骑车的时候发现以上症状，尤其是感觉非常疲劳、有点眩晕、视物不清、不想吃饭的时候，一定要考虑是不是低钠的情况！

那么如何预防低钠症状的出现呢？

（1）可以自己带盐，调配淡盐水喝（佳得乐之类的运动饮料也可），应根据生理盐水的浓度调配为宜，这样还能加速细胞对水分的吸收。

如果太咸的话不仅起不到补水的作用，反而会因为机体要代谢多余的盐分而损失更多的体液。

（2）如果嫌上述办法太麻烦，你还可以选择在吃饭时喝点咸汤，也是预防低钠症状的有效办法。

运动结束后必要的营养补充

我们在运动结束后，会消耗大量的维生素、矿物质，因此一定要及时补充，否则身体会出现恢复缓慢的情况以及其他不适症状。

人体内的维生素分为脂溶性维生素和水溶性维生素两种，脂溶性的以维生素 A 为代表，过量服用会导致中毒，而水溶性维生素主要包括维生素 C/B1/B2 等，允许超量服用，因为多余的维生素可以很快通过尿液排出。

因此，在长途骑行以及训练后的恢复过程中，建议服用两种补剂。

（1）多元维生素片（善存和金施尔康两个品牌较为常见）。切记多元维生素片已经包含了很多的维生素和矿物质，尤其是其含有多种脂溶性维生素，所以不可超量服用，一天服一片就够了。

（2）维生素 C 片。建议运动量较大时，一天服用 2~3 片，其中饭后服一片，可以增加吸收率和

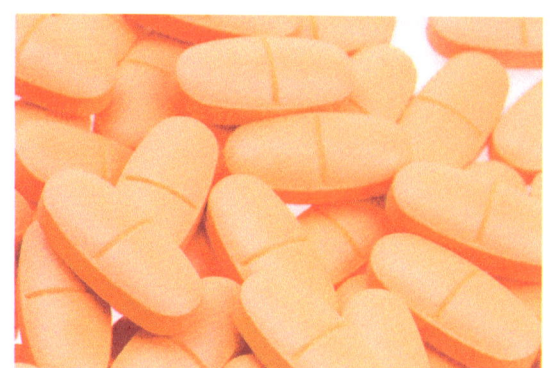

多元维生素片含有丰富的脂溶性维生素和矿物质，不可超量服用

减少对肠胃的刺激（维生素 C 为酸性，对肠胃有一些刺激作用）。

在骑行结束后，还可以多吃点鸡蛋、牛羊肉、米饭、面条等，以补充蛋白质和糖分。

别害怕脂肪

很多人对脂肪望而生畏、闻之色变，但脂肪其实是人体三大能量源（碳水化合物、蛋白质、脂肪）之一，尤其长距离骑行不可缺少它。脂肪中富含脂肪酸，这是人体组织结构中至关重要的物质，也是维生素 A/D/E 的重要来源。其中，单不饱和脂肪酸（橄榄油、鳄梨、坚果、种子中含量丰富）是最健康的，而多不饱和脂肪酸中的 Omega-3 脂肪酸（鱼油、沙丁鱼和鲑鱼中含量丰富），也是一种非常健

鳄梨（牛油果）富含单不饱和脂肪酸

康的物质。

我们需要注意的是饱和脂肪酸，富含于动物脂肪和黄油、奶油等奶制品中，过多食用会增加胆固醇水平增高和罹患心脏病的风险。

应当完全避免摄入的是反式脂肪酸，这是一种人造的用以延长食物保质期的不饱和脂肪酸（氢化油是其原料之一），已被许多国家和地区禁止用于制作食品。

8 骑行饮食

对于经常骑行的车手来说，什么时候吃和该吃什么一样重要。空腹的情况下骑车并不会带来任何益处，相反地，去骑车之前至少要吃点东西。我们可以用营养全面的早餐开始全新的一天。例如全麦、不含糖的燕麦和脱脂牛奶、水果、酸奶都是不错的选择。

到了午餐时间，应该摄取一点蛋白质、碳水化合物（如面条、米饭）和新鲜蔬菜。

晚餐也很重要，依然有必要吃一些富含蛋白质的食物，以及高纤维蔬菜等。

此外，在正餐之间加入一些健康的小点心有助于稳定血糖水平，同时可以避免你在正餐时段吃得太多。

看似不健康的食物也有益处

那些看起来并不健康的食物，例如啤酒、糖果、比萨，其实也是有益的，尤其对于能在几小时内消耗掉 1000kcal 的自行车车手来说，它们可以提供恢复能量所需的物质。

巧克力 巧克力中的可可脂含量很高，这就意味着含有丰富的天然抗氧化剂，它具有降低胆固醇、抗癌等功效。

炸薯条 作为一种油炸食品，炸薯条常令许多人望而生畏。其实，炸薯条富含盐分，以及部分水溶性维生素、碳水化合物和高纤维素，经过一段相当激烈的骑行之后来一份炸薯条，可以为车手提供恢复能量所需的矿物质。

啤酒与咖啡 在比赛或高强度骑行之后适量饮用啤酒可以提升身体碳水化合物的储量，而适量摄入咖啡因则可以加速体内糖原的恢复。

巧克力、薯条、咖啡和酒表面上看要么是高脂肪食品，要么就容易刺激胃部，但骑行之后的适量补充也是对身体有益的

美味小食中的能量

健康、低脂的美味小食可以让车手在正餐之间

和骑行前拥有足够能量。

葡萄干 葡萄干之类的果脯，是很好的碳水化合物来源。它富含钾离子，可以帮助糖原快速转换成能量。

南瓜子 富含锌和维生素E。丰富的锌含量可以促进人体内糖类的分解代谢，为车手提供大量能量。维生素E有助于改善免疫机能，缓解运动后的肌肉酸痛，帮助修复肌肉组织。

坚果 杏仁等坚果食物富含单不饱和脂肪酸，它们健康而美味，并且同样富含维生素E。

酸奶 酸奶富含钙质，可以提供丰富的碳水化合物和蛋白质。但应避免摄入含糖量过高的酸奶。

南瓜子、核桃、杏仁、葡萄干等零食是既便宜又美味的能量来源

9 合理补充水分

常言道"水是生命之源"。在一个成年人的体重中，液体的比重达到了将近2/3，而血液中的水分含量就达到了90%。我们的关节需要靠水（关节滑液）来缓冲保护，吃进去的食物需要靠水来消化，体温需要靠水来平衡，而我们的重要器官——肾脏，主要负责排除血液中的废弃物，调节体内的水分、维持水和电解质的平衡，保障新陈代谢正常进行。

无论在什么天气下骑车——酷暑也好，寒冬也罢，如果不注意补水，都有可能引起脱水，进而严重影响你的骑行计划。实际上，只要脱水20%，就可能导致生命危险。因此，每一个骑行者都必须充分重视水分的合理补充。

脱水的症状

通常，当我们体内的水分缺失2%~3%的时候，就已经处于轻度脱水状态了。主要症状表现：头痛，头晕，口干，口渴，有疲劳感。

当身体缺水达到5%时，将出现中度脱水。主

运动饮料能为选手提供必要的盐分和矿物质

要及时饮水,以补充这些矿物质。因为人需要各种矿物质来维持生理机能的正常发挥,而一旦发生脱水,也就意味着人体内矿物质浓度的下降。

如何补充水分?

运动时大汗淋漓的身体亟须补充的三种重要物质是:液体、电解质、能量。这些通过饮用水和一些坚果之类的小食就可以得到补充,我们不是非得去买那些价格昂贵的户外营养品。

需要注意的是,当你感到口渴时才喝水,就太迟了。一般在确定要进行一两个小时以上的长时间运动时,最好提前一小时饮水 300ml。另建议每 600ml 的水中应包含 4% 的碳水化合物为宜(通过添加葡萄糖、蔗糖均可实现)。

而在骑行过程中,应该有规律地喝水,大约每 20min 喝水 100ml。

如果你准备参加自行车赛事,就需要选择一款可靠的运动饮料,以便在比赛中快速补充水分和能量。市场上的功能性饮料五花八门,它们往往含有过高的糖分(口感很甜)和非人体所必需的其他物质。理想的运动饮料含糖量不会太高,并能够供应适量的水、碳水化合物和电解质。建议选购时查看外包装上的成分表,选择每 100ml 含 6~8g 糖的产品。你也可以用水稀释新鲜果汁,再加入少许食盐,制作自己的运动能量饮料。

要症状表现:抽筋,乏力,气短,恶心,心跳加快。

当水分流失达到 12%~15% 时,即为重度脱水,会使人休克、无法吞咽,进而导致死亡。

实际上,即使只是轻度或中度脱水,我们都可能需要花几天时间来恢复。

水分的流失途径

人体内的水分是如何流失的呢?主要是通过尿液的排放。而当我们的身体感到缺水时,就会减少排尿。

除此之外,一个成年人每天光是坐着不动都会流失大约 1.5L 的水。而在我们骑车时,每骑行 1h,就会继续通过汗液再排出 1.5L 水分(身体需要通过流汗来维持正常体温)。

本章第 5 节已经介绍过,随着汗液的排出,身体将流失钠、镁、钾、钙等电解质,因而运动时需下面介绍几个补水小窍门：

（1）出发前关注天气预报，带足备用饮水。

（2）根据自己的体能状况来判断合适的饮水量，一次喝太多或太少都不妥。如一次性喝500ml就会让胃很不舒服。

（3）进行长时间的快速骑行之后，要适当补充电解质。

（4）少喝高糖分饮料。

（5）不要直到骑行结束后才想起来要喝水。

（6）骑行过程中不应饮用可乐、咖啡、茶、酒等。这些都可能增加排尿次数，而且会刺激胃部。

骑行结束后，可以吃些蔬菜来补充水分

TIPS! 利用水果和蔬菜补水

水果和蔬菜中含有丰富的水分，例如西瓜、苹果、杨桃、黄瓜、生菜、西红柿等，都是不可忽视的补水佳品。荔枝和菠萝同样富含水分，香蕉则富含钾，但它们含糖量都过高，平时不宜多吃。

10 常见"自行车病"的预防

经常骑车的人，如果骑行姿势不当，或是自行车设定有误，或是骑行训练强度过大，都可能导致罹患"自行车病"。

对生殖器官的影响

令男性最担心的自行车病，莫过于骑车对生殖器官的影响。有研究称，长期骑自行车可能导致阴部胀痛、尿急、尿频、睾丸不适等症状，引起前列腺增生和前列腺炎，同时自行车坐垫对生殖器官的长期挤迫容易导致男性生育能力下降。

实际上，出现这种情况通常是因为坐垫设定不当或骑姿不对，导致车手的会阴受压迫，进而影响阴茎部位的血液流量，引起会阴麻痹、疼痛，严重的可能造成性功能障碍。另一方面，骑乘山地车时会阴部位受到的震动也可能伤害动脉血管，造成血液流量下降。

女性车友同样会感受到骑自行车所带来的困扰，她们在骑行时遇到的普遍问题包括外阴部擦伤、麻痹、肿胀等，严重时可能导致性功能障碍。

但实际上，我们完全可以通过调整骑行姿势、改变自行车设定，来避免这样的"自行车病"。

对策1 调整自行车坐垫的高度，使之完全适

以考虑使用中空型坐垫。

对策 3 要注意把握骑行的时间。骑行一段时间之后（一般间隔15min），可以变换一下骑车姿势，例如站起来骑一会儿，或是下车推行一段路，也可以就地休息一会儿，以缓解自行车对生殖器的挤压、改善血液循环。注意，如果你的坐垫、骑姿都没有问题，但依然感觉下身不适，那就是因为骑行太长时间了。

对策 4 骑车时向后坐。坐得靠后一些，让骨盆（坐骨）承受大部分压力，会阴部受到的压力会小很多。

对策 5 骑车回来后洗个热水澡，采用坐浴的方式，让会阴部得到充分的放松。

对膝盖的影响

膝关节是人体最容易受伤的关节部位之一，骑自行车引起的膝盖疼痛，可谓是最常见的"自行车病"，尤其车手骑行训练量较大的话，就要特别注意膝盖问题了。膝盖的疼痛具体主要表现为两种病症：髌骨肌腱炎和髌骨软化症。我们可以采用以下对策来保护膝盖，但如果膝盖疼痛严重，你最好咨询专业医师的意见。

对策 1 最好以适当踏频（90~110r/min）进行骑行锻炼，可以减小膝盖受到的压力。

对策 2 骑行前做几个热身动作，然后先采用低齿比骑行，让身体逐渐进入运动状态，膝关节就可以更顺畅地运作起来。注意，用大齿比爬坡是很容易损伤膝盖的。

对策 3 骑行训练要注意循序渐进，勿急于求成，突然增大的训练量会使得膝盖难以承受。如果车手以前没有进行过系统性的超长时间训练，建议慢慢增加训练时间。

合自己的身形，避免骑行时重心太前或太后。（调节方法详见第2章第2节）坐垫过高或过低都会挤压车手的外生殖器和动脉，带来不良影响。

对策 2 如果坐垫经过调整后依然会有压迫感，那就要考虑更换坐垫，例如选购软一些、中间略微下凹或有空心的坐垫，安装时坐垫的角度应为水平或前端略低于后端。每个人的臀型不同，因此我们无法给出具体的选购建议，但只要你多试几款，就一定能找到最适合自己的坐垫。另外，男性车手可

对策 4 寒冷天气下骑行可使用护膝，以有效增强膝关节部位的血流量，防止膝盖长期吹冷风后引发关节炎。建议选择较轻薄、富有弹性的护膝，穿戴更为舒适。

对策 5 晚上睡觉勿将膝盖裸露在外面，在夏天也应避免空调或风扇直吹。将膝盖裸露在外面容易引起寒气侵入，引发关节炎。

对椎骨的影响

人在骑行时需要抬起头观察前方路况，如果与此同时身体过度前倾，就会导致肩部、颈部肌肉紧张，同时也会给腰部带来压力。

倘若不注意骑行姿势的调整，长久以往就会影响到颈椎、腰椎、尾椎，导致脖子、肩膀、腰部等部位的疼痛症状。

对策 1 调整骑行姿势，调节坐垫高度，降低身体重心，减少传递至身体的路面冲击力。

对策 2 放松身体，双手握把要轻松而稳健，臀部坐稳。

对策 3 行前做好热身运动，骑行过程中注意放松和休息，避免肌肉长时间处于过度牵拉状态。

对策 4 如果做出以上调整后，疼痛症状依然没有改观，你就要检查一下车架的尺寸与车把的宽度是否合适。

对心肺的影响

经常在城市里（尤其大都市）骑自行车的朋友，由于废气污染严重，心肺系统可能会受到伤害。

特别是在车流量极大的交通繁忙时段，汽车尾气排放量大，空气中含有大量有害化学微粒，它们会潜入人体肺部，短期内会引起干咳、胸闷等症状，如果长期被动吸入废气，就可能引起哮喘、心脏病或肺部疾病，甚至损害神经系统。

对策 1 不要跟在汽车后面骑行。尤其是卡车、柴油机车等，尾气释放量极大。

对策 2 避免在车流量较大的交通高峰时段和繁忙路段骑车，尽量选择空气洁净的地点进行骑车锻炼。

对策 3 骑车时记得戴上口罩（亦可用头巾代替），可以帮助你过滤掉空气中的有害微粒。

对手部的影响

有些人骑车时间一长，就会感到两手发麻，虎口疼痛。造成这种症状的原因主要有：

（1）由于路面颠簸或是心里紧张等因素，握把时过于用力。

（2）身体过于前倾，需要用手掌的力量来撑住上身大部分重量，而与车把直接接触的虎口作为主要受力点，长期受压迫就会引起疼痛。而身体之所以过于前倾，又可能是因为坐垫太高、车把太低、坐垫与车头之间的距离太短等自行车设定不当的原因，或是因为车架尺寸太小。

对策 1 长时间骑行时，注意每隔一段时间就活动一下手臂，放松躯干及其他部位，例如做几个拉伸动作。尤其骑车爬上长坡或逆风骑行之后，要进行适当休息。

对策2 骑行时腕关节应保持自然舒展，与手臂、手背处于一个平面上，而不是向下凹弯或向上凸弯。

对策3 买一副好的减震骑行手套，可以减轻手部酸麻程度。

对策4 注意检查自行车坐垫的高低及前后位置，以及车把的高度。如果经过调整后还是有问题，也许是这辆车子的车架尺寸不适合你。

第 13 章
户外骑行

"骑车去旅游"已经成为一种非常流行的骑行文化,但无论只是休闲的城市周边骑游,还是考验身心毅力的长途骑行,都不可等闲视之,只有做好充分的行前准备工作,才能给户外骑行带来强大的安全保障。因此,本章将重点介绍:出发前的准备工作;如何将自行车打包托运;在国内外进行自行车长途旅行的注意事项等。

1 出发前的准备

在出发之前，我们首先要对短途与长途骑行做出定义。就自行车运动而言，200km以下属于短途骑行，超过200km的连续骑行，即可称为长途骑行。

短途骑行的行前准备

对于200km以下的常规短途骑行，体能好、车况佳的车手可在一天内完成，一般人也可在两天内完成。

1. 需要准备的物品清单

（1）基本穿着装备：头盔，骑行服，骑行眼镜，手套，头巾。

（2）干粮（能量补给品）、水。

如果你只是趁周末在市区或郊区周边骑游，沿途多会有商店可补给食物，就不需要随身携带全程所需食物和水，以免增加骑行负担。

携带备用水。不论你是在多么繁华的道路上骑行，如果不能确定沿途随时都可见到商店，那么请多准备一瓶备用水。这在酷热的夏天尤其重要。（关于饮食补给的更详细介绍，请见第12章第8节"骑行的饮食"）

（3）简易补胎工具，码表，打气筒，手电等照明设备（夜骑）。

即使是短途骑行，也有可能遭遇扎胎，因此出门时最好随身携带简易补胎工具及便携式打气筒，以防万一。如有夜骑，务必带上手电筒及其他警示灯具，以保障夜骑安全。

（4）个人应急救生卡。应急救生卡上的内容主要包括骑行者血型、身高、体重、既往病史、紧急联系人等信息，可以保障骑行者遭遇意外事故后，

长途旅行中扎胎犹如家常便饭，补胎是必备技能

在最短时间内得到正确救助。

（5）急救包。

（6）宿营装备。有些车友可能会分几天来完成200km以内骑行，那么就要视情况携带帐篷、睡袋、防潮垫等露营装备，或是准备沿途投宿旅店。

2. 生理准备

骑行前应当进行适当的热身运动，依次进行头部、颈部、肩部、手臂、手部、腰部、腿部、脚部的热身准备动作，让身体提前兴奋起来，从而减少运动中的损伤。（详见第12章）

如果行前感觉不太舒服，例如有感冒发烧、腹泻等不适症状，请慎重出行。

3. 心理准备

（1）提前了解路面情况、交通状况、天气预报、沿途食宿补给等信息，从而决定要相应地携带什么装备。

户外的美景，吸引着无数车友踏上自行车骑游之旅

（2）将你的骑行计划告知家人或朋友，让某人做你的后方紧急联系人。假如目的地比较偏远，或是存在一定危险性，那么强烈建议事先购买骑行保险。一份可信赖的户外骑行保险是我们安全出行的重要保障。

买一份骑行保险，对自己负责

长途骑行的行前准备

1. 需要准备的物品清单

由于时间长、距离长，长途骑行前需要准备的物品也多。在长途骑行中，以318国道骑行进藏路线（又称川藏南线）最为热门，也颇具代表性。因此我们就以318线长途骑行为例，详细列表说明需要携带的物品清单。（这份清单仅供参考，你可以根据自己的实际情况来增加或剔除某些物品）

此外，行囊的准备关键在于轻便、实用。你可以和队友们一起，大批量团购所需要的物品，费用会更低。

需要准备的物品清单

穿着	头盔，遮阳帽，头套/骑行帽，冲锋衣，抓绒衣，骑行雨衣，快干衣裤，骑行服，骑行裤，排汗内衣，骑行眼镜/防风沙眼镜，半指骑行手套，全指防水骑行手套，防风保暖袖套，头巾，护膝，骑行袜，绑腿带，防水徒步鞋，拖鞋
包袋	驮包，车架包，座管包，车首包，腰包
药品	速效救心丸，红景天，百草油，创可贴，葡萄糖，黄连素，眼药水，双氧水，云南白药，医用纱布
护肤/洗漱用品	牙膏，牙刷，香皂，毛巾，防晒霜，唇膏
宿营/烹饪装备	帐篷，睡袋，防潮垫，气罐，炉头，锅具，餐具
电子相关设备	手机，相机，三脚架，充电器，电吹风，插排
安全照明/反光设备	反光带/反光贴，骑行手电
维修/补胎/备用工具	维修工具：4、5号内六角工具，多功能组合工具，尖嘴钳，户外多功能救急钢片 补胎工具：打气筒、撬胎棒、磨片、小剪刀、胶水、贴片（备一小袋面粉，可以代替水） 备用工具：备用刹车块、前后刹车线、备用内胎、链条油
其他	码表，水壶，车灯，快挂、绳子，多功能小刀，火柴，指南针，坐垫套，银行卡，证件，应急救生卡，纸质地图，纸笔，现金，塑料袋，小文具/糖果

带上刹车块、刹车线、链条油和备用内胎，有备无患

骑行手套 建议半指和全指手套各带一副，应对不同的天气状况。全指手套的码数最好比半指大一点。

鞋子 可选择防水的中低帮户外徒步鞋，鞋底软硬适中，不会使小腿过度疲劳，而且结实耐磨，应付恶劣路况游刃有余。另可考虑带一双简便软底凉鞋，既能当拖鞋穿，也能用于休整时闲逛市镇。

骑行眼镜 旅途中，不同时间的天气和光照度也各不相同，所以应该选择可更换镜片的骑行眼镜。

包袋 应选择配有防雨罩的包袋。本身就具备防水功能者更佳。车前包可以放一些应急的物品，例如药物、巧克力等，还可以放置相机、钱包等重要常用物品。

需要注意的是雨衣、冲锋衣等应急、常用衣物应放在包袋最外层，在有需要时可以第一时间拿到，换洗衣物应放在包袋最内层。

药品 很多人在高原骑行时都需要提前服用红景天来对抗高原反应。通常高原骑行的第一周是适应期，身体正在逐渐适应骑行的压力，这时可以服用红景天。但一周之后，红景天作用并不大，可选用速效救心丸作应急之用。

另可准备黄连素来应对腹泻，用云南白药气雾剂应对扭伤初期的治疗，利用双氧水治牙龈肿痛或给伤口消毒，治疗外伤的创可贴和医用纱布也要备齐。你还可以借助网络，自学基本的外伤处理知识。

宿营/烹饪装备 如果按照你的行程安排，沿途会有许多旅店住宿的话，就不必携带宿营装备，这样可以大幅减轻负重。但秋冬季出行时，应考虑到旅店的被子是否保暖、干净，可视情况携带睡袋。同样地，如果想在路上煮点热食热水，就可带上气罐、炉头和锅具。

相机 轻薄卡片式数码相机是长途骑行的最佳伴侣，此外用自己的眼睛和纸笔来记录沿途的风景，同样是一种美。如果你体力很好，经济状况也不错，并且对照片画质要求较高，还可以带上单反相机。

手机 目前藏区的大部分垭口、途中小镇都已经覆盖了通讯信号，手机也就成为不可或缺的联络工具。不需要经常拿出使用时，手机最好和相机一起存放在防水袋里。

码表 非常有必要，可以对照自己骑行的公里数来预估到达目的地的时间，从而实时调整骑行的路程或时间，减轻盲目骑行而导致的心理压力。

身份证 无论乘坐交通工具还是沿途住宿，都要用到身份证。在边疆地区则常会有武警查证，必须随身携带身份证。

地图 即使你拥有非常精良的GPS设备，也应该带上一份地图。它的缺点是不够精确，很难用来判断两地之间的实际距离，还容易破损。但它也有优点：方便携带、查看和标记路线。

方便携带的地图是旅行好伙伴

现金 随身携带的现金最好不要超过500元。更多的现金可以存放在银行卡里并小心保管好。

塑料袋 多备几个塑料袋在身上，用处很多：可装衣服、食品、物品，还能做垃圾袋。

小文具/糖果 许多骑友都在藏区遇到过索要钱和食物的当地儿童，孩子们甚至会缠住骑友不让走。对于这种情况，不建议直接给现金，可用文具或糖果代替。

单反相机画质好，但比较重，卡片机则胜在轻巧，你可以根据个人需要来考虑携带

自行车长途旅行能考验一个人的体能与耐力

2. 生理准备

（1）出发前最好先做一个常规体检，若有发现问题则及早对治。如果患有较严重的慢性疾病，或是出行前感到身体不适，请听取医生的专业意见。

（2）行前体能训练应着重于提升耐力、体力和爬坡能力。可在出发前 1~2 个月开始，每周进行 100km 的长距离骑行，从平路到盘山路循序进行骑行训练。此外游泳锻炼也是个不错的选择，有助于增强体质、磨炼意志。

（3）有条件的话，你还可以每天做 20min 的体能锻炼，安排立定起跳、下蹲起跳、仰卧起坐等项目轮流进行。

> **TIPS! 长途自行车与车胎的选择**
>
> **自行车的选择** 如果你并不追求装备优化，希望能尽量节约，那么捷安特、美利达等品牌的一两千元入门车已经够用，而且 V 刹方便维护，油簧的前叉通用性也比较好。
>
> 出发前请向车店老板详细请教车辆维护的方法和正确变速的方法，并在骑行过程中定期检查你的刹车和变速，保证它们处于良好的状态。带上本书，作为路上的自行车维护指南也不错。
>
> **车胎的选择** 选择外胎时可考虑胎面宽 1.5in（约 3.8cm）的低阻力前胎，以减少前轮行进阻力。后胎则可选择胎面宽度 1.9~2.1in 的齿胎，以提高抓地力。因为后驮包大量负重，如果抓地力不足，有可能下坡时出现车轮打滑的情况。

（4）如果是团队骑行，你还可以和队友一起进行几次 100km 的长距离骑行拉练，在拉练过程中了解自己和队友在体能上的差距，从而避免影响整个骑行团队成员间的配合。

3. 心理准备

除了购置备齐路上所需物品和锻炼身体，还有几件事情需要在行前慎重考虑。

（1）选择队友。队友的体能和心理状态最好和自己差不多，这样可以保证大家的骑行节奏基本一致，不至于拉开太多。

（2）准备路书。在准备骑行之前，请留出一点时间来准备路书——你的行程计划安排。我们不主张仅凭一腔热血就骑车远行。

一份完整的路书应包括以下内容：骑行总天数预估，每天的骑行公里数与休息点安排，海拔的分布，路况预估，当天的食宿安排，食物补给点，沿途民俗民风简介，自然风光特点，费用预算明细，应急预案等。

要注意的是，应急预案要尽可能多地考虑到路上可能出现的意外状况（例如中途遇上暴雨、冰雹等恶劣天气），以及相应的应对方式。

制作路书的资料来源：①网络是最重要的资料来源，善用互联网，可以找到相当齐全的路况资料。②已出版的自行车旅行类书籍也是不错的资料来源。③网络地图与纸质地图不可缺少。

制作路书的重要参考因素：队友的身心综合素质，队内性别比例，假期天数。此外还要考虑到女车友的生理期问题。

一份好的路书可以让骑行更顺利。出发之前，整个团队应该详细讨论路书并不断修正它。制订路书时，可以着重参考已骑行过相同线路的骑友游记，但太久之前的游记时效性不高，不必作为重点参考。

（3）购买保险。无论短途骑行还是长途骑行，我们都应该养成行前买保险的习惯。一两百元保金可以换来超过 100 万元的保险，其中包括了因意外事故住院的费用，且保障较为全面。

谁也无法确定自己在路上会遇到什么事情。如果有购买保险，那么一旦遭遇车祸或其他意外事故，当事人至少在接受治疗的时候，不用担心经济上的后顾之忧。

（4）做好晒黑的心理准备。无论冬天还是夏天出行，户外强烈的紫外线，以及长时间的风吹日晒，都必然会使得肤色变黑、肤质变差，甚至可能导致晒伤。因此无论男性还是女性骑友，都可以适量带些面膜、防晒霜、洗面奶等护肤品，在旅途中保护皮肤不受损。

防晒霜可以保护你的皮肤不被晒伤

76 岁高龄的捷安特董事长刘金标在荷兰骑游。骑游路上，年龄绝不是问题

不同人群的行前准备

1. 女性骑友的行前准备

女性骑行,一个很重要的问题是生理期间不宜做剧烈运动。所以,要事先了解自己的生理周期,提前做好准备。比如说,你可以提前带上卫生巾,以备途中使用。通常生理期的前三天最容易引起身体不适,需要停车休整。如果必须赶路,也要注意增加途中休息频率,避免会阴部感染。

不建议通过服用避孕药来人为地提前或延长生理期。毕竟月经属于正常生理现象,服用避孕药可能引起内分泌失调。若是在生理期感到疼痛不适,又无法改变行程计划,那么应该先咨询医生的意见,再考虑通过服药来调整经期。

2. 中老年骑友的行前准备

根据世界卫生组织的划分方法,45岁以上即为中老年人。在体能与身体素质方面,中老年骑友会比年轻人稍差些,途中如果不慎摔倒,后果可能十分严重。

因此,中老年骑友必须掌握好自己的骑行速度与路程,同时需要充分考虑到自己的身体状况,随身携带速效救心丸、感冒药等急救药品或个人药品。

要特别提醒的是,年龄过大且身体状况不佳的老人应谨慎骑行高原。因为高龄老人可能出现身体机能全面退化,免疫力和应对特殊环境的能力下降,易患上感冒或肠胃病,产生急性高原反应。

3. 儿童骑友的行前准备

我国通常将儿童的年龄限定为6~12岁。作为未成年人,在外出骑行前一定要先接受骑行安全教育,懂得戴好头盔、穿上骑行手套,以及了解当地的交通规则。此外,出发前一定要仔细检查自行车的状况。

注意:尽量不要带10岁以下儿童到高海拔地区骑行。因为儿童尚在生长发育期,综合抵抗能力较差,尤其是长期生活在低海拔地区的儿童对高原低氧环境特别敏感,缺氧后易引发高原病,且后果较为严重。

不同季节与天气的注意事项

要根据不同季节特征选择不同的骑行路线,并制订相应的骑行计划。对于以下特殊天气状况,需要特别注意。

山洪多发季节要小心 特别对于计划远行的骑友而言,如果目的地路段多发山洪、塌方、滑坡等事故,强烈建议延缓出行或绕开危险路段。

旅行的过程并不总是一路坦途

夏季避开最热时段 尤其七、八月酷暑时节的正午一点钟左右,烈日当空,极易中暑,不宜出行。此外,酷暑时节外出骑行要多注意补水防晒、防紫外线,喝水应少量、多次。

阴天骑车有压力 阴天气压低,会令人喘不过气,致使骑行时心肺压力加大,容易胸闷、气短、头疼、乏力。不过从另一个角度看,阴天适合进行骑行训练，可以锻炼心肺机能。

雨天骑行要稳健　雨天路面湿滑，必须保持控车稳健，尽量避免急刹车。胎压最好减至3/4，以增强抓地力。同时避免小角度过弯致打滑。如果遇到雷暴天气，应避免出行。如果遭遇雷雨天气时正在骑行途中，应立即寻找安全的躲避地点，如房屋、山洞等，切记不要在树下躲雨。

冬季雨雪季节多注意　冬天冰雪路面适用越野车宽胎，骑行时要与前后车辆保持距离，必要时下车推行。

大雾天不宜骑车　大雾天的空气质量差，其中含有大量微尘粒子，吸入人体影响心肺机能，有害健康。此外雾天能见度低，会对骑行造成一定安全隐患。

在一个陌生的地方，如果不熟悉前方的路况，最好听取当地人的意见，切勿冒失行进。

2　自行车的打包与运输

常见的运输方式

运输自行车的常见方式有飞机、火车、汽车、轮船四种。

1. 轮船运输

客轮一般允许乘客随身携带自行车上船。但不同的客轮公司，收费规定可能不同。例如从福州出发往台湾的客轮，自行车无需托运费；而从广州出发往海南的客轮，对自行车收取50元托运费（2012年数据仅作参考，以实际为准）。

另外就轮船托运而言，通常是不需要打包自行车的，可以整车上船。不过为防万一，办理托运手续时最好先问清楚。

2. 飞机运输

针对国际航班托运和国内航班托运，不同航空公司的规定各不相同。但一般情况下，自行车只能作为行李托运。

大多数航空公司会要求自行车必须妥善包装，最好使用纸箱（一般户外单车店都会提供纸箱打包服务）。如果包装体积超过规定，则需要收取一定的逾重行李费。

至于具体的收费情况，则要看航空公司的相关规定。有的航空公司，会对自行车的重量和体积做严格规定，如果重量或体积超标，就可能无法托运。因此，建议购买机票前，先了解清楚航空公司的自行车托运规定。

3. 火车运输

自行车的火车运输方式主要分为两种：随身携带上车和托运。

目前，大多数列车是允许将自行车带上车的，只是要求将前轮拆下，同时确保在车上不会影响其他乘客的走动。（可以考虑置于火车车厢结合部，那里总有一扇车门是保持常闭状态，可以放车）

注意：可能有个别火车站会要求车友缴纳自行车托运费。

如果要办理火车托运手续，切记应亲自到火车站办理，而不要委托快递公司、住宿的旅馆办理。办理托运时，可要求"自提"，这样火车到站后即可直接到行李车厢取车。

4. 汽车运输

通常情况下，自行车无需拆卸打包，可以整车置于客车行李厢中。但可能会被收取至少50元的托运费。

如果行李厢内空间不够，也可以将车子拆下脚踏、坐垫、前后轮并妥善包扎好后放入。

第 13 章 | 户外骑行

> **TIPS!** **自行车托运的两种方式**
>
> **装箱托运** 拆下自行车的前轮、车把等部分组件后装入纸箱，运达目的地后再装回成整车。这种方式可降低车子在托运过程中的受损几率，而且组装起来也不太麻烦。
>
> **整车托运** 不拆车，直接将整车作为一件行李托运。这种方式的缺点是，车子如果不随身携带照看，很容易在托运过程中损坏。

如何打包自行车？

对于经常进行长途骑游或者出外比赛的车友来说，自行车的打包常常是出行最大的烦恼，既要确保可以轻松带走，又要尽可能避免车子在运输过程中受损。所以如果打包得妥当，还能带来经济实惠。

再好的安装也比不上良好的包装，现在市面上的装车袋林林总总，哪一款才真的适合自己使用呢？是不是只要把车子装进了装车袋就万无一失呢？下面就介绍一下，自行车装袋或装箱之前所需要做的准备工作。

1. 使用装车袋

如果是使用装车袋来打包自行车，可按照如下步骤进行拆解。

（1）把前变速调到大齿盘位置（利用链条保护齿轮），把后变速器从车架上拆下，防止被压迫变形。

（2）取下前轮和后轮，如为筒轴轮组，建议

应先将车子拆卸、捆扎并包裹好，再放入装车袋；很多装车袋都会在箱子底部安装滚轮，方便拿取

保留两条快拆，将它们继续固定在前叉与后叉位置；如为普通轮组，建议给前/后叉均装上塑料保护器以保护它们不在运输过程中挤压变形；如为碟刹轮组，就要给碟刹卡钳塞上挡块，以防活塞在运输过程中被推出。

（3）松开座管夹，拿下座管（坐垫可以不拆）。

（4）用工具将脚踏拆下，用包装纸包好，不要散开。（如果装车袋够大，脚踏也可不拆）

（5）如为山地车，需将把横从把立上拆下，然后将把立方向转至后方，将把横竖直放置，与前叉或车架捆扎固定。如为公路车，弯把可以拆下，从车架头管位置插入中间，同时也需要用扎带将车把与车架绑紧。

（6）可以用一些废纸（最好是泡沫纸片）包住车架的上管、立管和下管，以免刮花。

（7）放置车轮时，把前后轮分别放置车架两边，用作力量承受点。当然，有些装车袋还配有两个车轮袋，可用于专门放置车轮。

2. 纸箱使用

如果是使用纸箱来打包自行车，拆解步骤与使用装车袋大致相同，但是要注意以下细节。

（1）因为纸箱属于比较细长的包装，后轮可以不用拆，但需要拆下前轮，并把快拆从轮组上取下。如为筒轴轮组，应把快拆装回前叉。如为普通轮组，需要给前叉装上保护器。另外，要用包装纸包好快拆，并固定在车架上任意位置，避免因为摇摆震荡碰到车架部分而造成损伤。

（2）前后变速都调到最小挡，这样可以有效避免前后拨遭受外界挤压。

（3）坐垫连同座管一起拆下，脚踏拆下用包装纸包好，最好绑在车架上，避免碰撞到车身或其他部位。

（4）可以用一些废纸（最好是泡沫纸片）包住车架的上管、立管、下管及前叉，以免刮花。

（5）无论公路车还是山地车，车把都需要拆下。拆下后，往左边放置，并用扎带将车把与车架绑紧。有塑料泡沫的可适当包裹指拨和刹车位置。

（6）放置车轮时，把前轮放置车架左边，左曲柄插入前轮轮圈内（只用以固定，不能作为受力点）。

（7）封箱时，可以用大量废纸或填充物塞满纸箱，减少车子在纸箱内晃动的几率。

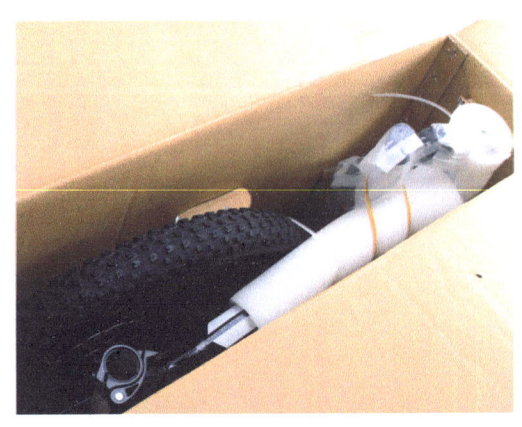

使用纸箱装车时，也需要妥善包扎，注意避免车子的尖利部位刺穿箱子表面

3 骑行的更多乐趣

国内长途旅行

近几年来，以骑自行车的方式进行1000km以上长途旅行的车友越来越多，在人们心目中，"骑车去旅行"俨然是一种时尚、环保但又艰苦的旅游形式。知名品牌捷安特创始人刘金标先生说过一句话："开车太快，走路太慢，只有自行车才能留住人生的美景。"这可以说是自行车长途旅行的最佳注脚。

目前的自行车旅行热门目的地有西藏、四川、云南、海南、台湾、青海等，其中，以下九条骑行线路最为经典和热门。

川藏南线 该线路始于四川成都，止于西藏拉萨，全长约为2200km，绝大部分路段为G318国道，沿途多高山、河流湖泊，海拔高度起伏变化大，地形复杂，塌方频繁，交通条件差，但自然风光壮丽绝美，是自行车长途旅行的最大热门线路，以8~9月为最佳骑行时间。

川藏北线 又称"川藏大北线"，同样以成都为起点，以拉萨为终点，全长约为2400km，自然风光原始而优美，人文旅游资源也十分丰富，以8月中旬至10月为最佳骑行时间。

青藏线 以青海省西宁市为起点，以拉萨为终点，属G109国道路段，全长约2000km，全线平均海拔在4000m以上，路况是进藏公路中最好的，但气候恶劣。沿途草原河湖风光迤逦秀美，以7~9月为最佳骑行时间。

青藏线

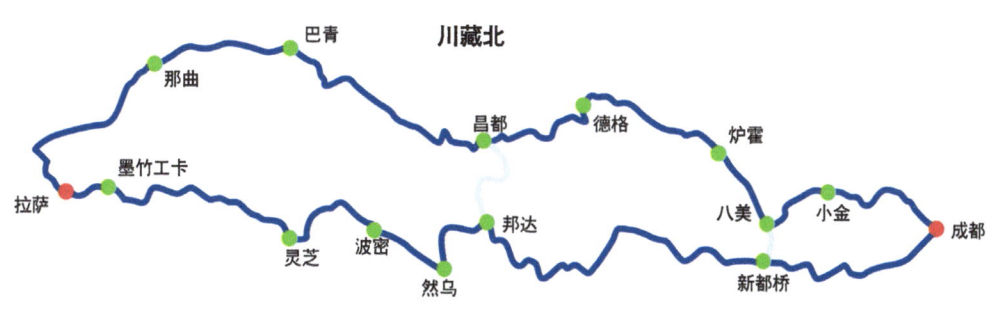

川藏南

滇藏线 以云南昆明为起点，拉萨为终点，经 G214 国道和 G318 国道，全长约 2300km。沿途有大理洱海、丽江古城、虎跳峡、香格里拉、梅里雪山等知名景点，风景绝佳，但山高谷深、路况差，对骑行者的体力要求较高。最佳骑行时间是 7~10 月。

环海南岛 通常是从海口出发，由东线 G223 国道至西线 G225 国道环游海南岛一圈，全长约 850km。海南岛以热带海洋风光为主，沿途路况较好，可饱览椰林海景、品尝特色蔬果，是冬季热门骑游线路，最佳骑行时间是 12 月至次年 4 月。

环台湾岛 随着台湾自由行的开通，单车环台骑行不再只是梦想。美丽的太平洋沿岸风光、魅力无穷的风土人情，无不对内地车友充满了吸引力。

骑行进藏的路途遥远且艰辛,但一路总有美景相伴

环台湾骑行的常规路线约1000km,最佳骑行时间为3~6月。

环青海湖 青海湖是骑游热门地点之一,每年在此举办的环青海湖国际公路自行车赛亦令其知名度大增。环湖的常规路线是以西海镇为起点,顺时针骑行一圈,约360km,以每年7~8月万顷油菜花开时为最佳骑行时间。

丝绸之路 许多车友选择以骑行丝绸之路的方式来致敬古中国开拓对外贸易的先辈。传统意义上的丝绸之路其实不止一条,今日的丝绸之路骑行线同样有多个方案,但大多数车友会以陕西西安为起点,以甘肃敦煌为终点,9~10月是最佳骑行时间。

唐蕃古道 相传唐蕃古道是唐朝文成公主下嫁吐蕃王朝的行进路线,也是唐代以来中原去往西域的必经之路,又称"丝绸南路"。以西安为起点,拉萨为终点,全长3000km以上,因其厚重的历史背景,而在车友心中占据了独特地位。

国外长途旅行

改革开放之后,随着经济的发展,中国的骑行者们已经不再满足于国内的线路,而把眼光投向了国门之外。

目前比较热门的国外骑行路线仍是以周边国家为主,例如中尼线、东南亚线等,主要原因是骑行成本较低,出行较为便捷。也有越来越多的车友骑向了更远的远方,如欧洲、非洲、美洲。

在国外骑行,车友们最担心的问题主要是:

1. 签 证

通常去往尼泊尔、印度、缅甸、柬埔寨等亚洲国家以及其他发展中国家的签证并不难拿到,而且所批准的入境时长也足以让车友们完成骑行。但去往欧美发达国家的签证相对来说并不太容易获批,

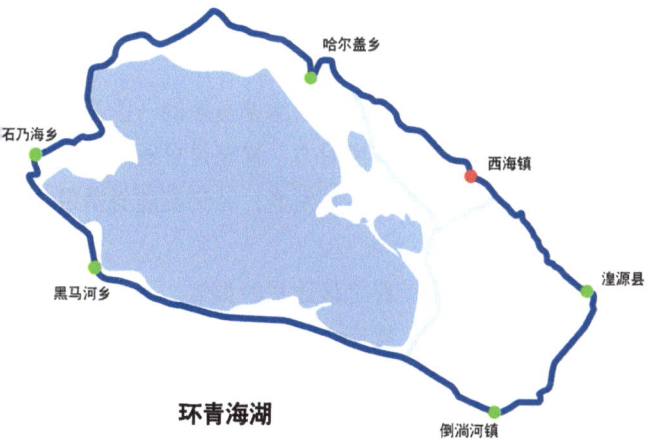

环青海湖

瑞士的火车上，设有自行车专用车厢，为车友提供更多便利

辛苦骑完大半程却被目的地国家拒签的情况并不少见。相对而言，已婚人士获批发达国家签证的几率更高。

怎样才能顺利拿到目的地国家的签证？① 出发前多做功课，了解先行者的经验教训。② 语言不通是申请签证的一大障碍。你可以事先把自己的入境目的、骑行计划等信息用目的地国家的文字写在一张纸上，在申请签证时递给工作人员。③ 请做好备用方案。例如无法从老挝入境缅甸的话，可考虑转道泰国入境。

2. 路 线

出发之前，应尽可能通过搜索引擎、网络论坛、微博/博客等途径，了解目的地的气候条件、交通状况、景点资讯等。另一方面，兴趣爱好、所需费用、景点特色等也是决定路线规划的因素。

例如在澳大利亚，每年12月至次年2月是夏季，东部地区易发洪水，不利于骑行，我们在制订路线时就最好避开这个地区。

3. 费 用

通常而言，多人骑行比独自骑行更省钱，在农村地区骑行比在城市地带骑行更省钱。

不建议随身携带大量现金，可考虑两种方案：① 办理银联国际卡，取款方便。② 购买旅游支票，这样即便支票丢失了也不会给你带来实际损失，但要注意的是经济不发达地区不一定能提供支票兑现服务。

4. 安 全

（1）人身安全。在国外露营时，一定要确保营地非当地人私有土地，并避免选择可能发生坠石、积水的危险地点。

（2）财产安全。无论任何国家或地区，都可能发生盗窃、抢劫事件。因此在路上应该尽量低调些，不要露富，浑身上下脏一些也没关系。自行车作为最重要的交通工具，最好全程不离视线，便是最佳防盗方法。

5. 语 言

建议在行前多做些功课，掌握当地的一些基本会话，如询问食宿、问候对方，甚至是求医问药的会话，都可以事先学习掌握发音，并记在随身携带的笔记本上。

另外，手语是世界上最通用的语言，心灵的交流则胜过千言万语。实际上，只要签证解决了，又有足够的时间，其他都不会是太大的问题。只要做好了准备，就出发吧。

第 13 章 | 户外骑行

"4+2"方式让人们享受更多骑行的乐趣

"4+2"出行

自行车运动虽然充满乐趣,但也需要付出一定的时间成本。如何才能在有限的时间内,将自行车带到更远的地方,享受更多骑游旅行的乐趣?"4+2"出行是一种值得推荐的解决方案。

所谓"4+2",是指用四个轮子的汽车载着两个轮子的自行车前往目的地进行骑行,是一种越来越受到都市人欢迎的旅行方式。只要你有足够的假期,都可以考虑"4+2"出行。周末的城市周边"4+2"二日游,乃至7天以上的中长途"4+2"出行都是不错的旅行方式。

不过,将汽车作为交通工具的"4+2"出行方式也要受交通法规的约束。在安装载车架时,我们就要注意以下几点。

(1)对于将单车置于车顶的车辆,高速公路禁止通行。这主要是考虑到高速度行驶状态下,强劲的侧风可能使车顶的自行车掉落而造成交通事故。

(2)车尾载车架不可挡住车牌。现行交通法规对于遮挡车牌的处罚非常严厉。

(3)不同的汽车型号,不一定适用同一款载车架。

(4)城区部分路段会限制车辆高度。在限高2.5m以下车辆通行的路段,在车顶放置单车的车辆就无法通行。

户外骑行

附 录

附录 A 国内外重要自行车赛事一览

国际公路自行车赛事

正如美国是世界篮坛的霸主，欧洲则是世界自行车界的最高殿堂。欧洲不仅是自行车运动的发源地，更代表着这项运动的最高水平。在比利时、法国等欧洲国家，人民群众对自行车运动有着高昂的热情，赛事开展也极具规模。下面介绍四个对自行车运动最狂热的欧洲国家，看它们都有哪些值得关注的比赛。

■ 法国篇

法国在 100 多年前就创办了环法自行车赛事，这里的自行车运动氛围十分浓厚。从春季的巴黎–鲁贝古典赛，到激情夏日的环法，到初秋的西部大奖赛，法国从不缺少顶级赛事。从比赛的直播画面中，我们经常能看到普罗旺斯迷人的花田，比利牛斯山壮美的风景和赛道两旁狂热的车迷。如此适合骑行的自然与人文环境，让全世界的车手和车迷都无比向往。

巴黎 — 尼斯多日赛
Paris – Nice

时间：3 月上旬，为期 8 天

地点：巴黎 – 尼斯

巴黎 – 尼斯多日赛是历史悠久的小型多日赛，早在 1933 年就开始举办。这场比赛在每年 3 月初就早早进行，是欧洲 World Tour（WT，世界巡回赛）赛历上的第一场比赛，因此对于志在争夺年度大环赛冠军的车手而言是重要的热身赛。这场比赛的起点和终点分别是巴黎和尼斯，中间设置 8 个赛段，路线一路向南，因此比赛也被称为"逐日赛（The race to the sun）"。如今，顶级车队的大环赛 GC（General Classified）车手都会通过该比赛检验赛季初的状态。

巴黎 — 鲁贝古典赛
Paris–Roubaix

时间：4 月上旬，单日赛

地点：巴黎北部城镇贡比涅 – 鲁贝

巴黎 – 鲁贝古典赛是欧洲最著名的单日古典赛，作为五大古典赛之一，它有"古典赛皇后"（Queen of the Classics）的美称，每年都会吸引最顶尖的古典赛好手参与。从 1896 年首次举办以来，该赛事都在巴黎发车，直到 1968 年，发车地点才改为距离巴黎 60km 的贡比涅。（五大古典赛包括：巴黎 – 鲁贝古典赛，米兰 – 圣勒莫古典赛，环伦巴第古典赛，圣塞巴斯蒂安古典赛，环法兰德斯古典赛。）

巴黎 – 鲁贝赛全程约为 260km，比赛线路每年都会调整。它最为人熟知的特点，莫过于将近 30 段、总长度超过 30km 的石板路。这种狂野的

附录 A 国内外重要自行车赛事一览

路段加上变幻莫测的天气，对车手而言是极大的摧残，因此该赛事也被称为"北方的地狱"。赛事组织者显然对石板路情有独钟，1977 年以来，比赛的冠军都会获得一块石板作为奖励。

环多菲内自行车赛
Critérium du Dauphiné

时间：6 月上旬，为期 8 天

地点：法国西南部多菲内省

环多菲内自行车赛是 UCI（国际自行车联盟）旗下 World Tour 级别的赛事，在法国西南部的多菲内省举行。这里也是阿尔卑斯山区域，一些环法赛中的名山，比如冯杜山、阿尔普迪埃山和加利比耶山均在这里。而且比赛刚好在环法之前一个月举行，是环法的绝佳热身赛。该比赛从创办之初就是环法车手们的热身场地，每一位环法五冠王都曾在该项赛事中夺冠。由于这场比赛总会包含大量爬坡，因此更适合爬坡型选手的发挥。

环法自行车赛
Tour de France

时间：7 月，为期 3 周

地点：法国及周边国家

环法自行车赛简称"环法"，是法国境内乃至世界上最重要的自行车赛事，位居 UCI"三大环赛"之首。（三大环赛包括环法自行车赛、环意大利自行车赛、环西班牙自行车赛，均为 UCI 所监管。）

环法是三大环赛中历史最悠久的赛事，始于 1903 年，为法国《机动车报 L'Auto》因促销之需而创办。环法赛事最吸引人的不仅是 22 支顶级车队之间的激烈碰撞，更是法国的人文风情。主办方 ASO（Amaury Sport Organization）总会让赛道穿过风景优美的乡村、历史悠久的名胜和考验车手意志的高山，带观众感受最真实的法国。环法第一周的赛段多偏向平路，且常常会移师境外进行，观众可以跟随大部队欣赏法国乡村田园风貌；第二周则会有计时赛段和中等山地赛段，夺冠大热已经开始占据排行榜前列；而环法的剧情会在第三周进入高潮，接连不断的高山赛段和计时赛段将筛选出最后的胜利者。因此，无论从人文景观还是竞技角度来看，环法都是车迷们最不能错过的自行车比赛。

■ **意大利篇**

意大利地处欧洲南部的地中海区域，由亚平宁半岛、西西里岛和撒丁岛组成。这里四季如春、气候宜人，当荷兰、比利时等国家还在寒冷中沉睡时，意大利已经早早进入自行车赛季。意大利北部的皮埃蒙特、伦巴第等地区处于阿尔卑斯山区，与法国、瑞士等国家接壤，为意大利的爬坡型赛事提供了绝佳的场地。意大利的自行车文化深入人心，这里不仅盛产自行车手，更出产顶级的手工战车。国际上重量级的自行车赛事，自然少不了在这里进行。

第勒尼安 — 阿德里亚自行车赛
Tirreno – Adriatico

时间：3 月初，为期 1 周

地点：意大利中部

第勒尼安 – 阿德里亚（下文简称"TA"）自行车赛为 UCI 赛历上的 World Tour 级别赛事，在每年 3 月初举行，是为期一周的小型多日赛，与法国的巴黎 – 尼斯自行车赛撞期。时至今日，TA 已

经可以和巴黎 – 尼斯分庭抗礼，因为 3 月的意大利气候更暖和，更适合喜欢"意大利风格"的车手参与。TA 有个别名叫"双海赛"（Race of two seas），这是因为比赛会从意大利西南部的第勒尼安海岸发车，直到东北部的阿德里亚海岸。意大利中部没有过多高山，所以 TA 的线路通常由平路和丘陵组成，更适合非爬坡型车手参加。

TA 之后不到一周，意大利最具盛名的春季古典赛——米兰 – 圣勒莫古典赛就会发车，因此 TA 也是这场古典赛的前哨战。

米兰 — 圣勒莫古典赛
Milan – San Remo

时间：3 月中旬，单日赛

地点：意大利米兰 – 圣勒莫

米兰 – 圣勒莫古典赛（下文简称"MSR"）诞生于 1907 年，是五大古典赛中最早进行的一场，是"春季古典赛"的代名词。MSR 的赛程将近 300km，距离之长为职业单日赛中绝无仅有，也常被各大车队当做赛季初期的耐力训练。该赛事全程地形平坦，没有高难度爬坡，比赛往往以大集团冲刺收场，因此也被称为"冲刺手的古典赛"，与意大利另一场被称为"爬坡手的古典赛"的环伦巴第古典赛遥相呼应。看冲刺好手如何在圣勒莫的大直道上冲刺决斗，是欣赏这场比赛的最大乐趣。

环意大利自行车赛
Giro d'Italia

时间：5 月，为期 3 周

地点：意大利及周边国家

环意赛是世界上仅次于环法的顶级自行车环赛，也是意大利标志性的自行车赛事。它创办于 1909 年，由意大利的《米兰体育报 La Gazzetta dello Sport》发起创办。由于报纸采用粉色的纸张印刷，粉色也就成为环意赛的主色调，赛事还被称为"粉红之旅"。

主办方志在将环意赛打造成"在最美丽的地方进行的最艰苦比赛"，其决战周总是被安排在阿尔卑斯地区进行。这里的高难度爬坡使得环意赛的观赏性丝毫不逊于环法赛，观众能同时欣赏到壮美的风光和激烈的比赛。

如今，环意作为一项顶级自行车环赛，已经让不少有实力的车队和车手放弃环法，把全部精力投入其中。

环伦巴第古典赛
Giro di Lombardia

时间：10 月初，单日赛

地点：意大利北部伦巴第省

环伦巴第古典赛创立于 1905 年，在每年十月初举办，全程约 250km，是五大古典赛里唯一的"秋季古典赛"，与被称为"春季古典赛"的米兰 – 圣勒莫古典赛相呼应。环伦巴第古典赛一直是 UCI World Tour 赛历里的年度最后一战，因此也被称为"落叶赛"（Race of the Falling Leaves）。

一百多年来，该赛事的比赛线路经历了多次改变，但无论如何，爬坡是其不变的主题。

■ 西班牙篇

西班牙是斗牛士之国，在自行车运动上，西班牙人也颇为英勇好斗。尤其地处西班牙比利牛斯山

附录 A 国内外重要自行车赛事一览

区的巴斯克地区盛产爬坡好手。作为斗牛士的故乡，西班牙的公路自行车赛事也是精彩纷呈。而且这里有热情的西班牙女郎，宏伟的比利牛斯山，还有美味的葡萄酒，因而西班牙的风情总能深深地吸引全世界的车迷。

环加泰罗尼亚赛
Volta Ciclista a Catalunya

时间：3月中下旬，为期 1 周
地点：西班牙加泰罗尼亚省

环加泰罗尼亚赛创办于 1911 年，是西班牙历史最悠久的职业多日赛，在西班牙国内的重要性仅次于环西班牙赛。这场比赛曾安排在环意和环法之间举行，直到 2010 年才宣布移到 3 月份举办。

环加泰罗尼亚赛也是 UCI World Tour 级别的环赛，比赛线路会经过地中海沿岸以及西班牙东北部边境，再回到加泰罗尼亚首府巴塞罗那。本土作战的西班牙车手在环加泰罗尼亚赛的战绩最为抢眼，他们赢得了 90 多届赛事中将近 2/3 的冠军头衔。

环巴斯克自行车赛
Vuelta Ciclista al Pais Vasco

时间：4月上旬，为期 6 天
地点：西班牙巴斯克地区

巴斯克地区坐落于西班牙境内的比利牛斯群山之中，素以民风彪悍著称。这里不缺少爬坡，也不缺少优秀爬坡手。每年在这里进行的环巴斯克自行车赛，就是一场关于爬坡的较量。该赛事最早创办于 1924 年，但因战争等原因停办了 30 多年，直到 1969 年才恢复举办，此后比赛逐渐蜚声国际。

圣塞巴斯蒂安古典赛
Clasica Ciclista San Sebastian

时间：7月底，单日赛
地点：西班牙巴斯克地区圣塞巴斯蒂安市

圣塞巴斯蒂安古典赛（CCSS）创办于 1981 年，是西班牙国内最负盛名的古典赛，比赛时间大概是环法结束后一周。由于临近区域会在一个月后举办环西赛，因此它也是环西赛前的重要热身赛。

圣塞巴斯蒂安位于西班牙北部的比斯开湾海岸，是巴斯克区的重要港口城市。独特的地理位置让 CCSS 融入了优美的海岸线、接连数个技术性爬坡等观赏性元素。海边捉摸不定的侧风、终点前四个适合发起进攻的爬坡，都会让比赛充满变数。目前这场比赛是 UCI 赛历上最重要的单日赛之一，短距离冲坡型高手们都会在这场比赛上争个你死我活。

环西班牙自行车赛
Vuelta a España

时间：8月下旬至9月中旬，为期 3 周
地点：西班牙及邻近国家

环西班牙自行车赛创办于 1935 年，是年度三大环赛的最后一场，也是西班牙境内最重要的自行车赛事。环西赛在第二次世界大战和西班牙内战期间中断过数次，于 1955 年才步入正轨。也是由这一年开始，环西的举办时间从 4 月底推迟至 9 月，避免了与环意的直接冲突。此后三大环赛的格局渐渐成型，环西赛也成长为一场国际性重要赛事。

三大环赛的赛程都是 21 个比赛日，中间设置 2 个休息日。因此环西与其他两项大环赛一样，于第三周迎来决战。环西赛也被称为"比利牛斯绕山赛",因为赛事后程的爬坡赛段都会设置在这个多山地区。只有经得起爬坡考验的车手,才有资格问鼎环西赛总冠军。

■ 比利时篇

比利时尽管只是个欧洲小国,对自行车的狂热程度却几乎是全世界最高的。这里是乐透(Lotto)车队和快步(QuickStep)车队的大本营,也是全球众多顶级车手的故乡。无论是西北部的法兰德斯区还是东南部的阿登山区,都是进行古典赛的绝佳场地。

E3 哈塞尔贝克古典赛
E3 Harelbeke

时间:三月下旬,单日赛
地点:比利时东法兰德斯

E3 哈塞尔贝克古典赛(简称 E3)创办于 1958 年,赛事名称里的"E3"源于其经过的一条编号为 E3 的高速公路。E3 于 2012 年升级成 World Tour 级别赛事,至此比利时境内的 World Tour 级别古典赛已经多达 5 场。

E3 包含 12 个爬坡点以及大量卵石路,是"四大卵石路古典赛"之一,线路相对较短但更加艰难,更适合传统古典赛好手的发挥。

环法兰德斯古典赛
Ronde van Vlaanderen

时间:3 月末 /4 月初,单日赛
地点:比利时法兰德斯地区

环法兰德斯古典赛(简称 RV),创办于 1913 年,是"五大古典赛"之一,也是比利时法兰德斯地区最重要的自行车赛事。该赛事的最大特点就是通过连续不断的短距离陡坡来筛选冠军竞争者,其中大部分爬坡为卵石坡,因而成为冲刺手的噩梦,比赛中也很难见到大集团冲刺。

瓦隆之箭古典赛
La Flèche Wallonne

时间:4 月中旬,单日赛
地点:比利时南部瓦隆地区

瓦隆之箭创办于 1936 年,全程约 200km,是著名的"三大阿登古典赛(Ardennes classics)"之一,在比利时东南部的阿登高原举行。由于赛道中的短距离爬坡点极多,让赛事充满了未知性,近 20 年来无人卫冕。观赏瓦隆之箭比赛的过程中,我们总能看到车手们咬紧牙关对抗地心引力。

列日 — 巴斯东 — 列日自行车赛
Liège – Bastogne – Liège

时间:4 月下旬,单日赛
地点:比利时南部瓦隆区

列日—巴斯东—列日古典赛(LBL)创办于 1892 年,全程约 260km,是瓦隆地区最重要的"阿登古典赛",亦属于"五大古典赛"之一。该赛事是每年春季公路古典赛的尾声,此役过后赛季将进入大环赛时刻。LBL 的起点是列日,赛程前半段约 100km,相对较直和平坦,后半段约 160km,为折返线路,不仅里程较长,而且还包含了绝大多数的爬坡路段。

附录 A 国内外重要自行车赛事一览

国内公路自行车赛事

环北京职业公路自行车赛
Tour Of Beijing

时间：10月中旬

地点：北京及周边县市

官方网站：http://www.tourofbeijing.co

在成功举办2008年奥运会后，北京市承办国际体育赛事的实力得到国际上的认可。2010年底，北京与UCI达成协议：中国首都将举办一场World Tour级别的多日赛。这也是UCI顶级多日赛首次落户亚洲。2011年8月，UCI确认了环京赛的赛事执照，环京赛获得了2011-2014年连续四年的举办资格。同年，环京赛首次举办，并大获成功。

因为是World Tour级别赛事，18支UCI Pro-Team都会自动获得比赛资格，这让环京赛的赛事规格达到世界顶级水平。World Tour赛事的引入对国内自行车界影响深远，每年环京赛期间国内车迷乃至体育迷都会热情高涨。环京赛不仅促进了国内自行车运动的发展，也使得自行车业界有了更大的发展空间。

随着环京赛在国内的日益流行，UCI必将把更多顶级公路、山地自行车赛事带到中国。

环青海湖国际公路自行车赛
Tour Of Qinghai Lake

时间：7月上旬

地点：青海省及周边省份

官方网站：http://www.tdql.cn

环青海湖国际公路自行车赛创办于2002年，是国内最早创办的职业自行车赛事之一。赛事以平均海拔超过3000米的青海湖为中心，并向周边地区延伸，是世界上海拔最高的职业公路自行车赛事。2005年，UCI将环青海湖赛认定为洲际HC级（最高级别）多日赛，它也是环京赛创办前国内最高级别的自行车赛事。可惜由于和环法赛事撞期，环青海湖赛的国际影响力面临瓶颈。

环青海湖比赛的总距离超过1300km，沿途风光雄奇壮美，旖旎迷人。得益于青海湖独特的魅力，这场HC级洲际赛对UCI注册职业车队的吸引力相当大。

环海南岛国际公路自行车赛

时间：10月下旬

地点：海南省

官方网站：http://www.tohcr.com

海南岛终年气候宜人、环境优美、植被丰富，是举办公路自行车赛事的理想场地。2006年，环海南岛国际公路自行车赛首次举办，并于次年被UCI认定为洲际一级多日赛。随着赛事的影响力扩大，环岛赛在2009年升级为洲际HC级赛事，这使得参加比赛的职业队伍水平日益提高。这个国际大赛的举办，也让海南岛的旅游业受到裨益。

环岛赛的比赛时间是10月下旬，此时欧洲的公路自行车赛季已经暂告一段落，中国的海南岛却气候正佳，因此环岛赛还能吸引UCI顶级车队前来参赛。如今，环岛赛的参赛队伍包含职业队和国家队，中欧地区的车队实力尤为强劲。得益于海南岛深秋的宜人气候，赛事将长期成为参赛选手们的冬训好去处。

环中国赛（阶段 I & 阶段 II）

时间：9 月

地点：华中地区多个城市

官方网站：http://www.thetourofchina.com

环中国赛是目前中国赛事历程最长、参与城市数量最多、工作团队规模最大的公路自行车赛事。

早在 1995 年和 2001 年，就先后有 2 个商业组织以"环中国自行车赛"举办过数届赛事，但这些赛事举办地分散，转场较多，与真正的自行车环赛有一定的距离。直到 2010 年，中国自行车运动协会才在 UCI 的建议下正式举办了环中赛。首届环中赛为期 10 天，属于洲际二级多日赛，吸引了 18 支职业车队参赛。次年，环中赛升级为洲际一级赛事，比赛里程增至 1400km 以上。

2012 年，环中赛进一步发展，开始分为两个阶段进行，中间相隔 3 天。第一阶段共设 6 个赛段，比赛距离约为 504.7km。在西安揭幕之后途经蓝田、商洛、襄阳、枣阳，到达武汉。第二阶段共设 5 个赛段，比赛总距离约为 538.4km，途经淮南、济宁、德州，最终到达天津。

环太湖国际公路自行车赛

时间：11 月初

地点：江浙地区，太湖沿岸城市

官方网站：http://www.taihucycling.com

环太湖国际公路自行车于 2010 年首次举办，首届赛事设为包含职业组和业余组等多个组别的单日赛，其中职业组比赛被 UCI 认定为洲际 2 级单日赛。2010 年有 10 支境外车队参与了角逐，澳大利亚车手 David Kemp 夺冠。次年，环太湖赛升级为多日赛，为期 5 天，赛事也开始成为江浙地区最重要的公路自行车赛事。

2012 年，环太湖赛升级为洲际 1 级赛事，总里程增至 1500 多千米。这届比赛的参赛队伍达到 22 支，并首次有洲际职业队参赛，赛事观赏性和影响力进一步提升。而且江浙地区的人民观赛热情很高，使得比赛气氛达到国内赛事之最。

国际山地自行车赛事

UCI 山地世界杯
UCI Mountain Bike World Cup

时间：3 月中旬至 9 月中旬

地点：欧洲、北美、南非

官方网站：http://www.uciworldtour.com

UCI 山地世界杯是贯穿整个赛季的多站赛，也是世界上最重要的山地系列赛。该系列赛由 UCI 在 1991 年创办，20 多年来竞赛项目多次变更，如今只包含 XCO（正统 XC，分为团队接力赛和个人赛，规则与奥运会相同）、XCE（XC 落选赛）和 DH 这 3 个项目。

首届世界杯只有 XCO 项目，该项目一直是世界杯的重中之重，历史上诞生过 Julien Absalon、Nino Schurter 等车王级人物。双人追逐赛（Dual-slalom,DS）曾在 1998 年进入世界杯，后于 2002 年发展成 4X 追逐赛，并在 2012 年退出世界杯、发展成独立的巡回赛。2005~2008 年短暂出现于世界杯上的 XCM（山地马拉松）项目后来也成立了独立的系列赛。

附录 A 国内外重要自行车赛事一览

UCI 山地世锦赛
UCI Mountain Bike & Trials World Championships

时间：9 月初

地点：主办权每年轮换

官方网站：http://www.uciworldtour.com

UCI 山地世锦赛创办于 1990 年，每届赛事由不同国家获得，是最重要的山地车赛事，赛季末的山地车盛宴。UCI 每年都会为各个自行车项目举办世锦赛，目前有公路车、场地车、山地车、山地马拉松等单项。车手必须以国家队的名义征战世锦赛，而不是按照车手所在的职业车队来分。在世锦赛夺冠的车手可以身穿"彩虹衫"征战下赛季的 UCI 赛事——这是世界冠军的象征。此外，车手在世锦赛获得的成绩还会计入祖国的 UCI 积分，因此该赛事也代表了各个国家的山地车最高水平。

首届世锦赛由美国城市杜兰戈举办，只设置了 XC 和 DH 两个项目，项目数随后不断增加。2012 年的世锦赛包含 4X（4 人追逐赛）、DH、Trial（障碍赛，分 20 英寸和 26 英寸轮径组别）、XCO 和 XCE 共 5 个大项。

2013 年的山地世锦赛在南非的彼得马兹堡举行，这也是世锦赛首次进入非洲。

UCI 山地马拉松世锦赛
UCI Mountain Bike Marathon World Championships

时间：10 月初

地点：主办权每年轮换

官方网站：http://www.uciworldtour.com

UCI 山地马拉松世锦赛又称为 Cross Country Marathon（XCM），创办于 2004 年，是长距离越野山地赛。XCM 的路线长度通常在 80km 以上，欧美等地的经典 XCM 赛多为"100km 挑战赛"，比如 Capitol Forest 100 MTB、Lumberjack 100 等。因为赛道偏长、设计难度大等原因，XCM 项目并没有进入"UCI 山地世界杯"。2003 年，XCM 首次（也是唯一一次）作为 UCI 山地世锦赛的比赛项目。次年，XCM 成立了独立的世锦赛——UCI 山地马拉松世锦赛。

山地马拉松世锦赛在每年的 10 月初举行，是全年最重要的 XCM 赛事。与山地世锦赛不同，XCM 世锦赛还会针对业余车手和儿童选手设置赛段长度不一的体验组。专业组方面，女子组的赛程比男子组短，这两个组别的冠军都可以获得下赛季的彩虹衫，因而一些 XCO 好手也会参与到该赛事中来。

红牛坠山赛
Red Bull Rampage, RBR

时间：年末

地点：美国犹他州

官方网站：http://www.redbullsignatureseries.com

红牛坠山赛（以下简称 RBR）由红牛品牌创办于 2001 年，为 FR（自由骑行）运动开创了新纪元。红牛一直致力于推广极限运动，RBR 是他们在山地车领域的代表作。与传统的竞速山地赛不同，RBR 是一项并不讲求速度的 FR 赛事，车手在开放式下坠区的路径选择越难、动作越连贯越能为他们带来冠军。

RBR 的比赛地点在美国犹他州的锡安山国家公园，每一届赛事都吸引着全世界最顶尖的 FR 车手和最狂热的 FR 爱好者奔赴犹他州"朝圣"。对于参赛选手来说，能在 RBR 上夺冠，或者只是能够安全地完成比赛，都是莫大的赞誉。由于过于危险等因素，该赛事在 2004 年之后一度终止，但在 2008 年又以全新的面貌回归。新的 RBR 在赛场上增加了木制跳台，改变了此前纯天然赛道的特点，让赛事的跳跃点更有挑战性。

4X 职业巡回赛
4X Pro Tour

时间：4~6 月

地点：欧洲，5 个分站

官方网站：http://www.4xprotour.com

4X 项目源于上个世纪 90 年代兴起的双人追逐赛（下文简称 DS）。DS 是一种短道山地赛，赛道上包含很多土坡，车手往往要佩戴全副护甲和全面盔比赛。DS 的赛道还被分成两条并列的跑道，由旗子和警戒线等分隔开；由于选手之间无正面交锋，赛事的激烈程度大打折扣。尽管后来 UCI 推出了不再分割跑道的双人赛项目，但比赛中更多的摔车事故让观众倍感迷惑。

2000 年，类似于 DS 的 4X 赛诞生，这种更具战术性和观赏性的比赛形式迅速流行开来。4X 赛让 4 名车手同时在赛道上比拼，并禁止车手间的推撞；其赛道设计依然包含很多斜弯和土坡。因为比赛速度的提升，参赛车辆也渐渐由全避震车型向硬尾演变。2002 年，4X 首次进入 UCI 山地世界杯和山地世锦赛，还诞生过 Brian Lopes 这位双料三冠王。2011 年底，4X 被 UCI 从山地世界杯中移除，随后 4X 赛事组织者 Chris Roberts 和 Scott Beaumont 想尽办法在 2012 年成立了新的 4X 职业巡回赛（4X Pro Tour）。首届巡回赛包含了 5 个分站，全都设在欧洲，总冠军由 Tomas Slavik 夺得。

世界耐力系列赛
Enduro World Series

时间：5~10 月

地点：欧洲、北美

官方网站：http://www.enduroworldseries.com

世界耐力系列赛属于 AM（全山地）赛事，是一种重度越野赛，与越野摩托车耐力赛颇有些相似。它的赛道往往设置在茂密的森林中，以下坡为主，包含较多的技术性土坡。在 2012 年之前，最著名的 3 个耐力赛事为法国的 Enduro Series (Coupe de France)、意大利的 SuperEnduro 和 Crankworx 大赛。在 2012 年年末，这三个赛事联合成立"山地耐力赛联盟"（Enduro Mountain Bike Association, EMBA），并在 2013 年创办世界耐力系列赛（Enduro World Series）。

2013 世界耐力系列赛包含 7 个分站，时间跨度为 5 月到 10 月，几乎囊括了世界上最好的耐力赛赛道。随着 EMBA 势力的不断壮大，预计将来会有更多更好的赛道进入赛程。

附录 B 相应章节名词术语释义

相应章节名词术语释义

第 1 章

硬　尾：只配置前避震器，但没有后避震器的运动自行车，骑行时会感觉后车轮震感较强，故俗称硬尾自行车，简称硬尾。

软　尾：既有前避震器，又有后避震器的运动自行车，俗称软尾自行车，简称软尾。

千　卡：热量单位，也称"大卡"，相当于 1000cal，亦即 1000g 水的温度升高 1℃时所需的热量。其中"卡"是"卡路里"（Calorie）的简称。

第 2 章

扭　力：为了使部件产生扭转变形而施加的力，在物理学上应称为"扭矩"，以 N·m（牛·米）为单位。

第 3 章

强　度：形容物体抗解体的能力。强度越大，抗断裂性越好。

刚　性：物体抵抗形变的能力。自行车刚性越强越颠簸，舒适度越差，但有利于提高踩踏效率。

握　点：手部握住车把时，与车把的接触点。

把　横：车把的主体部分，即直接与把立相连接的横把部位。

第 4 章

爆　胎：泛指轮胎穿孔、破裂，肇因可能是气压过高，内胎被刺穿、夹烂等。

炸　胎：是爆胎情形中的一种，指气压过高导致轮胎直接被撑破、炸裂，是无法修补的。

磨　耗：指某个物体在另一个物体的表面做相对运动，使后者接触面上的物质逐渐损耗。

传动侧：牙盘、链条与飞轮等传动部件所在的一侧，一般设在自行车前进方向的右侧。

圆　度：指物体截面接近圆形的程度，在本书中指轮圈接近圆形的程度。

圆跳动：转动轮圈时，轮圈因圆度不足而出现的上下波动。圆跳动越低，则轮圈越圆，骑行时上下颠簸幅度越小。

端　面：原指圆柱形物体的两端截面，本书中指轮圈侧面，即与花鼓垂直的平面。

端面跳动：转动轮圈时，轮圈因端面不平整而出现的左右波动。如果端面跳动大，则轮圈端面不平。

第 5 章

束　角： V刹刹车皮的前端在刹车过程中首先接触轮框时，后端与轮框之间还留有0.25~1mm的间隙，刹车皮与轮框所形成的角度即为束角。

刹车线性： 指刹车的制动力与按捏刹把的力道的比例关系。制动力的变化和按捏刹把力道的变化若成正比，则称线性越好。

培　林： 英文Bearing的中文译名，即轴承。本书通常采用"轴承"一词，但在某些特定语境下，由于约定俗成的缘故，我们仍然使用"培林"这个说法。

轮框曲率： 用于描述轮框某一点上的弯曲程度的数值。

油　碟： 油压碟刹，刹车力道通过专门的刹车油（矿物油或DOT油）进行传输的自行车碟刹系统。

线　碟： 线拉碟刹，刹车力道通过钢线传递的碟刹系统。

夹　器： 刹车系统中用于夹住轮框或刹车碟片的零部件。

卡　钳： 碟刹系统中用于夹住碟片产生制动力的零部件。

PM-IS 刹车卡钳转接座： 连接碟刹卡钳与碟刹车架的专用转接座。

来令片： 碟刹系统中的刹车片，主要包括刹车皮和背板。

刹车行程： 按捏刹车把的过程中，从完全没有刹车力道到轮组被抱死时，刹车片移动的幅度。

刹车把的行程： 从开始按捏刹车拉杆到产生制动效果时，刹车拉杆所移动的幅度。

矿物油： 通过物理蒸馏方法从石油中提炼出来的基础油。自行车油压刹车系统中的矿物油一般纯度较高，不易吸水。

DOT 油： 合成刹车油，常用于自行车及汽车液压碟刹系统，具有防热胀冷缩的特性，但容易吸水。自行车中常用的是DOT 4和DOT 5.1刹车油。

第 6 章

挡　块： 油碟刹车卡钳换油时，在来令片拆卸后，用于防止活塞被挤压出来的块状塑料。

指　拨： 安装在把横上、用于手动控制变速装置的部件，通常紧挨着刹车拉杆。

前　拨： 自行车的前变速器，又称前拨链器，简称前拨。

后　拨： 自行车的后变速器，又称后拨链器，简称后拨。

导向轮： 后变速器上，位于上方的导轮，作为链条的变速导向装置，可改变和固定链条位置。

张力轮： 后变速器上，位于下方的导轮，可为链条提供一定张力，使之固定在齿轮上。

踏　频： 脚踏每分钟转动的次数，以"转/分钟"（RPM）为计量单位。

附录 B 相应章节名词术语释义

变速拉线比：是指变速时，前拨或后拨的变速线移动行程与拨链器挡板移动行程的比例关系。例如前变速拉线比为 1∶2，即前拨变速线移动 1mm，前拨挡板移动的距离为 2mm。

齿　盘：即牙盘上的盘片。

第 7 章

后　胆：即后避震器，但在车友当中常称为"后胆"。

阻　尼：Damping，是指任何振动系统在振动中，由于外界作用或系统本身固有的原因引起的振动幅度逐渐下降的特性，以及此一特性的量化表征。

避震器行程：前叉主体部分通常由外管和内管组成，避震器行程即受到外力冲击时，避震器内管被压缩进外管的最大尺寸。

摇　车：一种骑行技巧，又叫"抽车"，动作特点是采用站姿骑行，同时左右摇摆车身。摇车技巧多用于缓解长时间骑行后的臀部疼痛，以及上坡、冲刺时的加快速度。在沙石路面骑行时不宜摇车。

回弹速度：车轮遇到障碍物时，前后避震器内管被压缩后回复到初始状态的速度。其他参数不变的情况下，回弹阻尼越大则回弹速度越慢。

前叉锁死：通过液压或机械的方式阻止前避震器压缩，从而让前叉失去避震功能，防止踩踏过程中，因为车手发力引起前叉浮动而产生泄力的情况。

线控锁死：通过手动操控车头按钮来直接锁定避震器，使其无法发挥避震作用。因采用钢丝线或油压线管来连接操控按钮与避震器，故称"线控锁死"。

底　挡：安装于前叉头管最下方的环状垫片，与上管底部的底碗相贴合。

踩踏平台：后避震系统中用于限定油压的阀门机构，可以减少车手踩踏的力量被后避震器损耗。但是踩踏平台的开启通常会带来后避震器灵敏度的下降。

第 12 章

乳　酸：人体在运动时需要代谢葡萄糖以产生热量，乳酸就是葡萄糖在代谢过程中的产物。体内的乳酸如果不能及时分解而造成乳酸堆积，会引起肌肉酸痛。

附　录

古典赛：历史悠久的自行车公路赛事，时间可追溯至 19 世纪。赛道包括鹅卵石道路，而不只限于普通公路路面，比赛过程往往十分激烈。

UCI：Union Cycliste Internationale，国际自行车联盟。始创于 1900 年，总部位于瑞士洛桑，是一个以监督各国自行车赛为任务，并针对各种不同的自行车比赛制订出相关规章的非营利组织。

阿登古典赛：因为主要在位处比利时与卢森堡交界处的阿登高原举办而得名，特点是赛道狭窄、包含很多短距离陡坡，更适合冲坡型车手（Puncheur）的发挥。

附录 C　自行车品牌一览（按拼音字母排序）

整车品牌

奥贝亚 ORBEA
http://www.orbea.com

贝欧 BEIOU
http://www.beioubike.com

比安奇 Bianchi
http://www.bianchiusa.com

比驰 BH
http://www.bhbikes.cc

崔克 TREK
http://www.trekbikes.com.cn

大行 DAHON
http://www.dahon.com.cn

大 C CANNONDALE
http://www.cannondale.cn

道卡斯 TAOKAS
http://www.taokas-bicycle.com

德罗莎 De Rosa
http://www.derosanews.com

梵·尼古拉斯 Van Nicholas
http://www.vnchina.com.cn

飞鸽 FLYING PIGEON
http://www.flying-pigeon.cn

凤凰 PHOENIX
http://www.phoenix-bicycle.com.cn

福克斯 FOCUS
http://www.focus-bikes.com

福玛特 FORMAT
http://www.formatbike.cn

富士 FUJI
http://www.fujibikes.com.cn

富士达 BATTLE
http://www.battle-fsd.com

环球 UCC
http://www.uccbicycle.cn

嘉诺 GARNEAU
http://www.louisgarneau.com.cn

佳沃 JAVA
http://www.javabike.cn

捷安特 GIANT
http://www.giant.com.cn

杰玛仕 GAMMAX
http://www.gammaxbicycle.com

卡莎蒂 Casati
http://www.ciclicasati.it

开朗 LKLM
http://www.lklm.com

凯路仕 CRONUS
http://www.cronusbike.com

康园 KOUAN
http://www.cq-kouan.com

克罗彩虹车 CORRATEC
http://www.corratec.com.cn

库比 CUBE
http://www.cube.eu

莱特维尔 Liteville
http://www.liteville.de

狼途 LANGTU
http://www.langtubike.com

玛拉克 MALAK
http://www.malakbike.com

梅花 Colnago
http://www.colnago.com

美利达 MERIDA
http://www.merida.cn

朦太奇 MOTACHIE
http://www.motachie.com.cn

米赛尔 MISSILE
http://www.0755bike.com

魔迅 MOTION
http://www.motionbikes.com

欧瑟 AUTHOR
http://www.authorbicycles.cn

欧亚马 OYAMA
http://www.oyama.cn

匹维特 PIVOT
http://www.pivotcycles.com

千里达 TRINX
http://www.trinx.cn

荣辉 Ronghui
http://www.ronghuibike.com

赛克
http://www.sykee.com.cn

闪电 Specialized
http://www.specialized.com

神鹰 ZGL
http://www.carbonbiking.com

斯科特 SCOTT
http://www.scott-sports.com

喜德盛 XDS
http://www.xidesheng.com

燕欧 TERN
http://www.ternbicycles.com/cn

永久 FOREVER
http://www.cnforever.com

骓驰 TRIACE
http://www.triacebike.com

BIRDY
http://www.pacific-cycles.com

BMC
http://www.bmc-racing.com

Ellsworth
http://www.ellsworthbikes.com

GT
http://www.gtbicycle.com

附录 C　自行车品牌一览

GURU
http://www.gurubikes.com

HAIBIKE
http://www.haibike.de

KELLY
http://www.kellysbike.com

KHS
http://www.khsbicycles.com.tw

KUOTA
http://www.kuota.it

LOOK
http://www.lookcycle.com

MASI
http://www.masibikes.com.cn

Pinarello
http://pinarello.com

SWIFT
http://www.swiftcarbon.com

TIME
http://www.time-sport.com

TTGO
http://www.ttgozg.com

YETI
http://www.yeticycles.com

变速品牌

速联 SRAM
http://www.sram.com

微转 MICROSHIFT
http://www.microshift.com.tw

禧玛诺 SHIMANO
http://www.shimano-china.com

CAMPAGNOLO
http://www.campagnolo.com

刹车品牌

玛古拉 MAGURA
http://www.magura.com

彦豪 TEKTRO
http://www.tektro.com

AVID
http://www.sram.com/avid

FORMULA
http://www.formula-italy.com

HAYES
http://www.hayesdiscbrake.com

链条品牌

桂盟 KMC
http://www.kmcchain.com.cn

雅邦 YBN
http://www.yaban.com

避震品牌

三拓 SR Suntour
http://www.srsuntour-cycling.com

FOX

http://www.foxracingshox.com

ROCKSHOX

http://www.sram.com/rockshox

轮胎品牌

朝阳

http://www.chaoyang.com

建大 KENDA

http://www.kendausa.com

马牌

http://www.conti-online.com

玛吉斯 MAXXIS

http://www.maxxis.com

米其林 MICHELIN

http://www.michelinbicycletire.com

正新 CST

http://www.csttires.com.cn

WTB

http://www.wtb.com

其他零部件品牌

广镁 GM

http://www.gm2011.cn

久裕 JOYTECH

http://www.joy-tech.com.tw

凯萨克 KS

http://www.kindshock.com.cn

昆藤 KT

http://www.ktgroup.net

马维克 MAVIC

http://www.mavic.com

乔绅 CHOSEN

http://www.chosen-hubs.com

日驰 SunRace

http://www.sunrace.com

维格 WELLGO

http://www.wellgo.com.tw

维乐 VELO

http://www.velosaddles.com.cn

志庆 NECO

http://www.necoparts.com

ChrisKing

http://www.chrisking.com

CrankBrothers

http://www.crankbrothers.com

e* thirteen

http://www.e13components.com

fi'zi:k

http://www.fizik.com

PRO

http://www.profileracing.com

RIDEA

http://www.ridea-ms.com.tw

附录 C 自行车品牌一览

VP
http://www.vpcomponents.com

润滑油品牌

赛领 CYLION
http://www.cylioncn.com

终点线 FINISH LINE
http://www.finishlineusa.com

维修工具品牌

PARKTOOL
http://www.parktool.com

Super B
http://www.superbiketool.com

UNION
http://www.unior-bike.com

骑行装备品牌

百锐腾 BRYTON
http://www.brytonsport.com

多特 DEUTER
http://www.deuter.cn

多伊特 DOITE
http://www.doite.com.cn

飞锐 FEREI
http://www.ferei.com

哥伦比亚 COLUMBIA
http://www.columbia.com

佳明 GARMIN
http://www.garmin.com.cn

捷奥 Jeao
http://www.jeao.com.cn

捷酷 JAKROO
http://www.jakroo.com.cn

乐炫 ROSWHEEL
http://www.roswheel.com

雷帝朗 ReadyRun
http://www.readyrun-eyewear.com

璐迪 RUDY
http://www.rudyproject.com

盟仕 MORESTAR
http://www.morestar.com.cn

诺斯威 NORTHWAVE
http://www.northwavechina.com

欧克利 OAKLEY
http://www.oakley.com.cn

骑多 KIDOOO
http://www.kidooos.com

锐竞 RANKING
http://www.ranking-helmet.com

神火 SUPFIRE
http://www.supfire.com

思帕客 SPAKCT
http://www.spakct.com

速盟 SOBIKE
http://www.sobike.cn

铁豹
http://www.tiebao.com

拓步 TOPEAK
http://www.etopeak.com

沃德 VAUDE
http://www.vaude.com

星程
http://www.xingcheng.net

卓比奥斯 CS
http://www.champ-sys.net

661 SixSixOne
http://www.sixsixone.com

720 Armour
http://www.720armour.com.tw

ARC'TERYX
http://www.arcteryx.com

ATEMPO
http://www.atempocycling.com

BETO
http://www.aplus-beto.com.tw

CATEYE
http://www.cateye.com/en

ESSEN
http://www.jcbike.com

FRONTIER
http://www.frontier-sport.com

GIRO
http://www.giro.com

GOPRO
http://gopro.com

GREGORY
http://www.gregorypacks.com

GUB
http://www.gub.cn

HOLUX
http://www.holux.com

ROXIM
http://www.roxim.com.cn

星程
http://www.xingcheng.net

神火 SUPFIRE
http://www.supfire.com

飞锐 FEREI
http://www.ferei.com

GOPRO
http://gopro.com

SIGG
http://www.sigg.com

LIN
http://www.linsports.com

ATEMPO
http://www.atempocycling.com

附录 D 全国主要自行车网站 / 论坛

全国

BIKETO 自行车网
http://www.biketo.com

中国自行车运动协会
http://cycling.sport.org.cn

中国铁人三项运动协会
http://triathlon.sport.org.cn

中国自行车爱好者
http://www.chinabike.net

自行车中国网
http://www.bike.com.cn

美骑易购
http://www.bicyc.com

人人单车
http://www.renrendanche.com

爱单车
http://www.ibike.net.cn

骑行者论坛
http://www.cyclist.cn

《骑行家》
http://www.cyclingchina.net

《骑迹》
http://www.bikecool.com

《骑行风尚》
http://www.ride-fashion.com

《单车志》
http://www.cycling-update.cn

安徽

安徽车友网
http://www.ahbike.net

马鞍山自行车论坛
http://www.mas-bike.com/bbs

澳门

假日单车游论坛
http://www.vacbike.com/bbs

北京

东方红自行车论坛
http://www.dongfanghong.com.cn

顺如风单车论坛
http://www.srfbike.com

52bike 论坛
http://www.52bike.com/bbs

车迷网
http://www.08bike.com

重庆

717 自行车网
http://www.717c.com

重庆车友论坛
http://www.955bike.com

重庆天空自行车行
http://www.skybike.cn

福建

福建骑迹单车俱乐部

http://www.fjqiji.com

厦门自行车网

http://www.0592bike.com

龙岩自行车论坛

http://www.lybike.com

甘肃

甘肃单车部落小组

http://www.douban.com/group/GSB

广东

广州自行车俱乐部

http://www.gzcycling.com

Okbike

http://www.okbike.cn

品路

http://www.freebike.net/bbs

77bike

http://www.77bike.com

拜客广州

http://bikegz.org

广西

南宁自行车网

http://www.nnzxc.com

贵州

贵州登途自行车俱乐部

http://www.dtbike.com

贵州自行车俱乐部

http://bbs.0851bike.cn

海南

海南自行车运动协会

http://www.hicycling.com

海南开拓者自行车俱乐部

http://www.hnbike.cn

河北

极速单车论坛

http://qqbike.com/bbs

河南

河南单车联盟

http://bbs.ydlbike.com/index.php

黑龙江

哈尔滨单车论坛

http://www.shuanghebike.com

湖北

环东湖自行车论坛

http://www.lakecn.com

十堰自由人自行车运动俱乐部

http://www.sybike.org

附录 D 全国主要自行车网站 / 论坛

湖南
长沙天空自行车俱乐部
http://bikesky.com

吉林
驿站单车
http://www.xobike.com

江苏
江苏单车网
http://www.jsbike.com

无锡运动网
http://www.hellosport.cn

南京山地情怀
http://cycle.xici.net

江西
江西自行车网论坛
http://www.jxbike.cn/bbs

辽宁
辽宁双冠极限单车行
http://www.bikex.cn/bbs

大连拜克单车俱乐部
http://www.dlbike.net

内蒙古
内蒙古自行车运动联盟
http://www.nm-bike.cn

宁夏
宁夏自行车网
http://www.nxbike.com

青海
青海多多锋自行车俱乐部
http://totofe.xnruisen.com

山东
远人部落
http://www.qiche8.net

兄弟单车俱乐部
http://www.brobike.com

山西
太原单车网
http://www.tydanche.cn

陕西
西安彩虹单车网
http://www.caihongbike.com

上海
起点单车
http://bbs.bikehome.net

骑迹自行车俱乐部
http://www.mtb.com.cn

四川

无疆单车
http:// http://www.wujiangbike.com

成都自行车
http://www.cdbike.net

四川自行车运动网
http://www.scbike.net

四川老车迷
http://www.laochemi.cn

台湾

單.車.身.活 Bikeman
http://www.bikeman.org

Deray 的欧亚骑行记录
http://btp.deray.org/log

Vicky & Pinky 单车环球梦
http://www.vickypinky.com

BEARS BIKE
http://bears-bike.com

天津

天津新骑点俱乐部
http://www.newbike.cn

天津单车苑购物商城会员论坛
http://www.tjbike.net

西藏

西藏自行车旅行网
http://www.kajie.org

香港

CMS cycling
http://www.cmscycling.com/ch_home.html

新疆

新疆三人行单车坊
http://www.0991bike.net

爱单车
http://aibike.com

云南

昆明自行车运动网
http://www.kmbike.net

浙江

骑行网
http://www.hzbike.com

骑游网
http://www.57qy.com

附录 E 国外主要自行车资讯网站

http://www.cyclingnews.com
重点报道公路车、山地车相关赛事的资讯网站；其论坛经常流出赛事内幕消息

http://www.bikeradar.com
英国网站，以自行车及相关装备的评测而闻名

http://www.pinkbike.com
专业的山地车媒体，涵盖山地车赛事，山地车零件以及专业的山地技巧指导

http://www.bicycling.com
赛事信息以及产品评测以及专家建议

http://www.bikerumor.com
自行车信息，零件评测，最新产品谍照探秘

http://www.steephill.tv
提供 UCI 公路自行车赛电视直播连接、图文报道、赛事地理的专业型网站

http://www.inrng.com
专注于公路车 World Tour 赛事的网站，发帖量低而精品率高

http://www.dirtworks.com.au
来自澳大利亚的山地车媒体

http://www.cqranking.com
UCI 公路车数据库，自建著名的 CQ 排名系统，赛事数据齐全

http://www.uci.ch
UCI 官网，公路车 World Tour、山地世界杯、场地世锦赛等国际大赛的官方网站

http://www.grahamwatson.com
世界上最著名的自行车赛事摄影网站之一，能找到所有大型赛事的精彩图片

附录 F 全国主要自行车店分布（内地）

安徽

崔克合肥专卖店
合肥市滨湖新区万尚百货商场底层商铺

捷安特凤阳路专卖店
合肥市凤阳路 472 号

滁州美利达专卖店
滁州市育新路 174 号

北京

北京捷安特旗舰专卖店
北京市朝阳区北土城西路 7 号国恒基业大厦 E-101

北京崔克专卖店
北京市海淀区万柳星标家园五号楼一层 104 号

北京探索车行
北京市昌平区东小口镇霍营乡农业部管理干部学院商 32 号

北京爱钛乐骑自行车商行
http://www.itibike.com
北京市石景山区老山西街 27-5 号

魏公村美利达专卖店
http://www.360bike.cn
北京市海淀区学院南路 139 号（魏公村路口向东 100 米路北）

重庆

道路玩家单车行
重庆市渝北两路镇双龙大道 265 号

子弹头自行车俱乐部
重庆合川双牌坊 53 附 23 号（金马假日广场内）

凌风车行
重庆市南岸区南坪东路 587 号（海棠晓月 C 区 11 栋附 3-5）

重庆快脚单车
重庆南岸区双峰山路 2 号融侨半岛云满庭 C 区 54 号

重庆单车部落
重庆市九龙坡区科园一街 244 号

天空自行车
重庆市渝北新牌坊天一新城南门 A410

福建

捷安特福州市生活馆
福州市井大路 45 号

厦门市三角洲自行车行
厦门市思明区夏禾路 509 号 112 店

美利达专卖
厦门市杏林杏南路 53 号

捷安特厦门专卖店
厦门市海沧海达路 184 号

甘肃

兰州 GIANT 生活馆
兰州市七里河区敦煌路 308 号

甘肃顺风自行车极限运动俱乐部
兰州市城关颜家沟 31 号

附录 F　全国主要自行车店分布（内地）

广东

纵横自行车店

http://www.zombike.com

广州市天河区东圃奥体路 818 号 广东黄村体育训练基地 14 栋一楼

宏扬单车行

http://leadbike.com

广州市海珠区南华中路 180 号 112 之三

Metal ProCycle 骑舰单车生活馆

广州市海珠区广州大道南 83 号汇美街一号之一铺

广州捷安特旗舰店

广州市越秀区文德南路 43 号

一起骑单车工作室

http://www.17bike.com

广州市黄埔区中山大道东 490 号（珍宝大厦）首层 110、111 铺

广州单车道车行 & 劈山组

http://www.bikeway.com.cn

广州市海珠区滨江东路 720-728 号听涛雅苑商铺 A11 之二

镇洋自行车行

http://www.88bike.cn

广州市越秀区德政北路 510 号

福玛特自行车广州旗舰店

广州市海珠区南华中路 180-1 号

广州大行折叠车旗舰店

广州市广州大道南 1628 号

广州市追风族骑士生活馆

广州市天河区体育西横街 188 号 103 档

美利达自行车广州天河棠东店

广州市天河区中山大道西 787 号 20 号

深圳骑车吧

http://www.onbike.net

深圳市福田区红荔西 7121 号缇香名苑 105 号

深圳臻骑双轮馆

http://www.resbike.net

深圳市罗湖区莲塘聚福路鹏兴花园 2 期 39 栋 2 号铺

深圳现代骑士生活馆

www.szmk.net

深圳市南山区前海路阳光棕榈园 23 栋 104 铺

骑行者自行车福田店

http://sz.cyclist.cn

深圳市福田区深圳市体育场 7 区

深圳车行天下自行车生活馆

深圳市罗湖区梧桐山北大门五十米处

骑行者自行车南山店

深圳市南山区工业八路 104 号

广西

桂林骑语自行车行

http://blog.sina.com.cn/bike0773

桂林市会仙路 7 号绿涛湾 21-9 号商铺

欧亚马折叠自行车生活馆
南宁市桃源路 62 号体育局商铺内

贵州
车友汇自行车行
贵阳市云岩区友谊路 16 号
贵州登途自行车俱乐部
贵阳市云岩区长冲路 40 号万江小区 17 栋底层 2 号

海南
海口 0898 自行车商行
http://www.0898bike.cn
海口市秀英区双拥路 108 号铺面

河北
捷安特专卖店
石家庄市中山东路 658 号
石家庄美利达自行车俱乐部
石家庄槐安东路 1 号华夏电动车市场 43–45 号
路游单车
石家庄市东风路华夏家园 B 区 13 号楼 9 号

河南
喜德盛自行车销售有限公司
http://xidesheng.henanpifa.com
郑州市惠济区江山路王砦自行车批发市场
河南崔克专卖店
郑州市黄河路 84 号

郑州指南者运动用品有限公司
http://www.zhinanzhe2008.cn
郑州市郑东新区农业东路九如路宝龙城市广场 B2114

黑龙江
合利兄弟单车馆
哈尔滨市道里区安顺街 134 号（安国街与安顺街交口）
哈尔滨崔克专卖店
哈尔滨市道里区井街 50 号

湖北
武汉铁骑单车俱乐部
武汉市洪山区关山大道 49 号 15 栋 508

湖南
银座自行车工作室
长沙市芙蓉区人民新村 45 栋四单元 207 室
乐骑单车部落
长沙市岳麓区枫林一路 457 号

吉林
吉林电波车行
吉林市船营区零号楼
松原骑乐单车生活馆
松原市松江大街 888 号龙辉小区门市

附录 F 全国主要自行车店分布（内地）

江苏

南京捷安特山西路专卖店
南京市中山北路 178 号

崔克南京旗舰店
南京市玄武区珠江路 699 号 –1

苏州喜德盛专卖店
苏州市金阊区枫桥路 840 号

江西

康骑车行
http://www.jxkqcyh.com
南昌市青山湖区洪都中大道 6 号

风火轮单车
南昌市福州路 20–1 号

美利达自行车红谷滩专卖店
南昌市红谷滩新区庐山南大道 192 号（中国银行旁）

青蛙单车工作室
http://www.jxncr.com
南昌市桃花中路群力新村 53 号

辽宁

大连拜克单车假日俱乐部
大连市沙河口区中山路 626 号

大连双冠极限单车俱乐部
大连市沙河口区五一路 100–8 号

沈阳美利达自行车健身运动俱乐部
沈阳市民主路 225–4 号

内蒙古

东北车行
呼和浩特市新城区人民路邮校南巷 4 号

吴轩单车骑兵营
包头市青山区幸福路 167–169 号

宁夏

银川捷安特专卖店
银川市中山北街 98 号

银川美利达 - 自由骑士旗舰店
银川市兴庆区新华西街 414 号

青海

途乐单车
西宁市花园南街 19–13 号

山东

济南捷瑞车行
济南市泉城广场泉标正南，正觉寺小区南券门巷 7 号

济南美利达自行车店
济南市历下区山大南路 123 号

山西

美利达专卖店
大同市城区市委岗东绿洲小区南门

陕西

彩虹单车
西安市长安中路省体育场西门内正厅 1 号

捷安特省体育场专卖店
西安市长安中路省体育场西门 C-3

上海

上海浦东美利达专卖店
http://www.cjbike.cn
上海市浦东新区御桥路 132 号

折叠自行车基地
上海浦东张杨北路 525 号

链轮单车
http://www.chainssprockets.com
上海市万航渡路 1384 弄 12 号（湖丝栈创意园）2 号楼 1 层 A 座

四川

成都无疆单车
http://www.wujiangbike.com
成都市青羊区清江中路 35 号附 55-56 号

成都老车迷
http://www.laochemi.cn
成都市金牛区通锦路 1 号天茵苑 B 座 504

骑车部落
成都市建设北路二段电子科大东院沙河缘 9 号（建行隔壁）

阳光家园单车工作室
成都市成华区建设南街 23 号

奇仕单车
成都市成华区建和路 6 号附 59 号

小折快跑折叠车生活馆
成都市锦江区宏济中路 32 号

骑云单车生活馆
http://www.028bike.com
成都市锦江区北顺城街 38 号附 6 号

天津

捷安特天津生活馆
天津市和平区荣业大街 181 号乙

西藏

高山自行车俱乐部
拉萨市金珠东路军区商品房 40 号

新疆

新疆三人行单车行
乌鲁木齐市天津路广汇美居物流园 F 座自行车市场三人行单车行

阿克苏市骑迹单车俱乐部
阿克苏市东大街 25 号世纪佳园 A49 号

云南

阳光车行
普洱市思茅区茶城大道 10 号岔热校路口

浙江

杭州骏盛车业
http://www.jseng.cn
杭州市秋涛北路 475 号骏盛门市店

附录 F 全国主要自行车店分布（内地）

假日单车教工店

杭州市教工路 164-5 号

温州综合旗舰店

http://www.wzzdc.com

温州市江滨中路万盛锦园 106 号

（以上车店地址仅供参考，实际地址可能随着时间推移而有所变动）

致谢辞

《单车圣经》是献给所有热爱自行车运动的朋友们的。作为中国本土第一本原创性综合类自行车书籍，它从选题构思到成书出版，汇聚了无数业界人士与热心车友的心血，得到了许多朋友的无私帮助。

首先要特别感谢捷安特（GIANT）公司。作为国内外知名的自行车品牌，你们始终致力于推动骑行文化的发展，为本书的写作不遗余力地提供一切力所能及的帮助，才使得我们可以通过无数精致的图片与内容，向读者传递骑行的魅力与美好。

感谢崔克（TREK）公司。作为国际著名自行车品牌，一直以来给予我们大力的配合与支持，为本书的写作积累了更多的专业内容。如果没有你们的努力，就不会有这本书的成功出版。

感谢桂盟（KMC）和禧玛诺（SHIMANO）的技术人员，你们秉持专业与客观的态度，为稿件修改提供了十分中肯的意见。

感谢速联（SRAM）公司，为本书提供了完美的变速器产品图片与详细的技术指导。

感谢赛领（CYLION）、志庆（NECO）、建大（KENDA）、思帕客（SPAKCT）、百锐腾（BRYTON）、锐竞（RANKING）、多特（DEUTER）、璐迪（RUDY）、捷酷（JAKROO）、诺斯威（NW）等品牌的技术人员，你们积极参与本书的组稿工作，不吝于分享宝贵的自行车运动知识，让我们感受到了业界人士的真诚。

感谢广州宏扬车店、广州纵横车店和深圳骑行者车店，为本书提供专业的技术指导与设备支持，并且愿意尽可能地提供一切自行车相关产品，帮助我们拍摄出严谨的操作演示图片。

感谢机械工业出版社的责任编辑，你们在本书编校过程中认真负责的态度，是这本书顺利出版的保障。

最后，感谢BIKETO自行车网的全体同仁！

《单车圣经》编委会